Ceph 마스터하기

Ceph 마스터하기

스토리지 시스템 환골탈태

닉 피스크 지음

김세영 · 정윤선 옮김

| 지은이 소개 |

닉 피스크^{Nick Fisk}

엔터프라이즈 스토리지 분야에서 오랜 이력을 가진 IT 전문가다. 오랜 경력을 쌓으면서 다양한 역할을 수행하고 방대한 기술을 접해왔다. 2012년에는 오픈소스 기술에 더 집중할 수 있는 기회를 얻었으며, Ceph를 처음 접하게 됐다. 스토리지 플랫폼으로 Ceph의 잠재력과 전통적인 폐쇄형 스택 스토리지 플랫폼에서 벗어나는 것의 장점을 찾았기 때문에 강한 흥미를 갖고 Ceph를 공부했다.

그 후 몇 년 동안 여러 클러스터 배포를 하면서 Ceph 경험을 쌓았고, Ceph 커뮤니티에서 시간을 보내면서 다른 사람들을 돕고 Ceph의 특정 영역을 발전시켰다.

이 책을 쓰는 데 시간을 할애할 수 있게 해준 아내와 책을 쓰는 동안 지원해준 줄리아나 내어^{Juliana Nair}에게 먼저 감사드립니다.
특히 스토리지 플랫폼으로 Ceph를 채택했을 때부터 계속적인 지원과 격려를 해주신 타퀸 던^{Tarquin Dunn}에게도 감사드립니다. 그의 지원으로 놀라운 오픈소스 프로젝트에 대해 배우고 공헌할 수 있었습니다.

| 기술 감수자 소개 |

블라디미르 프란시스 블란도^{Vladimir Franciz S. Blando}

베어 메탈^{bare-metal}과 가상 환경 모두에서 작업하는 아키텍처, 설계, 설치, 환경설정 및 유지 보수를 포함하는 기술을 갖는 리눅스 시스템 관리자로서 18년의 경력을 가진 숙련된 IT 전문가다. 아마존 웹 서비스, 오픈스택 클라우드, Ceph 스토리지, 그리고 기타 클라우드 기술에 능통하다.

다양한 클라우드 기술, 특히 오픈스택과 Ceph로 작업할 수 있는 기회를 주시고 내내 지원해주신 모프랩^{Morphlabs}에 감사드립니다.

| 옮긴이 소개 |

김세영(xtrusia@gmail.com)

성균관대학교 정보통신공학부와 기계공학부를 졸업했으며, 웹, 서버, 커널 등 넓은 분야에 관심을 갖고 있다. 어떻게 하면 지식을 효율적으로 습득, 저장, 관리할 수 있을지 고민하고 있다. 현재 캐노니컬에서 근무하며, 우분투를 발전시키고 클라우드 환경의 버그를 잡는 데 집중하고 있다.

정윤선(puretopas@gmail.com)

성균관대학교 정보통신공학부를 졸업했으며, 웹 기술과 서버 API, 하이퍼바이저에 관심이 있다. 아헴스, KT클라우드웨어, A2C를 거쳐 웹, 가상화 등의 업무를 수행했다. 현재 육아를 하면서 단기 웹 프로젝트를 진행하거나 번역에 참여하고 있으며, 다시 개발자로 돌아가는 날을 손꼽아 기다리고 있다.

| 옮긴이의 말 |

Ceph는 오픈스택과 함께 폭발적으로 성장한 대표적인 분산 스토리지 솔루션입니다. 초기의 오픈스택부터 Ceph와 잘 결합돼 발전했기 때문에 세계의 많은 개발자들이 오픈스택의 개발과 함께 Ceph에도 많은 기여를 해 왔습니다. 현재는 초기보다 안정성이 많이 향상되고, 통합되는 플랫폼도 오픈스택뿐 아니라 여러 플랫폼을 지원합니다. 물론 플랫폼에 통합해 사용하지 않더라도 객체 스토리지, 블록 스토리지, 파일 시스템을 모두 지원해 단독으로 사용할 수도 있습니다. 성능도 개선되고 있어 현재 개발되고 있는 분산 스토리지 솔루션 제품에서도 사용할 만한 오픈소스 스토리지 솔루션 중 하나입니다.

이 책은 상대적으로 적은 지면 수에 비해 Ceph를 구축하는 데 미리 생각해둬야 할 것에서부터 실 운용 시 맞닥뜨릴 수 있는 몇 가지 문제 상황 해결 방법까지 폭넓게 다루고 있습니다. 이 뿐만 아니라 몇 가지 핵심 기능의 개념 및 라이브러리 사용에 대해서 설명하고, 풍부한 예제 및 스크린샷을 통해 실제 환경에서 어떻게 보이는지를 고려합니다. 따라서 이 책은 Ceph를 구축하기를 원하는 엔지니어뿐 아니라 Ceph를 이용하고자 하는 애플리케이션 개발자, Ceph의 구성 요소에 관심 있는 엔지니어 및 학생에게도 좋은 내용입니다.

끝으로 번역 작업을 지원해주신 에이콘출판사 권성준 대표님과 관계자분들께 감사드리며, 항상 훼방 놓지만 행복을 느끼게 해주는 사고뭉치 두 아들, 묵묵히 도와주시는 부모님, 하늘에 계시는 장인, 장모님께도 항상 감사드립니다.

8

| 차례 |

| 들어가며 |

Ceph는 블록, 객체 및 파일 접근을 제공하는 통일되고 고도로 탄력적인 분산 스토리지 시스템으로, 최근 몇 년 동안 인기가 급상승했다. Ceph는 오픈소스로 잘 알려진 여러 회사가 프로젝트에 참여하면서, 개발자와 최종 사용자들 모두에게 빠르게 채택됐다. 새로운 배포가 있을 때마다 성능과 기능의 규모가 지속적으로 커져 Ceph의 안정성과 유용성이 더욱 향상되고 있다.

현재 계속 증가하고 있는 데이터 스토리지 요구 사항과 레거시^{legacy} RAID 기반 시스템이 직면한 문제들에 대해 Ceph는 충분한 답을 제시해준다. 전 세계가 새로운 클라우드 기술과 객체 기반 스토리지 채택으로 나아가고 있기에 Ceph는 스토리지 기술의 새 시대에 일환으로 추진력을 갖추고 기다리고 있었다.

이 책에서는 Ceph 클러스터를 설치하고 관리하는 것부터 직면할 수 있는 문제를 극복하는 방법까지 매우 다양한 주제를 다룬다. Ceph와 직접 상호작용하는 애플리케이션에 관심 있는 사람들을 위해 Ceph의 라이브러리를 사용하는 애플리케이션 개발 방법과 자신만의 코드를 Ceph에 삽입해 분산 컴퓨팅을 수행하는 방법도 보여준다. 이 책을 다 보고 나면 Ceph를 완벽하게 다루는 사람이 돼 있을 것이다.

▌ 이 책의 구성

1장, Ceph 사용 계획에서는 Ceph의 기본 동작 방식, 기본 구조, 훌륭한 사용 사례를 알아본다. 또한 Ceph를 실제로 구현하기 전에 설계 목적, 개념 증명$^{Proof\ of\ Concept}$ 및 인프라^{infrastructure} 설계를 포함한 계획 수립 단계에 대해 알아본다.

2장, Ceph 배포에서는 Ceph 클러스터의 설정 방법에 대한 간단명료한 단계별 지침을 제공한다. 테스트를 위한 **ceph-deploy** 도구를 다루고, 앤서블^Ansible^까지 알아본다. 변경 관리에 대한 내용도 포함돼 있으며, 대규모 Ceph 클러스터의 안정성을 위해 필수적인 부분에 대해 설명한다. 또한 이 책의 후반에 예제로 사용할 공용 플랫폼을 제공한다.

3장, 블루스토어에서는 Ceph가 데이터 및 메타데이터에 대한 원자적^atomic^ 연산을 제공할 수 있어야 하며, 표준 파일 시스템 위에서 이러한 보장을 제공하기 위해 파일스토어^filestore^가 어떻게 빌드되는지를 설명하고, 이런 접근 방식에 대한 문제점을 다룬다. 그다음 블루스토어^BlueStore^를 소개하고 동작 방식과 이것으로 해결 가능한 문제를 설명한다. 이에는 구성 요소와 다른 종류의 스토리지 장치와 상호작용하는 방식을 포함한다. 또한 RocksDB를 포함해 블루스토어가 사용하는 키-값 스토어^key-value store^에 대해 개괄적으로 설명한다. 일부 블루스토어 설정과 다른 하드웨어 설정과의 소통방식에 대해서도 알아본다.

4장, 더 나은 스토리지 효율성을 위한 이레이저 코딩에서는 RADOS 풀^pool^ 매개변수와 이레이저 코딩^erasure code^ 프로파일에 대한 설명을 포함해 이레이저 코딩 동작 방식 및 Ceph 구현 방식에 대해 다룬다. 크라켄^Kraken^ 배포판에서의 변경 사항을 보면 이레이저 코드 풀에 RBD가 직접 작용할 수 있게 하는 이레이저 풀에 대한 추가 덮어쓰기 가능성을 제공하는 것을 알 수 있다. 성능 고려 사항도 설명하는데, 요구되는 성능을 만족하게 하는 블루스토어에 관한 내용을 포함한다. 마지막으로 풀에 이레이저 코드를 실제로 설정하는 방법에 대한 단계적 지침을 제공하며, 이 지침은 시스템 관리자를 위한 기술적인 참고서로 사용될 수 있다.

5장, librados를 통한 개발에서는 librados가 Ceph 클러스터와 직접 소통하는 애플리케이션을 빌드하기 위해 어떻게 사용되는지를 설명한다. 그런 다음 원자적 처리를 포함해 사용 방식에 대한 아이디어를 제공하기 위해 여러 언어로 librados를 사용하는 몇 가지 예제를 살펴본다.

6장, Ceph RADOS 클래스를 통한 분산 컴퓨팅에서는 분산 컴퓨팅을 효율적으로 수행하기 위한 처리 작업을 직접 OSD로 옮기는 경우의 이점에 대해 알아본다. 그런 다음 루아^{Lua}로 간단한 클래스를 제작해 RADOS 클래스 사용을 시작하는 방법을 다룬다. 그리고 자신만의 C++ RADOS 클래스를 Ceph 소스 트리에 빌드하는 방법을 다루고, 클라이언트와 OSD의 처리에 대한 벤치마크를 수행한다.

7장, Ceph 모니터링에서는 모니터링이 중요한 이유에 대한 설명으로 시작해 경고와 모니터링의 차이점을 알아본다. 그런 다음 모든 Ceph 구성 요소에서 성능 카운터를 얻는 방법을 다루고, 일부 주요 카운터의 의미와 사용 가능한 값으로 변경하는 방법을 알아본다.

8장, Ceph 티어 구축에서는 Ceph에서 RADOS 티어^{tier}가 동작하는 방식, 사용 위치 및 위험성에 대해 알아본다. Ceph 클러스터에서 티어를 설정하기 위한 단계를 살펴보고, 마지막으로 이 티어를 위해 최고 성능을 내는 튜닝 옵션을 다룬다. 그라파이트^{Graphite}를 사용하는 예제에서는 그래프 형태로 더 의미 있는 결과를 제공하기 위해 캡처된 데이터를 처리하는 데 대한 가치를 입증한다.

9장, Ceph 튜닝에서는 Ceph와 운영체제를 튜닝하는 방법에 대한 간략한 개요로 시작한다. 병목현상이 아닌 것을 튜닝하려는 시도를 피하기 위한 기본 개념도 다룬다. 또한 튜닝할 수 있는 영역을 다루고, 튜닝의 성공 여부를 판단하는 방법도 설명한다. 마지막으로 Ceph를 벤치마크하는 방법과 기준 측정 방식을 보여줌으로써 달성된 결과가 의미 있음을 확인한다. 여러 도구와 벤치마크가 실제 성능과 어떻게 관련돼 있는지도 알아본다.

10장, 문제 해결에서는 Ceph가 스스로를 관리하고 실패에서 회복하는 데 대체로 자율적이지만 경우에 따라 사용자의 개입이 필요하므로, 일반적인 오류와 실패에 대한 문제 해결을 통해 건강하게 Ceph를 회복시키는 방법을 알아본다.

11장, 피해 복구에서는 Ceph가 서비스나 데이터의 완전한 손실이 발생할 정도의 상태에 있는 상황을 다룬다. 클러스터로의 접근 권한을 복원하고, 데이터를 복구하는 데 익숙하지 않은 복구 기술이 필요하므로, 이런 상황에서 회복을 시도하기 위한 지식으로 무장시켜준다.

▌ 준비 사항

이 책은 리눅스 운영체제에 대한 중간 수준의 지식과 스토리지 기술 및 네트워킹에 대한 기본 지식이 있다고 가정한다. 이 책이 Ceph 클러스터의 간단한 다중 노드 설정을 거치지만, 우선 Ceph 사용 경험 있는 것이 좋다. 이 책이 버추얼박스^{VirtualBox}를 사용하지만, VMware 워크스테이션 같은 다른 랩 환경을 사용해도 좋다.

이 책은 Ceph 랩 환경 전체를 실행할 수 있는 충분한 리소스(자원)가 있음을 전제로 한다. 최소의 하드웨어나 가상 환경 조건은 다음과 같다.

- CPU: 2 cores
- 메모리: 8GB RAM
- 디스크 공간: 40GB

다음과 같은 소프트웨어도 필요하다.

- 버추얼박스^{VirtualBox}
- 베이그런트^{Vagrant}

각 장의 일부 예제에 있는 패키지를 설치하기 위해서는 인터넷 연결이 필요하다.

▌ 이 책의 대상 독자

이 책의 내용을 활용하기 위해 Ceph에 대한 기본적인 사전 지식이 있어야 한다. 자세한 내용을 알고 싶다면 언제나 Ceph 공식 문서 http://docs.ceph.com/docs/master/에서 주요 구성 요소에 대한 내용을 빠르게 읽어 기본적인 것들을 따라 잡을 수 있다. 이 책은 기본적으로 Ceph 클러스터 관리자를 대상으로 한다. Ceph 클러스터를 이미 실행시키고 있다면 이 책은 더 나은 이해를 얻는 데 도움을 줄 것이다.

▌ 편집 규약

이 책에서는 다른 종류의 정보를 구분하기 위해 여러 글꼴 스타일을 사용한다. 여기서 각 스타일에 대한 예시와 의미를 설명한다. 문장 중에 사용된 코드, 데이터베이스 테이블 이름, 사용자 입력, 트위터 핸들Twitter Handle은 다음과 같이 표기한다.

"ceph-deploy와 오케스트레이션orchestration 도구의 차이점에 대해 배워보자."

코드 블록은 다음과 같이 표기한다.

```
nodes = [
  { :hostname => 'ansible', :ip => '192.168.0.40', :box => 'xenial64'},
  { :hostname => 'mon1', :ip => '192.168.0.41', :box => 'xenial64' },
  { :hostname => 'mon2', :ip => '192.168.0.42', :box => 'xenial64' },
  { :hostname => 'mon3', :ip => '192.168.0.43', :box => 'xenial64' },
```

커맨드라인 입출력은 다음과 같이 표기한다.

```
vagrant plugin install vagrant-hostmanager
```

새로운 용어나 중요한 용어는 고딕체로 표기한다. 메뉴나 대화상자와 같은 화면에 보이는 단어들은 다음의 텍스트처럼 고딕체로 보여준다.

"OSDs 1과 2를 탐색했지만 필요한 데이터를 찾지 못했다. OSD 0의 정보를 얻고 싶지만 OSD가 다운돼 불가능하다. 따라서 starting or marking this osd lost may let us proceed appeared 메시지가 보일 것이다."

 경고나 중요한 내용은 이와 같이 나타낸다.

 팁이나 요령은 이와 같이 나타낸다.

▌독자 의견

독자로부터의 피드백은 항상 환영한다. 이 책에 대해 무엇이 좋았는지 또는 좋지 않았는지 소감을 알려주길 바란다. 독자 피드백은 앞으로 더 좋은 책을 발행하는 데 매우 중요하다.

일반적인 피드백을 우리에게 보낼 때는 간단하게 feedback@packtpub.com으로 이메일을 보내면 되고, 메시지의 제목에 책 이름을 적으면 된다.

여러분이 전문 지식을 가진 주제가 있고, 책을 내거나 책을 만드는 데 기여하고 싶다면 www.packtpub.com/authors에서 저자 가이드를 참고하길 바란다.

▌ 고객 지원

팩트출판사의 구매자가 된 독자에게 도움이 되는 몇 가지를 제공하고자 한다.

예제 코드 다운로드

이 책에 사용된 예제 코드는 http://www.packtpub.com의 계정을 통해 다운로드할 수 있다. 다른 곳에서 구매한 경우에는 http://www.packtpub.com/support를 방문해 등록하면 파일을 이메일로 직접 받을 수 있다.

코드를 다운로드하려면 다음과 같이 한다.

1. 팩트출판사 웹사이트(http://www.packtpub.com)에서 이메일 주소와 암호를 이용해 로그인하거나 계정을 등록한다.
2. 맨 위에 있는 SUPPORT 탭으로 마우스 포인터를 이동한다.
3. Code Downloads & Errata 항목을 클릭한다.
4. Search 입력란에 책 이름을 입력한다.
5. 코드 파일을 다운로드하려는 책을 선택한다.
6. 드롭다운 메뉴에서 이 책을 구매한 위치를 선택한다.
7. Code Download 항목을 클릭한다.

파일을 다운로드한 후에는 다음과 같은 압축 프로그램의 최신 버전을 이용해 파일의 압축을 해제한다.

- **윈도우** WinRAR, 7-Zip
- **맥** Zipeg, iZip, UnRarX
- **리눅스** 7-Zip, PeaZip

이 책의 코드 전체는 팩트출판사의 깃허브 저장소 https://github.com/PacktPublishing/Mastering-Ceph에서 제공한다.

다음 주소에서 팩트출판사의 다른 책과 동영상 강좌의 코드도 다운로드할 수 있다.

https://github.com/PacktPublishing/

또한 에이콘출판사의 도서정보 페이지인 http://www.acornpub.co.kr/book/master-ceph에서도 예제 코드를 다운로드할 수 있다.

컬러 이미지 다운로드

이 책에서 사용한 스크린샷이나 다이어그램의 컬러 이미지는 PDF 파일로 제공한다. 컬러 이미지는 출력의 변화를 이해하는 데 도움을 줄 것이다. 이 파일은 https://www.packtpub.com/sites/default/files/downloads/MasteringCeph_ColorImages.pdf에서 다운로할 수 있다.

또한 에이콘출판사의 도서정보 페이지인 http://www.acornpub.co.kr/book/master-ceph에서도 예제 코드를 다운로드할 수 있다.

정오표

내용을 정확하게 전달하기 위해 최선을 다했지만, 실수가 있을 수 있다. 팩트출판사의 도서에서 문장이든 코드든 간에 문제를 발견해서 알려준다면 매우 감사하게 생각할 것이다. 그런 참여를 통해 그 밖의 독자에게 도움을 주고, 다음 버전의 도서를 더 완성도 높게 만들 수 있다. 오탈자를 발견한다면 http://www.packtpub.com/submit-errata를 방문해 책을 선택하고, 구체적인 내용을 입력해주길 바란다. 보내준 오류 내용이 확인되면 웹사이트에 그 내용이 올라가거나 해당 서적의 정오표 부분에 그 내용이 추가될 것이다. http://www.packtpub.com/support에서 해당 도서명을 선택하면 기존 정오표를 확인할 수 있다.

한국어판은 에이콘출판사 도서정보 페이지 http://www.acornpub.co.kr/book/master-ceph에서 찾아볼 수 있다.

저작권 침해

인터넷에서의 저작권 침해는 모든 매체에서 벌어지고 있는 심각한 문제다. 팩트출판사에서는 저작권과 사용권 문제를 매우 심각하게 인식한다. 어떤 형태로든 팩트출판사 서적의 불법 복제물을 인터넷에서 발견한다면 적절한 조치를 취할 수 있도록 해당주소나 사이트명을 알려주길 부탁한다.

의심되는 불법 복제물의 링크는 copyright@packtpub.com으로 보내주길 바란다. 저자와 더 좋은 책을 위한 팩트출판사의 노력을 배려하는 마음에 깊은 감사의 뜻을 전한다.

질문

이 책과 관련해 질문이 있다면 questions@packtpub.com으로 문의하길 바란다. 최선을 다해 질문에 답하겠다. 한국어판에 관한 질문은 이 책의 옮긴이나 에이콘출판사 편집 팀(editor@acornpub.co.kr)으로 문의해주길 바란다.

01

Ceph 사용 계획

1장에서는 초기 계획 단계에서부터 하드웨어 선택까지 Ceph 클러스터를 배치할 때 고려해야 하는 모든 영역을 다룬다. 1장에서 다루는 내용은 다음과 같다.

- Ceph란 무엇이고 어떻게 동작하는가?
- Ceph의 좋은 사용 사례와 중요한 고려 사항
- 인프라 설계에 대한 조언 및 모범 사례
- Ceph 프로젝트 계획에 대한 개념

▌ Ceph란?

Ceph는 오픈소스, 분산distributed, 확장scale-out, **소프트웨어 정의 스토리지**SDS, Software-defined storage 시스템으로서 블록, 객체 및 파일 스토리지를 제공한다. Ceph는 CRUSHControlled Replication Under Scalable Hashing 알고리즘을 사용해 중앙 집중적인 메타데이터의 필요성을 제거하고, 클러스터 내의 모든 노드Node에 부하를 분산시킬 수 있다. CRUSH는 알고리즘이기 때문에 데이터 배치를 테이블 탐색lookup 기반이 아닌 계산에 의해 행하며, 병목 현상의 위험성 및 연관된 단일 장애 지점 없이 수백 페타바이트로 확장이 가능하다. 또한 클라이언트는 요청 데이터가 저장된 서버에 직접 연결되는 형태이기 때문에 데이터 경로에 중앙 집중적인 병목현상이 없다.

Ceph는 세 가지 주 스토리지 형태를 제공한다. 블록 형태인 RADOS 블록 장치RBD, RADOS Block Devices, 파일 시스템 형태인 **Ceph 파일 시스템**CephFS, 객체 형태인 RADOSReliable Autonomous Distributed Object Store 게이트웨이로 S3Simple Storage Service 및 **스위프트**Swift와 호환 가능한 스토리지를 제공한다.

Ceph는 순수한 SDS 솔루션이다. 그런 의미에서 데이터 일관성에 대한 올바른 보장을 제공하는 한 일반 하드웨어에서 자유롭게 실행할 수 있다. 추천 하드웨어 종류에 대한 더 많은 정보는 1장의 후반부에서 확인할 수 있다. 이는 엄격한 벤더vendor 의존성으로 고통 받고 있던 스토리지 산업에서는 중대한 발전이다. 스토리지 서비스를 제공하는 방대한 오픈소스 프로젝트들이 있어 왔지만, 그중 아주 극소수만이 전용 하드웨어를 요구하지 않고 Ceph와 같은 규모와 높은 탄력성을 제공한다.

Ceph는 CAP 정리[1]에 따라 일관성을 우선하고, 분할을 기반으로 한 가용성 위에 가장 높은 우선순위로 데이터 보호를 두는 데 비용을 아끼지 않으려 한다는 점을 알아둬야 한다.

---

1. 일관성, 가용성, 분할 내성을 모두 만족하는 분산 컴퓨팅 시스템은 존재하지 않음을 증명한 정리 – 옮긴이

▌ Ceph 동작 방식

Ceph의 핵심 스토리지 계층은 RADOS다. 이름에서 알 수 있듯이 좀 더 높은 수준의 스토리지 프로토콜이 구축 및 배포되는 객체 스토리지를 제공한다. Ceph의 RADOS 계층은 여러 개의 OSD로 구성된다. 각 OSD는 완벽하게 독립적이며, 피어투피어 peer-to-peer 관계로 클러스터를 형성하고 있다. 각 OSD는 보통 기본 HBA^{host bus adapter}를 통해 단일 물리 디스크에 매핑^{mapping}돼 있다. 이는 OS의 RAID^{Redundant Array of Independent Disks, 복수 배열 독립 디스크} 컨트롤러를 통해 여러 디스크를 두는 전통적인 접근 방식과는 대조적이다.

Ceph의 다른 주요 구성 요소는 모니터^{monitor}다. 모니터는 팩소스^{Paxos} 사용을 통해 클러스터 쿼럼^{quorum} 형성을 책임지고 있다. 쿼럼 형성을 통해 모니터는 클러스터를 위한 신뢰성 있는 결정을 내리고, 스플릿 브레인^{split brain} 시나리오를 피할 수 있는 상태에 있음을 확신할 수 있다. 모니터는 데이터 경로에 직접적으로 가담하지 않고 OSD처럼 성능 조건을 요구하지 않는다. 모니터는 주로 다양한 클러스터 맵^{map}을 사용해 멤버십 ^{membership}, 환경설정 및 통계를 포함한 클러스터 상태를 제공한다. 이 클러스터 맵은 Ceph 클러스터 요소와 클라이언트 모두에 의해 사용되는데, 클러스터 토폴로지^{topology} 를 설명하고 올바른 위치에 안전하게 데이터를 저장하기 위함이다.

Ceph가 운영되는 규모로 인해 클러스터의 모든 단일 객체에 대한 상태 및 위치를 추적하는 것이 계산상 고비용이라는 것을 알 수 있다. Ceph는 PG^{placement groups}라는 이름의 객체 그룹에 그 객체를 위치시키기 위해 CRUSH를 사용해 문제를 해결한다. 이는 관리해야 할 수가 수천 개인 범위에서 수백 개의 객체를 추적해야 하는 필요성을 줄여준다.

librados는 Ceph 라이브러리다. 객체를 저장하고 추적하기 위해 RADOS 클러스터와 직접 소통하는 애플리케이션을 제작하는 데 사용된다.

Ceph 내부 동작 방식에 대한 더 많은 정보는 공식적인 Ceph 문서와 Ceph의 창시자이자 최초 설계자인 세이지 웨일$^{Sage\ Weil}$이 쓴 논문을 보기를 강력히 추천한다.

▍ Ceph 사용 사례

특정 사용 사례로 넘어가기 전에 Ceph 클러스터 배포를 염두에 두기 위해 이해 및 고려해야 할 몇 가지 핵심 주제를 다뤄보자.

기존 스토리지 어레이를 Ceph로 교체

Ceph는 전통적인 확장형 스토리지 어레이$^{scale-up\ storage\ array}$와 비교해서는 안 된다. 이는 근본적으로 다르며, 기존 지식, 인프라 및 예측으로 그 역할에 Ceph를 끼워 넣으려 한다면 실망으로 이어질 것이다. Ceph는 내부 데이터 이동이 TCP/IP 네트워크로 운용되는 SDS$^{Software\ Defined\ Storage}$다. 이는 전통적인 스토리지 어레이 이면의 SAS 케이블과 비교하면 몇 가지 추가 기술 계층 및 복잡성이 더해진다.

성능

Ceph의 분산 접근 방식 때문에 한 쌍의 컨트롤러 헤드를 통해 모든 I/O를 집중시켜야 하는 확장형 스토리지 어레이에 비해 탁월한 성능을 제공할 수 있다. 기술이 지속적으로 더 빠른 새 CPU와 더 빠른 네트워크 속도를 제공하지만, 한 쌍의 컨트롤러로 달성할 수 있는 성능에는 여전히 한계가 있다. NMVe$^{Non-volatile\ Memory\ Express}$ 같은 새로운 인터페이스와 결합된 플래시^{flash} 기술의 발전으로 Ceph의 확장형 특징은 모든 추가된 OSD 노드에 CPU와 네트워크 자원의 선형적인 증가를 제공한다.

Ceph가 성능에 적합하지 않은 곳을 고려해봐야 한다. 이는 주로 지연 시간이 극히 짧은 사용 사례를 중심으로 이뤄진다. Ceph를 확장형 솔루션일 수 있게 하는 이유 때문에 낮은 지연시간 성능에는 불리하다는 것을 의미한다. 소프트웨어와 추가된 네트워크 홉^{hop}의 오버헤드는 지연시간이 기존 스토리지 어레이의 지연시간에 약 두 배가 될 수 있고, 로컬 스토리지에 비해 열 배가 될 수 있음을 의미한다. 주어진 성능 조건에 가장 나은 기술을 선택하는 것에 대해 생각해봐야 한다. 즉, 잘 설계되고 조정된 Ceph 클러스터가 가장 극단적인 경우를 제외한 모든 경우에서 성능 조건을 만족시킬 것이다.

신뢰성

Ceph는 구성 요소의 수평적 확장성으로 인해 내결함성이 뛰어난 스토리지 시스템을 제공하게 설계됐다. 개별 구성 요소에 고가용성 특징은 없지만 함께 클러스터됐을 때 모든 구성 요소는 클라이언트의 요청 처리 불가를 야기하지 않더라도 실패할 수 있다. 사실 Ceph 클러스터가 성장함에 따라 개별 구성 요소의 고장이 예상되고, 이는 일반적인 운영 조건의 일부가 된다. 그러나 복원력 있는 클러스터를 제공하기 위한 Ceph의 능력은 하드웨어나 설계 선택에 대한 타협을 위한 조건이 돼서는 안 된다. 그렇게 하는 것은 실패로 이끌 가능성이 크다. 여러분의 하드웨어가 충분하다고 Ceph가 가정하는 요건 몇 가지가 있다. 이 요건은 1장 후반에서 다룬다.

큰 디스크의 재구성이 몇 주 내에 이뤄지는 RAID와 달리 Ceph는 보통 몇 시간 내에 단일 디스크 문제를 복구할 것이다. 대용량 디스크의 증가에 따라 Ceph는 기존 스토리지 어레이와 비교했을 때 안정성과 성능 저하가 적은 장점을 제공한다.

상용 하드웨어 사용

Ceph는 상용 하드웨어에서 실행되도록 설계됐다. 기존의 티어 1 스토리지와 서버 공급자가 요구하는 프리미엄 없이 클러스터를 설계하고 구축할 수 있다. 이것은 장점이자 단점일 수 있다. 요구 조건에 정확히 맞는 Ceph 인프라를 구축할 수 있게 하는 하드웨어를 선택할 수 있다. 그러나 유명 브랜드의 하드웨어가 제공하는 것은 호환성 테스트다. 즉, 매우 불안한 징후를 보이는 이상한 외국 펌웨어의 버그는 명확히 복구될 것이라고 생각할 수 있다. 테스트되지 않은 하드웨어 솔루션으로 인해 발생할 수 있는 알려지지 않은 문제를 대처하는 시간과 능력을 여러분의 IT 팀이 갖고 있는지 알아봐야 한다.

상용 하드웨어 사용은 단일 구성 요소 업그레이드로 전체 스토리지 어레이의 완전한 대체를 요구하는 기존 포크 리프트fork-lift 업그레이드 모델을 보호하기도 한다. Ceph를 사용하는 경우 매우 세부적인 특성으로 개발 구성 요소를 대체할 수 있고, 자동으로 처리되는 데이터 밸런싱으로 지루한 데이터 마이그레이션 기간을 피할 수 있다. Ceph의 분산 기능은 서비스 가용성에 영향을 주지 않고 작업 시간 동안에 하드웨어 대체 또는 업그레이드가 수행됨을 의미한다.

■ 구체적인 사용 사례

이제 Ceph의 좀 더 일반적인 사용 사례를 다루고, 그 이면에 숨겨진 사항을 알아본다.

오픈스택 또는 KVM 기반 가상화

Ceph는 오픈스택OpenStack 환경에 완벽하게 어울리는 스토리지를 제공한다. 사실 Ceph는 현재 가장 인기 있는 선택이다. 오픈스택 Cinder 블록 드라이버는 VM에 블록 볼륨을 공급하기 위해 Ceph RBDs를 사용하고, 공유 파일 시스템 서비스(FaaS)인 오픈스택 Manila는 CephFS와 잘 통합된다. Ceph가 오픈스택에 좋은 솔루션인 이유 몇 가지는 다음과 같다.

- 모두 상용 제품을 제공하는 오픈소스 프로젝트다.
- 모두 대규모 배포에서 입증된 실적을 갖고 있다.

- Ceph는 오픈스택이 사용하는 블록, CephFS, 그리고 객체 스토리지를 제공할 수 있다.
- 신중한 계획으로 하이퍼 융합 클러스터를 배치할 수 있다.

오픈스택을 사용하지 않거나 오픈스택을 사용하지 않는 경우 Ceph는 KVM 가상화에도 잘 통합된다.

대용량 벌크 블록 스토리지

비용 효율이 높은 OSD 노드를 설계하고 구축할 수 있기 때문에 Ceph는 대체 선택지에 비해 매우 효율적인 비용의 대형 고성능 스토리지 클러스터를 구축할 수 있다. 그렇지만 권장되는 3배 복제로 인해 원래^{raw} 스토리지에 대해 계산된 스토리지 효율성은 가격이나 전력 소비에 대한 기존의 RAID JBOD(Just a Bunch of Disks의 줄임말)와 같을 수 없다. 그러나 가용성 및 성능으로 인한 많은 이점이 이런 사용 사례를 매력적으로 만들고 있다. 루미노스^{Luminous} 배포판에서 이용 가능한 RBD와 함께 사용하기 위한 이레이저 코드$^{erasure \ coding}$[2] 지원이 이러한 차이를 크게 줄여줄 것이다. 기록 요구에 따라 객체에 데이터를 저장하는 경우 이레이저 풀$^{erasure \ pool}$이 가격 면에서 RAID와 비슷해질 수 있게 하고, 매우 매력적인 솔루션이 된다.

객체 스토리지

핵심인 RADOS 계층이 객체 스토어라는 사실은 Ceph가 S3나 스위프트 프로토콜을 통해 객체 스토리지를 제공하는 데 뛰어나다는 것을 의미한다. 비용, 지연시간, 데이터 보안이 공용 클라우드 객체 스토리지 솔루션 사용보다 중요한 것이라면 객체 스토리지를 제공하는 Ceph 클러스터를 운용하는 것이 이상적인 사용 사례가 될 수 있다.

---

2. 이레이저 코드를 통해 인코딩하고, 데이터 손실 시 디코딩해 복구한다. 이레이저 코드도 종류가 많으므로 각 코드에 대한 상세 내용은 따로 공부해보길 바란다. - 옮긴이

커스텀 애플리케이션을 통한 객체 스토리지

librados를 사용하면 내부 애플리케이션을 통해 근본적인 Ceph RADOS 레이어와 직접적으로 대화할 수 있다. 이는 애플리케이션 개발을 대단히 간소화시켜주고 고성능이며 안정적인 저장소에 직접 접근 가능하게 한다. 단일 원자적 작업^{atomic operation}으로 다수 작업을 묶어주는 librados의 고급 기능 중 일부는 기존 스토리지 솔루션으로 수행하기 매우 어렵다.

분산 파일 시스템: 웹 팜

웹 서버 팜^{farm}은 모두 같은 파일을 액세스해 클라이언트가 연결되는 것에 무관하게 모두 같은 콘텐츠를 제공할 수 있다. 전통적으로 HA^{hight-availability} NFS 솔루션은 분산 파일 액세스를 제공하는 데 사용되지만, 규모상 여러 가지 제한 사항과 부딪힐 수 있다. CephFS는 웹 콘텐츠를 저장하기 위한 분산 파일 시스템을 제공해 팜의 모든 웹 서버에 마운트되게 한다.

분산 파일 시스템: SMB 파일 서버 대체재

CephFS와 삼바^{Samba} 간의 몇 가지 상호작용이 있다. 다만 아직 충분히 완성되지 않아서 최종 솔루션이 예상대로 동작하는 것은 아니다. 삼바는 CephFS 파일 시스템을 성공적으로 제공하지만 HA와 안정적인 스냅샷 부족으로 열악한 대체품이 되기도 한다. 이 책이 출간되는 시점에 현재로서는 Ceph가 권장하는 사용 사례가 아니다.

▌ 인프라 설계

인프라 설계를 고려할 때 특정 구성 요소를 관리해야 한다. 이제 이 구성 요소에 대해 간략히 살펴본다.

SSD

SSD는 훌륭하다. 지난 10년 동안 가격이 많이 내려갔고, 모든 증거가 계속해서 그렇게 될 것이라고 말하고 있다. SSD는 회전 디스크보다 액세스 시간을 몇 자릿수 낮췄고 전력 소비도 낮추는 능력을 갖췄다.

SSD를 이해하는 데 한 가지 중요한 개념은, 읽기 및 쓰기 지연시간이 보통 수십 마이크로초 정도지만 플래시 블록에 이미 존재하는 데이터를 덮어쓰기 위해서는 쓰기 동작 전에 플래시 전체 블록의 내용을 삭제할 필요가 있다는 것이다. 보통 SSD의 플래시 블록 크기는 128KB 정도이며, 4KB 쓰기 I/O조차 전체 블록을 읽고 삭제하고 최종적으로 기존 데이터와 새로운 I/O를 작성한다. 삭제 동작은 몇 밀리초 정도 걸리지만, SSD 펌웨어에 적절한 메커니즘이 없다면 고통스럽게 느린 쓰기 작업이 될 것이다. 이러한 한계를 해결하기 위해 SSD는 RAM 버퍼를 장착해 SSD는 쓰기 작업을 즉시 인지해 알릴 수 있다. 반면 펌웨어는 내부적으로 덮어쓰기 프로세스와 웨어 레벨링 wear leveling을 최대한 활용해 플래시 블록으로 데이터를 옮긴다. 그러나 RAM 버퍼는 휘발성 메모리로 전력 공급이 갑작스럽게 중단된 경우 데이터 손실 및 파손 가능성을 야기한다. 이것을 막기 위해 SSD는 전력 손실 보호 기능을 갖추고 있다. 보드에 대용량 축전기(커패시터 capacitor)를 갖춰 플래시에 아직 처리되지 않은 쓰기 작업을 플러시 flush하기에 충분한 전력을 저장해둔다.

최근 몇 년간 가장 큰 트렌드 중 하나가 SSD의 다른 계층을 이용할 수 있게 된 것이다. 대개 다음과 같은 범주로 나눠볼 수 있다.

소비자

SSD는 평균적인 PC 사용자가 구매하고 사용할 수 있는 저렴한 것이다. 많은 용량을 매우 저렴하게 제공하고 상당히 괜찮은 성능을 제공한다. 전력 손실 보호 기능을 제공하지 않으므로 동시에 쓰기 작업을 요청한 경우 극도로 열악한 성능을 보이거나 저장된 데이터 무결성에 대해 약점을 보일 것이다. 매우 열악한 쓰기 내구성을 가졌지만,

표준 용도로는 충분하다.

생산 참여 소비자

일반적인 소비사용 모델에서 한 단계 더 나아간 것으로, 기입용 SSD가 제공하는 깃과는 차이가 크지만 보통 더 나은 성능을 제공하고 더 높은 쓰기 내구성을 가졌다.

기업 모델로 넘어가기 전에 앞서 언급한 SSD 모델을 Ceph에 어떤 조건에서 사용하지 않아야 하는지 다루는 것이 좋겠다.

- 적절한 전력 손실 보호 기능이 없으면 극도로 열악한 성능을 야기하거나 완전한 데이터 일관성을 보장할 수 없다.
- 펌웨어는 기업용 SSD처럼 데이터 오류성 버그를 밝히기 위한 테스트를 엄격하게 하지 않는다.
- 낮은 쓰기 내구성은 종종 갑작스런 실패를 야기하며 빠르게 SSD의 수명을 떨어뜨린다.
- 높은 마모 및 실패율 때문에 초기의 비용면에서의 이점이 빠르게 사라진다.

일반 소비자용 SSD를 Ceph에 사용하는 것은 열악한 성능을 야기하고 재앙 같은 데이터 손실 가능성을 높일 것이다.

기업용 SSD

소비자용과 기업용 SSD의 가장 큰 차이점은 기업용 SSD는 데이터가 안전하게 저장됐음을 확인해 호스트 시스템에 응답하는 보증을 제공해야 한다는 점이다. 즉, 갑자기 시스템의 전력이 중단됐을 경우 운영체제는 디스크에 커밋commit돼 있을 것이라 믿는 모든 데이터가 플래시에 안전하게 저장돼 있을 것이다. 뿐만 아니라 쓰기를 가속화하되 데이터를 안전한 조건으로 유지하기 위해 SSD는 전력 손실 조건이 발생하는 경우 SSD RAM 버퍼에 플러시하기 위한 충분한 전력을 제공할 수 있게 굉장히 좋은 축전기를 갖고 있어야 한다.

기업용 SSD는 보통 쓰기 내구성에 맞춰진 GB 옵션당 폭넓은 비용을 제공하기 위해 다른 여러 유형으로 제공된다.

기업용: 읽기 집중

읽기 집중 SSD는 마케팅 용어 같은 것이다. 모든 SSD는 읽기 작업을 쉽게 처리하지만 그 말은 더 낮은 쓰기 내구성을 가졌음을 의미한다. 그러나 GB당 좋은 가격으로 제공된다. 이 SSD는 5년간 약 0.3 ~ 1DWPD^{drive writes per day} 정도의 쓰기 내구성을 갖는 경우가 많다. 말하자면 400GB SSD에 하루 400GB 쓰기 작업이 가능해야 하고 5 년정도는 작업을 계속 할 수 있다고 보는 것이다. 하루 800GB 쓰기 작업을 하는 경우라면 보장할 수 있는 시간만 2.5년이 된다. 일반적으로 가장 많은 Ceph 작업의 경우 이정도의 SSD 수명 범위는 충분한 쓰기 내구성을 갖지 않았다고 생각되기 마련이다.

기업용: 일반적인 용도

일반적인 용도의 SSD는 보통 3 ~ 5DWPD를 제공하며 적절히 조절된 가격과 쓰기 내구성을 갖는다. Ceph에서 사용하는 경우 Ceph 클러스터의 작업량이 너무 많은 쓰기 작업을 하는 것이 아니라는 가정하에 SSD 기반 OSD로 좋은 선택이 될 것이다.

기업용: 쓰기 집중

쓰기 집중 SSD는 가장 비싼 종류다. 10DWPD 이상의 쓰기 내구성을 제공할 것이다. 아주 과도한 쓰기 작업이 계획된 경우 Ceph 클러스터의 회전 디스크나 SSD 전용 OSD를 위한 저널링^{journaling}에서 사용된다.

현재 Ceph는 디스크에 객체를 저장하는 수단으로 **파일스토어**^{filestore}를 사용하고 있다. 파일스토어 작업 방식과 이유에 대해서는 3장에서 다룬다. 우선 일반적인 POSIX 파일 시스템이 여러 데이터 조각을 원자적 처리로 제공할 수 있게 해야 한다는 한계로 인해

Ceph에 저널링이 필요하다는 점을 이해하는 것이 중요하다. 저널을 위해 사용되는 분리된 SSD가 없다면 이를 위해 분리된 파티션을 생성할 수 없다. OSD가 다루는 모든 쓰기 동작은 먼저 저널로 기록되고 디스크의 주 보관 영역에 플러시된다. 이것이 회전 디스크에서 저널을 위해 SSD를 사용하게 권장하는 주요 이유다. 이중 쓰기 작업은 회전 디스크 성능에 크게 영향을 준다. 이는 저널과 데이터 영역 사이에서 움직이는 디스크 헤드의 임의 특성으로 인해 주로 발생한다.

마찬가지로 SSD OSD도 저널을 요구하므로 쓰기 작업의 횟수가 대략 두 배 정도로 느껴질 것이다. 때문에 기대하는 클라이언트 성능이 반감돼 제공된다.

이제 알겠지만 모든 SSD 모델이 같은 것은 아니며, Ceph의 요구 사항이 올바른 것을 선택하기 어려운 과정으로 만들 수도 있다. 다행스럽게도 Ceph 저널로 사용하기 위해 SSD의 가능성을 확인할 수 있는 빠른 테스트가 있다.

메모리

공식적으로는 1TB 스토리지당 1GB 메모리를 권한다. 사실 이러한 권장으로 이어지는 많은 변수가 있지만, 메모리가 부족한 채 운영되는 OSD의 위치를 스스로 찾고 싶지 않을 것이고, 초과 메모리가 성능 향상에 사용된다고 말하는 것으로 충분하다.

OSD의 기본적인 메모리 사용과는 별개로 메모리 사용에 영향을 미치는 주요 변수가 OSD에서 운영되는 PG 개수다. 전체 데이터 크기가 메모리 사용량에 영향을 준다 하더라도 PG 개수 영향으로 적어 보이게 된다. 권장 사항대로 OSD당 200 PG 정도 운영되는 건강한 클러스터는 OSD당 2GB 이하의 RAM을 사용할 수도 있다. 그러나 PG 수가 모범 사례에 비해 더 높게 설정된 클러스터에서 더 높은 메모리 사용률을 보여준다. OSD가 클러스터에서 제거된 경우 그 클러스터를 재조정하기 위해 여분의 PG들을 나머지 OSD로 옮기는 것도 주목할 만하다. 이는 복구 작업 그 자체뿐만 아니라 메모리 사용률도 높일 것이다. 이러한 메모리 사용률의 급등은 램이 충분히 공급되지 않은 경우 연쇄적인 실패를 발생시킬 수 있다. 메모리 부족 현상이 발생했을 때 OSD 프로세스를 임의로 죽이는 리눅스 OOM^out-of-memeory 킬러^killer의 위험성을 줄이기 위해 SSD의 대용량 스왑^swap 파티션이 항상 제공돼야 한다.

최소한 OSD + OS 오버헤드당 2GB 정도 설정하지만 이는 거의 최소로 처리되는 것이며, OSD당 4GB를 권장한다.

Ceph OSD에서 사용되는 회전 디스크의 작업량과 크기에 따라 운영체제가 Ceph 객체를 저장하는 파일 시스템에서 디렉토리 엔트리 및 파일 노드를 충분히 캐시^cache에 저장할 수 있음을 보장하기 위해 여분의 메모리가 요구될 수 있다. 이는 노드를 구성하는 RAM과 관련된 것이며, 책의 튜닝 부분에서 더 상세히 다룬다.

환경설정된 메모리 크기에 상관없이 ECC 메모리는 항상 사용된다.

CPU

Ceph의 공식적인 권장 사항은 OSD당 CPU 파워 1GHz다. 유감스럽게도 이것이 아주 간단한 것은 아니다. 공식적 권장 사항에서 지적하지 않은 것이 I/O당 요구되는 특정 양의 CPU 파워이며, 이것은 정적 수치가 아니다. 생각해보면 합리적인 말이다. CPU는 수행할 작업이 있을 때만 사용된다. I/O가 없다면 CPU도 필요하지 않다. 그러나 이를 반대로 말하면 I/O가 많을수록 CPU도 더 많이 요구된다. 공식적인 권장 사항은 회전 디스크 기반의 OSD에 좋은 방법이다. 빠른 SSD를 장착한 OSD 노드는 종종 권장 사항의 몇 배로 소비됨을 알 수 있다. 더 복잡한 것은 I/O 크기뿐만 아니라 더 큰 I/O가 더 많은 CPU를 필요로 한다는 점에서 CPU 요구 사항이 달라진다.

OSD 노드가 CPU 자원으로 인해 어려움을 겪기 시작하는 경우 OSD에 시간 초과가 시작되고 클러스터가 OUT 상태로 표시를 남기면 몇 초 후 다시 연결된다. 이런 연속적인 손실과 복원은 제한된 CPU 자원에 더 많은 부담을 주어 연쇄적인 실패를 일으키는 경향이 있다.

목표로 좋은 수치는 I/O당 1 ~ 10MHz 정도이며, 각각 4KB ~ 4MB I/O에 상응한다. 항상 그렇듯 I/O 로드에 대해 일반적인 경우와 과도한 경우 모두 CPU 요구 사항이 충족되는지 확인하기 위해 실제 사용하기 전에 테스트를 해야 한다.

Ceph의 성능을 결정짓는 핵심인 CPU 선택에 대한 다른 관점은 코어의 클록 속도다. Ceph에 I/O 경로path의 대부분은 단일 스레드thread며, 더 빠른 클록의 코어가 이 코드 경로를 통해 더 낮은 지연시간으로 더 빠르게 실행할 것이다. 대부분의 CPU들이 제한적인 열 설계thermal design 때문에 코어 수가 증가하면 클록 속도로 균형을 맞춘다. 높은 클록 속도를 가진 높은 코어 수의 CPU도 가격 책정 구조의 최상위에 위치하는 경향이 있다. 결과적으로 최상의 CPU를 선택함에 있어 I/O와 지연시간 요구 사항을 이해하는 것이 좋다.

작은 실험을 통해 쓰기 작업 지연시간에 대한 CPU 클록 속도의 영향을 확인했다. Ceph를 실행시키는 리눅스 워크스테이션이 사용자 영역 관리자governor를 이용해 CPU 클록을 수동으로 조절했다. 다음 결과는 높은 클록 CPU의 이점을 명확하게 보여준다.

CPU MHz	4KB 쓰기 I/O	평균 지연시간(마이크로초)
1600	797	1250
2000	815	1222
2400	1161	857
2800	1227	812
3300	1320	755
4300	1548	644

낮은 지연시간, 특히 낮은 쓰기 지연시간이 중요한 경우 최대한 높은 클록, 이론상으로 적어도 3GHz보다 높은 CPU를 택하면 된다. 이는 SSD 노드에서만 이용 가능한 코어 수와 각 노드가 지원할 수 있는 SSD 수에 대한 절충이 필요하다. 12개의 회전 디스크

와 SSD 저널로 구성된 노드의 경우 매우 높은 클록 속도를 제공하며, 매우 공격적으로 가격이 책정되는 단일 소켓 쿼드 코어 프로세서가 아주 좋은 선택이다.

예를 들어 지연시간이 중요하지 않은 객체 작업 부하에는 잘 조절된 코어 개수와 클록 속도를 가진 엔트리 수준의 프로세서를 찾으면 된다.

CPU와 마더보드 선택에 관한 다른 고려 사항은 소켓의 수다. 듀얼 소켓 설계에서 메모리, 디스크 컨트롤러 및 NIC^{network interface controllers, 네트워크 인터페이스 컨트롤러}는 소켓 간에 공유된다. 하나의 CPU가 요구하는 데이터를 다른 CPU 소켓에 있는 자원이 필요로 할 때 두 CPU 간의 상호 연결^{interlink} 버스를 통과해야 한다. 최신 CPU는 고속의 상호 연결이 있지만, 여전히 성능상 불이익이 있다. 그러므로 단일 소켓 설계가 가능한지 그 여부를 생각해봐야 한다. 이런 성능상 불이익 가능성의 일부를 처리하는 방법에 대한 몇 가지 고려 사항이 '튜닝' 절에 있다.

디스크

Ceph 클러스터가 빌드할 디스크를 선택할 때 이론상 그 수치가 좋아 보이기 때문에 최대한 큰 디스크로 하고 싶은 유혹이 있다. 불행하게도 이는 실제 좋은 선택이 아닐 경우가 많다. 디스크는 지난 20년 동안 용량이 크게 증가됐지만, 성능은 그렇지 않다. 첫 번째로 순차적 MBps 수치를 무시하라. 기업적 작업 부하에서는 이러한 수치를 볼 필요가 없다. 항상 I/O 패턴을 무작위처럼 동작하게 충분히 비순차적으로 만드는 방법이 있다. 두 번째로 다음과 같은 수치를 기억해야 한다.

7.2k 디스크 = 70 ~ 80 4k IOPS

10k 디스크 = 120 ~ 150 4k IOPS

15k 디스크 = SSD를 사용하라.

일반적으로 대량 비활성/기록^{archive} 스토리지보다는 입출력이 빈번한 작업 부하를 제공하기 위한 클러스터를 설계 중인 경우 용량이 아닌 **초당 입출력**^{IOPS, Input/Output Operations Per Second}을 설계해야 한다. 클러스터가 활성 작업 부하를 위한 스토리지를 제공하기 위해 대용량의 회전 디스크를 포함하는 것이라면 일반적으로 더 적은 용량의 디스크의 개수를 늘리는 것이 더 큰 디스크를 사용하는 것보다 좋다. SSD 용량에 대한 비용이 감소하면 캐시 계층이든 전체 SSD 클러스터로든 클러스터에 SSD를 사용하는 것에 대해 심각하게 고려해봐야 한다.

Ceph의 파일스토어를 이용하는 저널이나 **블루스토어**^{BlueStore}를 사용하는 경우 DB 및 WAL^{write-ahead log}을 저장하기 위한 용도의 SSD 사용도 고려해봐야 한다. 파일스토어 성능이 SSD 저널을 사용하는 경우 급진적으로 향상되며, 클러스터가 매우 활성도가 낮은 데이터와 함께 사용되게 설계된 것이 아니라면 SSD 저널이 없는 파일스토어 사용을 권장하지 않는다.

또한 기본 복제 수준 3은 각 클라이언트 쓰기 I/O가 백엔드^{backend} 디스크의 I/O를 최소한 3배로 생성한다는 것을 의미한다. 실제로 Ceph의 내부 메커니즘으로 인해 일부 상황에서의 쓰기 부하는 6배에 가까워진다. 클러스터에서 SSD 저널이 사용되지 않는다면 최악의 경우 쓰기 부하는 12배에 가까워진다.

Ceph는 클러스터의 모든 디스크가 복구에 참여하기에 문제가 발생한 디스크로부터의 복구가 훨씬 더 빠르다는 것을 알아두자. 다만 특별히 노드 장애를 복구해야 하는 경우 큰 디스크는 여전히 문제가 되고 있다. 1TB 디스크 10개로 구성된 클러스터에서 각 디스크의 50%가 채워져 있는 경우 디스크 장애가 발생하면 나머지 디스크는 디스크들, 또는 각각 55GB 정도에서 500GB 데이터를 복구해야 한다. 평균 복구 속도 20MBps로 복구에 45분 정도 소요될 것으로 예상된다. 1TB 디스크 100개로 구성된 클러스터도 500GB 데이터만 복구하면 되겠지만, 이번에는 99개의 디스크 간에 작업을 공유한다. 이론상 단일 디스크 장애를 복구하는 데 더 큰 클러스터의 경우 4분 정도 소요된다. 실제로 복구 시간은 작업 시 복구 시간이 증가되는 추가 메커니즘으로 인해 더 높아질 것이다. 더 작은 클러스터에서는 복구 시간이 디스크 용량 선택에 주요 요소가 돼야 한다.

네트워크

네트워크는 Ceph 클러스터에 핵심적이지만 쉽게 간과되는 구성 요소다. 열악하게 설계된 네트워크는 특유의 방식으로 표출되는 여러 문제점을 야기하며, 문제 해결에 혼란을 준다.

10G 네트워킹 요구 사항

Ceph 클러스터 구축을 위해 10G 네트워크 연결을 강력히 추천하는 바지만, 1G 네트워크도 동작은 할 것이다. 하지만 지연시간은 수용할 수 없는 정도까지 밀리게 될 것이고, 배포할 수 있는 노드의 크기도 제한될 것이다. 복구에 대해서도 고려해야 한다. 디스크나 노드 장애가 발생한 경우 대량의 데이터를 클러스터에서 옮겨야 한다. 1G 네트워크는 복구를 위한 충분한 성능을 제공하지 못할 뿐더러 일반적인 I/O 트래픽에도 영향을 줄 것이다. 최악의 경우 클러스터 불안정을 초래하는 OSD 타임아웃timeout으로 이어질 수 있다.

언급했듯이 10G 네트워크 구축이 주는 주요 이점 중 하나는 낮은 지연시간이다. 대부분의 경우 클러스터는 10G 대역폭 전체를 사용할 만큼의 충분한 트래픽을 발생시키지 않는다. 그러나 클러스터의 작업량과 무관하게 지연시간 향상은 인지할 수 있다. 10G 네트워크의 4k 패킷을 위한 라운드 타임 트립round time trip 90마이크로초 정도 소요되며, 1G 네트워크 연결에서의 4k 패킷은 1밀리초 정도 소요된다. 이 책의 '튜닝' 부분에서 스토리지 시스템 성능에 직접적으로 영향을 미치는, 특히 직접적인 I/O 또는 동기화 I/O를 수행하는 경우의 지연시간에 대해 배울 것이다.

OSD 노드가 이중 NIC을 장착하고 있는 경우 송수신에 대해 모두 Active/Active 상태로 사용할 수 있는 네트워크 설계인지 주의 깊게 살펴야 한다. 10G 링크를 패시브 passive 상태로 두는 것은 낭비며, 이러한 설계 점검이 더 낮은 지연시간으로 동작할 수 있게 도와줄 것이다.

▌ 네트워크 설계

훌륭한 네트워크 설계는 Ceph 클러스터를 온라인으로 유지하는 중요한 단계다. 네트워크 연결이 다른 팀에 의해 처리된다면 기존 네트워크가 Ceph의 요구 사항을 처리하게 설계되지 않은 경우 기존 시스템에 영향을 미치는 것뿐만 아니라 열악한 Ceph 성능으로 이어질 수 있으므로 설계의 모든 단계에 요구 사항을 포함하고 있는지 확인해야 한다.

각 Ceph 노드가 두 개의 별개 스위치에 이중 연결을 통해 서로 다른 스위치에 연결돼 스위치 장애가 발생해도 Ceph 노드는 계속 접근할 수 있게 하는 것이 좋다. 가능한 한 스위치 몰아두기를 피해야 한다. 이런 스위치들은 단일 지점 장애를 유발할 수 있고, 경우에 따라 펌웨어 업그레이드로 인해 모두 오프라인을 요구할 수도 있다.

Ceph 클러스터가 순수하게 한 세트의 스위치에 포함돼 있는 경우 다음 단락을 건너뛰어도 좋다.

전통적인 네트워크는 북쪽에 있는 클라이언트가 남쪽에 있는 서버로 표시되는 네트워크를 통해 데이터에 접근하는 North-South 접근 경로를 중심으로 설계됐다. 액세스 스위치에 연결된 서버가 다른 액세스access 스위치에 연결된 다른 서버와 통신이 필요한 경우 코어 스위치를 통해 트래픽이 라우팅routing된다. 그 접근 형태 때문에 코어 레이어에 제공되는 액세스 및 어그리게이션aggregation 레이어는 많은 내부 서버 트래픽을 처리하게 설계되지 않았다. 이러한 설계는 그들의 지원을 위해 설계된 환경에서는 충분했다. 서버 간 발생하는 트래픽은 East-West 트래픽이라 하며, 애플리케이션의 고립이 더 적고 여러 다른 서버로부터 데이터를 요구하므로 최근 데이터 센터에서 널리 사용되고 있다.

Ceph는 내부 클러스터 복제 트래픽뿐만 아니라 Ceph 스토리지를 사용하는 다른 서버들에서 많은 East-West 트래픽을 발생시킨다. 대규모 환경에서 기존 코어, 어그리게이션 및 액세스 레이어 설계는 대량의 트래픽이 코어 스위치를 통해 라우팅될 것에 대처하기 위해 고전했을 수도 있다. 더 빠른 스위치를 두면 더 빠른 더 많은 업링크uplink를 추가할 수 있다. 그러나 근본적인 문제는 확장 가능한 네트워크 설계에 확장 가능한 스토리지 시스템을 운영할 수 있는지 여부다. 다음 그림은 코어, 어그리게이션 및 액세스 레이어를 가진 전형적인 네트워크 설계를 보여준다. 보통 액세스 레이어에서 어그리게이션 레이어까지 단일 링크만 활성화된다.

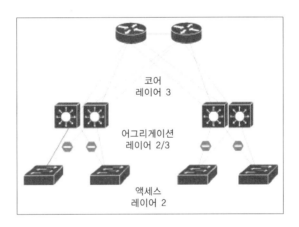

데이터 센터에서 가장 인기 있는 설계는 리프 스파인leaf-spine 설계다. 이 접근 방식은 완전히 전통적인 모델을 제거하고 대신 두 개의 스위치 레이어인 스파인spine 레이어와 리프leaf 레이어로 대체한다. 각 리프 스위치가 모든 스파인 스위치에 연결돼 모든 리프 스위치는 다른 리프 스위치로부터 유일한 홉hop이 되게 하는 것이 핵심 개념이다. 이는 일관된 홉 지연시간과 대역폭을 제공한다. 다음 그림은 리프 스파인 토폴로지 예제다. 장애 도메인domain에 따라 이중화를 위해 랙rack당 하나 또는 여러 개의 리프 스위치를 사용할 수 있게 한다.

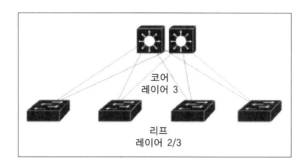

코어
레이어 3

리프
레이어 2/3

리프 레이어는 서버가 연결된 곳이며, 스파인 레이어에 연결하기 위해 보통 대량의 10G 포트^{port}와 40G 이상의 업링크 포트 소수로 구성돼 있다.

스파인 레이어는 특별한 요구가 있는 경우가 아니면 보통 서버에 직접 연결되지 않고 모든 리프 스위치를 위해 집합 지점으로 제공된다. 일반적으로 스파인 레이어는 리프 스위치에서 나오는 트래픽의 경쟁 가능성을 줄이기 위해 고속 포트를 갖고 있다.

리프 스파인 네트워크는 일반적으로 순수한 레이어 2 토폴로지에서 벗어난다. 레이어 2 도메인은 리프 스위치로 종료되고, 레이어 3은 리프 레이어와 스파인 레이어 사이에서 라우팅을 수행한다. 이는 패브릭^{fabric}을 통한 라우트 설정을 위해 BGP^{Border Gateway Protocol}나 OSPF^{Open Shortest Path First} 같은 동적 라우팅 프로토콜 사용을 권한다. 이는 대규모 레이어 2 네트워크에 비해 많은 장점을 제공한다. 일반적으로 스위칭 루프^{loop}를 막기 위해 레이어 2 네트워크에서 사용하는 신장 트리^{spanning tree}는 40G 업링크를 사용하는 경우 업링크를 차단함으로써 동작한다. 레이어 3 설계를 이용하는 동적 라우팅 프로토콜을 사용하는 경우 이용 가능한 대역폭을 최대화하기 위해 모든 업링크를 통해 데이터를 분산시키기 위해 ECMP^{Equal-Cost Multi-Path} 라우팅을 사용할 수 있다. 40G 업링크를 통해 두 개의 스파인 스위치에 연결되는 리프 스위치 예제에서 토폴로지 내의 다른 리프 스위치에서 이용 가능한 80G 대역폭이 어디엔가는 있을 것이다.

일부 네트워크 설계는 이를 더 발전시켜 실제로 서버에서 이런 라우팅 프로토콜을 운영함으로써 서버로 레이어 3 경계를 아래로 밀어낸다. 따라서 서버의 두 NIC 사용을 Active/Active 방식으로 단순화하기 위해 ECMP를 사용할 수 있다. 이는 호스트상 라우팅이라 불린다.

OSD 노드 크기

Ceph와 함께 사용할 노드를 설계하는 경우 일반적인 방법은 대량의 디스크 슬롯을 포함한 대용량 서버를 선택하는 것이다. 어떤 설계에서는 좋은 선택이 될 수는 있지만, Ceph를 다루는 대부분의 시나리오의 경우 더 작은 크기의 노드가 더 좋다. 디스크 수를 결정하기 위해 Ceph 클러스터의 각 노드에는 고려해야 할 여러 가지 것들이 있지만, 주요 고려 사항 중 일부는 다음과 같다.

실패 도메인

클러스터가 10개 이하의 노드를 갖고 있는 경우 이것이 가장 중요한 점일 수 있다.

레거시 확장형 스토리지의 경우 하드웨어가 100% 신뢰성이 있기를 기대한다. 모든 구성 요소를 이중화하며, 시스템 보드나 디스크 JBOD 같은 완전한 구성 요소의 장애는 작동 불가의 원인이 될 수 있다. 결과적으로 그런 장애가 시스템 운영에 어떻게 영향을 미치는가에 대한 실질적인 지식은 없다. 그저 그런 일이 일어나지 않기를 바랄 뿐이다. Ceph의 경우 여러분의 인프라 한 부분이 완전히 실패할 수도 있다는 가능성을 전제하고 있다. 여기에는 디스크, 노드 또는 랙까지 포함되며, 이러한 문제가 여러분의 클러스터를 사용할 수 없게 만들어서는 안 된다.

두 개의 Ceph 클러스터가 모두 240개의 디스크로 구성돼 있다고 가정하자. 클러스터 A는 20×12 디스크 노드로 구성돼 있고, 클러스터 B는 4×60 디스크 노드로 구성돼 있다. 이제 Ceph OSD 노드가 어떤 이유로든 오프라인 상태가 될 수 있는 시나리오를 살펴보자. 계획된 유지 보수 때문이거나 예상치 못한 장애 때문일 수 있지만, 노드가 다운되고 노드의 모든 데이터를 이용할 수 없게 된다. Ceph는 이런 상황을 가리기 위해 설계됐고 완전한 데이터 액세스를 유지하면서 복구할 수 있다.

클러스터 A의 경우 디스크의 5%가 손실됐고 영구적인 손실이 발생해 72TB 데이터가 재건돼야 한다. 클러스터 B는 디스크의 25%가 손실됐고 360TB가 재건돼야 한다. 후자는 클러스터의 성능에 심각한 영향을 미친다. 데이터 재건의 경우 성능이 저하돼 있는 기간이 여러 날 지속될 수 있다.

작은 크기의 클러스터에서 이러한 매우 밀도 높은 노드는 좋은 생각이 아니다. 노드 장애에 대한 영향을 줄이려면 10개 Ceph 노드 클러스터가 최소 크기일 것이다. 따라서 60개 드라이브 JBOD의 경우 최소한 페타바이트 단위의 클러스터가 필요할 것이다.

비용

흔히 크고 밀도가 높은 노드로 구성하고 싶어 하는 이유 중 하나가 하드웨어 구매 가격을 낮추고자 하는 것이다. 밀도 높은 노드가 결국 더 낮은 밀도의 노드보다 GB당 가격을 더 지불해야 하는 프리미엄 부품을 요구하는 경향이 있기 때문에 이는 잘못된 경제관념이다.

예를 들어 12개의 디스크 노드는 OSD를 위한 CPU 자원 제공으로 충분한 단일 쿼드 프로세서만 필요로 한다. 60베이 단일 상품은 GHz당 가격이 훨씬 더 비싼 듀얼 10코어 프로세서 이상을 필요로 한다. 프리미엄이 요구되는 경우에는 더 큰 DIMM^{Dual In-line Memory Modules}을 필요로 하기도 하고, 더 많은 10G NIC나 심지어는 40G NIC을 필요로 할 수도 있다.

하드웨어 가격의 대부분이 CPU, 메모리, 네트워크, 디스크로 구성된다. 앞서 살펴본 바와 같이 이러한 모든 하드웨어 자원 요구 사항은 개수, 디스크 크기에 따라 선형적으로 확장된다. 더 큰 노드가 장점일 수 있는 유일한 영역은 마더보드와 전원 공급 장치인데, 많은 수가 필요치 않다는 점이다. 즉 이는, 전체 비용에 큰 부분을 차지하지 않는다.

전력 공급

단일 또는 이중 전원 공급 장치로 서버를 구성할 수 있다. 전통적인 작업은 보통 정전 또는 전원 공급이 중단되는 경우 운영 중지 시간으로부터 지키기 위해 이중 전원 공급 장치를 요구한다. Ceph 클러스터는 충분히 큰 경우 OSD 노드당 하나의 PSU를 장착해야 할 수도 있고, 이것이 Ceph가 정전 시 가용성을 제공할 수 있게 한다. 데이터 센터 전체 전력 공급이 끊기게 되는 최악의 상황과 단일 전력 공급 장치를 운영하는 이점에 대해 고려해봐야 한다.

▌ 성공적인 Ceph 구축을 위한 방법

성공적인 Ceph 구축을 하려면 따라야 하는 규칙들이 있다.

- 최소로 10G 네트워크를 사용한다.
- 사용하고자 하는 올바른 크기의 하드웨어를 조사하고 테스트한다.
- nobarrier 마운트 옵션을 사용하지 않는다.
- size=2 또는 minsize=1로 풀을 구성하지 않는다.
- 배터리 보호 없이 지연 쓰기writeback 기능을 갖는 RAID 컨트롤러을 사용하지 않는다.
- 이해 못한 환경설정 옵션을 사용하지 않는다.
- 어떤 방식이든 변경 사항을 관리한다.
- 전력 손실 테스트를 수행한다.
- 적절한 백업 및 복구 작업 계획이 있어야 한다.

요구 사항 이해와 Ceph에 적용

앞서 설명했던 것과 같이 Ceph가 항상 모든 스토리지 요구 사항을 위한 옳은 선택은 아니다. 1장에서 얻은 지식으로 여러분의 요구 사항을 식별하고 그것을 Ceph의 기능과 일치시킬 수 있게 하는 데 도움이 되길 바란다. 그렇게 하면 Ceph는 여러분의 사용 사례에 잘 맞고, 프로젝트를 진행할 수 있게 할 것이다.

프로젝트의 요구 사항을 이해하는 데 다음과 같은 사항 등에 주의를 기울여야 한다.

- 프로젝트의 주요 이해 관계자들은 누구며, Ceph의 사용법에 대해 상세히 알고 있는 사람들이 그들이어야 할 것이다.
- Ceph와 상호작용할 시스템의 세부 사항을 수집한다. 예를 들어 지원되지 않는 운영체제를 Ceph와 함께 사용할 것이라면 초기 단계에서 주의할 필요가 있다.

목표 설정을 통한 성공적인 프로젝트 점검

모든 프로젝트는 성공 여부를 확인하기 위한 일련의 목표가 있어야 한다. 예제의 목표는 다음과 같다.

- X 이하의 비용
- X IOPS 또는 MBps 성능 제공
- 특정 실패 시나리오에서 살아남기
- X에 의한 스토리지 소유 비용 절감

이 목표는 프로젝트 생명 주기 전체에 걸쳐 제대로 진행되고 있는지 지속적으로 확인해볼 필요가 있다.

하드웨어 선택

1장의 '인프라 설계' 절은 Ceph의 하드웨어 요구 사항에 대한 좋은 생각과 프로젝트에 대한 올바른 하드웨어 선택에 대한 이론을 안내했다. Ceph 클러스터에서 작동 중지의 두 번째로 큰 원인은 열악한 하드웨어 선택으로 발생한다. 설계 단계 초기의 올바른 선택이 중요해진다.

가능하다면 하드웨어 벤더에게 참조 설계^{reference design}를 갖고 있는지 확인하라. 이는 주로 레드햇이 인증해주며, 하드웨어 선택이 유효한지 판단하기 위해 많은 노력을 대신해 준다. 또한 하드웨어가 유효한지 Ceph 지원 벤더나 레드햇에 물어볼 수 있다. 그들은 앞서 경험했을 것이므로 당신이 하는 어떤 질문에 대해서든 안내해 줄 수 있을 것이다.

마지막으로 제 3자의 참여나 지원 없이 Ceph 클러스터 전적으로 내부에 두고 운영할 계획이라면 Ceph 커뮤니티에 문의할 것을 고려해야 한다. Ceph 사용자 메일링 리스트에는 전 세계에 걸쳐 매우 다양한 배경을 가진 사람들이 있다. 어디선가 당신과 비슷한 일을 하려는 누군가가 있을 가능성이 매우 높고, 그가 당신에게 하드웨어 선택에 대해 충고해 줄 것이다.

Ceph 사용 준비

모든 기술과 마찬가지로 Ceph 관리자는 일종의 교육을 받을 필요가 있다. 일단 Ceph 클러스터가 생성되고 비즈니스 의존성이 생기면 미숙한 관리자는 안정성에 대한 위험 요소가 된다. 제 3자 지원에 의존도에 따라 다양한 수준의 교육이 필요하고, 교육 과정이나 독학을 기대하는지도 알 수 있다.

Ceph가 요구 사항을 잘 만족하고 있는지 PoC 수행

PoC^{Proof of Concept, 개념 증명} 클러스터는 실제 규모의 하드웨어 조달을 진행하기 전에 설계를 테스트하고 초기 문제점을 확인하기 위해 배포돼야 한다. 이는 프로젝트의 결정적인 것으로 취급돼야 한다. 심각한 문제가 발견된 경우 목표를 재검토하거나 새로운 설계 시작을 두려워하면 안 된다. 원하던 사양과 비슷한 기존 하드웨어가 있는 경우 개념 증명에 사용하는 것이 좋다. 그러나 그 목표는 제품 클러스터와 함께 빌드하려는 의도로 설계를 완전히 테스트할 수 있도록 가능한 한 유사한 하드웨어를 테스트해보는 것이어야 한다.

안정성 테스트뿐만 아니라 PoC 클러스터도 프로젝트를 위해 설정한 목적이 충족되는지 예측해봐야 한다.

개념 증명 단계는 Ceph에 대한 지식을 확고히 하고, 일상 작업을 연습하며, 기능을 테스트하기에 좋은 시간이다. 이는 앞으로 유익하게 사용될 것이다. 가능한 한 PoC 클러스터를 함부로 다뤄보는 기회로 삼아야 한다. 임의로 디스크를 떼어내 보고, 노드에 전원 공급을 중단해보고, 네트워크 케이블도 끊어봐야 한다. 설계된 것이 옳다면 Ceph는 이러한 일들을 견뎌낼 수 있어야 한다. 이런 테스트를 수행하는 것은 이런 일이 발생할 수 있는 더 큰 규모에서 Ceph를 작동시킬 수 있는지 확인하는 것이며, 필요한 경우 더 쉽게 문제를 해결하게 하는 방식을 이해하도록 돕는 것이다.

클러스터 구축을 위한 최적 예제 따르기

클러스터를 구축할 때 안내 예제에 따라 하기보다 그 과정을 이해하는 데 집중해야 한다. 이는 Ceph를 구성하는 여러 구성 요소에 대한 더 나은 지식을 갖게 하고, 배포나 운영 동안 어떤 오류가 발생했을 경우 이를 해결하는 것이 훨씬 더 수월해진다. 2장에서는 오케스트레이션^{orchestration} 도구의 사용법을 포함해 Ceph의 배포에 대해 상세히 설명하고자 한다.

처음에는 운영체제와 Ceph를 위한 기본 옵션 사용을 권장한다. 배포 및 초기 테스트 과정에서 문제가 발생하면 알려진 상태에서 시작하는 것이 좋다.

RADOS 풀^{pool} 복제 수준은 기본 3에서 최소 복제 수준 2로 둬야 한다. 이것은 각각 풀의 변수 size와 min_size에 연관된다. 두 값을 낮추는 것에 따른 영향을 잘 이해하지 못하거나 이유를 알지 못한다면 이 값을 변경하지 않는 것이 현명하다. 복제 크기는 얼마나 많은 데이터 사본이 클러스터에 저장될 것인지를 결정한다. 그 값을 낮추는 것에 따른 영향은 데이터 손실에 대한 보호 측면에서 분명할 수밖에 없다. min_size에 대한 이해도가 낮으면 데이터 손실에 영향을 줄 수 있고, 또한 데이터 손실에 일반적인 원인이 된다.

min_size 변수는 클러스터가 클라이언트에게 응답을 알리기 위해 작성해야 하는 사본의 개수를 제어한다. min_size를 2로 지정하면 클러스터가 데이터 사본 2개를 작성해야 한다는 것을 의미한다. 이는 성능이 심각하게 저하된 시나리오에서 PG가 유일하게 하나 남은 사본을 가진 경우 쓰기 동작을 막으며, PG가 두 개의 객체 사본을 복구할 때까지 계속해서 막고 있을 것임을 의미한다. 때문에 min_size를 1로 낮추기를 원할 수 있다. 낮추더라도 클러스터 동작은 계속 될 것이고, 일관성보다는 사용 가능성이 좀 더 중요하다. 그리고 난 후 올바른 결정을 내릴 수 있다. 그러나 min_size가 1이면 하나의 OSD에만 데이터를 작성하며 요구되는 복제본의 개수를 보장하지 않는다. 이 기간 동안에 어떤 요소라도 문제가 생겨서 degraded 상태에 데이터를 쓰게 되면 그 결과로 데이터의 손실을 가져올 수 있다. 약간의 중단 시간이 좋지 않은 경우 일반적으로 더 많은 데이터 손실을 가져오고, 이 두 값의 설정이 데이터 손실률에 가장 큰 영향을 주는 것일 수 있다.

변경점 관리 절차 정의

Ceph 클러스터에서 데이터 손실과 동작 중단의 가장 큰 원인은 보통 사람의 실수이다. 실수로 잘못된 명령어를 실행시켰거나 환경설정 변경으로 인해 의도하지 않은 결과를 가져온다. 이러한 일이 Ceph 관리 팀의 여러 사람들이 늘어남에 따라 더 흔히 발생할 수 있다. 서비스 중단이나 데이터 손실을 야기하는 사람의 실수로 인한 위험성을 줄이는 좋은 방법은 몇 가지 변경점 제어 방식을 구현하는 것이다. min_size를 1로 낮춰 이 상황에서 클러스터 동작을 계속 진행할 수 있으며, 가용성이 일관성보다 더 중요해지는 경우 이는 타당한 결정이 될 수 있다는 이유가 있다. 다만 min_size가 1이 되면 데이터는 단 하나의 OSD에만 작성되고 희망하는 사본의 개수가 곧 충족될 것이라는 보장이 없다. 그 기간 동안 구성 요소에 장애가 발생하면 성능이 저하된 상태에서 작성된 데이터 손실이 야기될 수 있다.

백업의 생성과 복구 계획

Ceph는 높은 이중화 능력을 가지며, 적절히 설계된 경우 단일 장애 지점이 없으며, 많은 종류의 하드웨어 장애에 대해 복원력을 가졌다. 그러나 수만 가지 상황 중 하나가 발생할 수도 있고, 설명했던 것처럼 예측하기 매우 어려운 사람의 실수도 있다.

두 경우 모두 Ceph 클러스터는 이용 불가능한 상태나 데이터 손실이 발생하는 상태로 접어들 수 있다. 많은 경우에 데이터의 일부 또는 모두를 복구할 수 있으며, 클러스터를 전체 동작 상태로 되돌릴 수 있다. 그렇지만 모든 경우에 완전한 백업 및 복구 계획은 Ceph 클러스터에 실제 데이터를 두기 전에 논의해야 할 것이다. 많은 비즈니스가 운영 중지 시간이 길어졌거나 중요한 데이터가 손실됐음이 밝혀졌을 때 비즈니스에서 도태되거나 고객의 신뢰를 잃는다. 논의의 결과로 백업 및 복귀 계획이 필요치 않음에 동의할 수도 있다. 이도 괜찮다. 위험 및 가능한 결과를 논의하고 동의하는 한 그것이 중요한 부분이다.

▌ 요약

1장에서는 Ceph 프로젝트를 성공적으로 계획하고 구현할 수 있게 모든 필수 단계에 대해 배웠다. 이용 가능한 하드웨어 선택에 대해 알아보고, 이러한 선택이 Ceph의 요구 조건과 어떤 관련이 있는지, Ceph의 성능과 신뢰도에 어떻게 영향을 주는지에 대해 배웠다.

마지막으로 Ceph 클러스터를 위한 건강한 운영 환경을 보장하기 위해 준비돼 있어야 하는 단계와 절차의 중요성에 대해 인지해야 할 것이다.

02

Ceph 배포

일단 Ceph 프로젝트를 계획하고 테스트나 제품 클러스터 배포 준비가 됐다면 배포 및 유지 보수를 위해 사용하고자 하는 방식을 고려해야 한다. 2장에서는 베이그런트 Vagrant를 통해 테스트 및 개발을 위한 테스트 환경을 빠르게 배포하는 방법을 알아본다. 또한 지원되는 Ceph 도구를 바로 사용하기보다 Ceph 배치를 위한 오케스트레이션 orchestration 도구를 사용하는 것이 더 좋은 이유에 대해서도 설명한다. 인기 있는 오케스트레이션 도구인 앤서블 Ansible은 Ceph 클러스터를 얼마나 빠르고 안정적으로 배포할 수 있는지 알아보고 이것을 사용해 얻을 수 있는 이점을 알아본다.

2장에서 다루는 내용은 다음과 같다.

* 베이그런트와 버추얼박스 VirtualBox를 이용한 테스트 환경 준비

- ceph-deploy와 오케스트레이션 도구의 차이점에 대한 이해
- 오케스트레이션 도구 사용의 이점
- 앤서블 설치 및 사용
- Ceph 앤서블 모듈 환경설정
- 베이그런트와 앤서블을 이용한 테스트 클러스터 배치
- Ceph 환경설정 관리 방식에 대한 고찰

■ 베이그런트와 버추얼박스를 이용한 환경 준비

테스트 클러스터는 하드웨어나 가상머신^{virtual └machine}에 배포 가능하지만, 이 책의 목적에 맞춰 베이그런트와 버추얼박스 조합을 이용할 것이다. 이는 VM의 빠른 프로비저닝을 가능케 하고 일관된 환경을 보장한다.

버추얼박스는 무료이며, 현재 오라클^{Oracle}에 의해 개발되고 있는 오픈소스 타입 2(호스팅되는) 하이퍼바이저다. 성능 및 기능이 최고 수준의 하이퍼바이저와 비교하기엔 부족하지만, 가벼운 접근 방식과 여러 OS 지원 등이 테스트를 위해 가장 적합한 후보로 만들었다.

베이그런트는 많은 머신으로 구성된 환경을 빠르고 효율적으로 생성하게 돕는다. 이는 박스^{box} 개념으로 동작한다. 박스는 하이퍼바이저와 빌드 때 환경이 정의되는 Vagrantfile을 함께 사용하기 위해 미리 정의된 템플릿이다. 이를 통해 여러 하이퍼바이저를 지원하고, 하이퍼바이저 간에 Vagrantfile을 이식할 수 있게 한다.

시스템 요구 사양

이 책 후반에 설명되는 Ceph 환경을 운영할 수 있게 하기 위해 컴퓨터가 다음과 같은 VM이 충분한 자원을 제공받을 수 있다고 보장하는 조건을 충족시키는지 살펴보자.

- 베이그런트와 버추얼박스를 이용한 운영체제 호환성으로, 이는 리눅스, 맥OS 및 윈도우를 포함한다.
- 2 코어 CPU
- 8GB 램
- 바이오스[bios]에서 활성화된 가상화 인스트럭션

버추얼박스 획득과 설치

버추얼박스 웹사이트 https://www.virtualbox.org를 방문해 사용하는 OS에 맞춰 패키지를 다운로드한다.

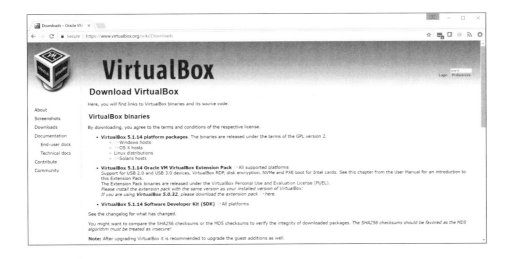

베이그런트 설정

베이그런트 설정을 위해 다음과 같은 단계를 수행한다.

1. 베이그런트 웹사이트 https://www.vagrantup.com/download.html의 설치 지침에 따라 선택한 OS에 설치할 베이그런트를 얻는다.

2. 베이그런트 프로젝트를 위해 새로운 디렉토리를 생성한다. 예제에서는 ceph-ansible이다.

3. 디렉토리를 변경하고 다음과 같은 명령을 실행한다.

```
C:\Users\nfisk\vagrant>cd ceph
C:\Users\nfisk\vagrant\ceph>
```

```
vagrant plugin install vagrant-hostmanager
```

이 명령은 다음과 같은 결과를 보여준다.

```
Installing the 'vagrant-hostmanager' plugin. This can take a few minutes...
Fetching: vagrant-hostmanager-1.8.5.gem (100%)
Installed the plugin 'vagrant-hostmanager (1.8.5)'!
```

```
vagrant box add bento/ubuntu-16.04
```

이 명령은 다음과 같은 결과를 보여준다.

```
==> box: Loading metadata for box 'bento/ubuntu-16.04'
    box: URL: https://atlas.hashicorp.com/bento/ubuntu-16.04
This box can work with multiple providers! The providers that it
can work with are listed below. Please review the list and choose
the provider you will be working with.

1) parallels
2) virtualbox
3) vmware_desktop

Enter your choice: 2
==> box: Adding box 'bento/ubuntu-16.04' (v2.3.1) for provider: virtualbox
    box: Downloading: https://atlas.hashicorp.com/bento/boxes/ubuntu-16.04/versions/2.3.1/providers/virtualbox.box
    box: Progress: 100% (Rate: 5257k/s, Estimated time remaining: --:--:--)
==> box: Successfully added box 'bento/ubuntu-16.04' (v2.3.1) for 'virtualbox'!
```

이제 Vagrantfile이라는 빈 파일을 생성하고 이 파일 안에 다음과 같은 내용을 넣는다.

```
nodes = [
    { :hostname => 'ansible', :ip => '192.168.0.40', :box => 'xenial64'},
    { :hostname => 'mon1', :ip => '192.168.0.41', :box => 'xenial64' },
    { :hostname => 'mon2', :ip => '192.168.0.42', :box => 'xenial64' },
    { :hostname => 'mon3', :ip => '192.168.0.43', :box => 'xenial64' },
    { :hostname => 'osd1', :ip => '192.168.0.51', :box => 'xenial64',
    :ram => 1024, :osd => 'yes' },
    { :hostname => 'osd2', :ip => '192.168.0.52', :box => 'xenial64',
    :ram => 1024, :osd => 'yes' },
    { :hostname => 'osd3', :ip => '192.168.0.53', :box => 'xenial64',
    :ram => 1024, :osd => 'yes' }
]

Vagrant.configure("2") do |config|
    nodes.each do |node|
        config.vm.define node[:hostname] do |nodeconfig|
            nodeconfig.vm.box = "bento/ubuntu-16.04"
            nodeconfig.vm.hostname = node[:hostname]
            nodeconfig.vm.network :private_network, ip: node[:ip]

            memory = node[:ram] ? node[:ram] : 512;
            nodeconfig.vm.provider :virtualbox do |vb|
                vb.customize [
                    "modifyvm", :id,
                    "--memory", memory.to_s,
```

```
        ]
        if node[:osd] == "yes"
            vb.customize [ "createhd", "--filename", "disk_osd-#
            {node[:hostname]}", "--size", "10000" ]
            vb.customize [ "storageattach", :id, "--storagectl", "SATA
            Controller", "--port", 3, "--device", 0, "--type", "hdd",
            "--medium", "disk_osd-#{node[:hostname]}.vdi" ]
        end
      end
    end
    config.hostmanager.enabled = true
    config.hostmanager.manage_guest = true
  end
end
```

 이 과정 중 오류가 발생하면 Hyper-V를 비활성화한다.

Vagrantfile에 정의된 VM을 가져오기 위해 **vagrant up**을 실행한다.

```
Bringing machine 'ansible' up with 'virtualbox' provider...
Bringing machine 'mon1' up with 'virtualbox' provider...
Bringing machine 'mon2' up with 'virtualbox' provider...
Bringing machine 'mon3' up with 'virtualbox' provider...
Bringing machine 'osd1' up with 'virtualbox' provider...
Bringing machine 'osd2' up with 'virtualbox' provider...
Bringing machine 'osd3' up with 'virtualbox' provider...
==> ansible: Importing base box 'bento/ubuntu-16.04'...
==> ansible: Matching MAC address for NAT networking...
==> ansible: Checking if box 'bento/ubuntu-16.04' is up to date...
==> ansible: Setting the name of the VM: ceph_ansible_1486503043550_56998
==> ansible: Clearing any previously set network interfaces...
==> ansible: Preparing network interfaces based on configuration...
    ansible: Adapter 1: nat
    ansible: Adapter 2: hostonly
==> ansible: Forwarding ports...
    ansible: 22 (guest) => 2222 (host) (adapter 1)
==> ansible: Running 'pre-boot' VM customizations...
==> ansible: Booting VM...
==> ansible: Waiting for machine to boot. This may take a few minutes...
```

이제 ssh를 이용해 ansible VM에 연결하자.

```
vagrant ssh ansible
```

이 명령은 다음과 같은 결과를 보여준다.

```
`ssh` executable not found in any directories in the %PATH% variable. Is an
SSH client installed? Try installing Cygwin, MinGW or Git, all of which
contain an SSH client. Or use your favorite SSH client with the following
authentication information shown below:

Host: 127.0.0.1
Port: 2200
Username: vagrant
```

 윈도우에서 베이그런트를 실행시키는 경우 ssh 명령은 사용자가 선택한 SSH 클라이 언트를 사용해야 한다는 것을 알려주며, 그 사용에 필요한 세부 사항을 제공한다.

PuTTY가 SSH 클라이언트로 좋을 것이다. 리눅스에서는 명령어를 사용해 VM에 직접 연결할 수 있다.

username과 password 모두 vagrant에 있다. 로그인을 하고 나면 ansible VM의 Bash 셸에 들어왔음을 알 수 있다.

```
login as: vagrant
vagrant@127.0.0.1's password:
Welcome to Ubuntu 16.04.1 LTS (GNU/Linux 4.4.0-51-generic x86_64)

 * Documentation:  https://help.ubuntu.com
 * Management:     https://landscape.canonical.com
 * Support:        https://ubuntu.com/advantage

0 packages can be updated.
0 updates are security updates.

vagrant@ansible:~$
```

호스트 머신으로 돌아가기 위해 간단히 exit를 사용하면 된다.

이렇게 간단히 Ceph 모니터로 사용될 세 개의 서버, Ceph OSD로 사용될 세 개의 서버, 그리고 앤서블 서버를 배포했다. Vagrantfile은 서버들의 환경설정을 위한 여분의 명령어 실행 단계를 갖고 있지만, 지금은 다음 명령을 사용해 서버를 끈다. 2장 후반에 나오는 예제를 위해 서버를 다시 켤 수 있다.

```
vagrant destroy --force
```

ceph-deploy 도구

ceph-deploy는 Ceph 클러스터를 배포하기 위한 공식적인 도구다. Ceph 클러스터에서 모든 머신에 SSH 액세스 권한(password 없이)을 가진 관리 노드를 갖는 방식으로 동작한다. 또한 Ceph 환경설정 파일의 사본을 갖고 있다. 배포 작업을 진행할 때마다 필요한 단계를 진행하기 위해 SSH를 이용해 Ceph 노드에 연결한다. ceph-deploy 도구는 완벽한 기능의 Ceph 클러스터를 만들어주는 지원 방법이지만, Ceph의 지속적인 관리는 생각처럼 쉽지 않을 것이다. 대규모 Ceph 클러스터는 ceph-deploy를 사용한 경우 많은 관리 오버헤드를 야기하기도 한다. 이런 이유로 ceph-deploy는 테스트나 소규모 제품 클러스터로 제한할 것을 권장한다. 반면에 오케스트레이션 도구는 Ceph의 빠른 배포를 가능하게 하고, 새 Ceph 클러스터를 계속해서 구축하기 위해 필요한 테스트 환경에 더 적합할 수 있다.

▌ 오케스트레이션

Ceph를 더 쉽게 설치하고 관리하게 만드는 솔루션이 오케스트레이션 도구다. 퍼펫[Puppet], 셰프[Chef], 솔트[Salt], 앤서블[Ansible] 같은 여러 도구를 이용할 수 있으며, 이들 모두 Ceph 모듈을 포함한다. 환경설정에서 이미 오케스트레이션 도구를 사용 중이라면 계속해서 그 도구를 사용할 것을 권장한다. 이 책에서는 목적에 맞춰 앤서블을 사용하는데, 여기에는 다음과 같은 몇 가지 이유가 있다.

- Ceph와 앤서블 프로젝트 모두 소유하고 있는 레드햇에서 선호하는 배포 방식이다.
- 잘 개발되고 성숙된 Ceph 롤^{role} 및 플레이북^{playbook} 모음을 갖고 있다.
- 전에 오케스트레이션 도구를 사용해 본 적이 없는 경우 앤서블을 더 쉽게 습득하는 경향이 있다.
- 중앙 서버 설치를 요구하지 않는다. 즉, 시연은 도구의 설치가 아닌 도구 사용에 더 집중한다.

모든 도구는 호스트의 인벤토리를 이용해 도구를 제공하고 호스트에서 작업을 진행시킨다는 원칙을 따른다. 이러한 작업은 런타임에 작업의 사용자화를 허용하는 변수를 참조하곤 한다. 오케스트레이션 도구는 스케줄에 맞춰 실행되게 설계됐다. 따라서 어떤 이유로 호스트의 상태나 환경설정이 바뀌면 다음 실행 동안 의도했던 상태로 다시 올바르게 변경시킨다.

통합 도구를 사용해 얻는 다른 이점으로 문서가 있다. 오케스트레이션 도구가 좋은 문서를 대체할 수는 없지만, 역할과 환경설정 옵션을 포함해 환경을 명확하게 설명해주기 때문에 그 자체로 문서로 취급될 수 있다는 것을 의미한다. 어떤 설치나 변경이 오케스트레이션 도구를 통해 진행된다고 보장되는 경우 오케스트레이션 도구의 환경설정 파일은 그 환경의 현재 상태를 명확하게 설명할 것이다. 오케스트레이션 환경설정을 저장하기 위해 깃 리파지토리^{Git repository} 같은 것과 결합하면 변경 제어 시스템을 만들수 있다. 이 부분에 대해서는 2장 뒷부분에서 더 상세히 다룬다. 유일한 단점은 도구의 초기 설치 및 설정을 진행하는 데 소요되는 추가 시간 정도다.

따라서 오케스트레이션 도구를 사용하면 더 낮은 오류 가능성과 더 빠른 배포가 가능하며, 문서 및 변경 관리가 따라온다. 지금까지 감을 잡지 못했다면 앞으로 나올 내용을 반드시 숙지하길 바란다.

▌ 앤서블

언급했듯이 앤서블은 이 책을 위해 선택한 오케스트레이션 도구다. 좀 더 상세히 들여다보자.

앤서블은 파이썬으로 작성된 비에이전트 기반 오케스트레이션 도구며, 원격 노드에 환경설정을 진행하기 위해 SSH를 사용한다. 앤서블은 2012년에 처음 배포돼 보급률이 높았고, 쉬운 채택과 적은 학습량으로 알려져 있다. 레드햇은 상업적 기업 앤서블 사 Ansible Inc.를 2015년에 인수해 Ceph 배포에 맞춰 아주 잘 개발하고 긴밀하게 통합시켰다.

앤서블에서 사용되는 **플레이북**playbook이라는 파일은 지정된 호스트나 호스트 그룹에서 수행하는 명령어, 동작, 그리고 설정 목록을 설명하는 것으로, YAML 파일 형태로 저장돼 있다. 관리 불가한 큰 플레이북 대신 플레이북이 단일 태스크task만 갖게 하는 앤서블 롤role을 만들었다. 이 태스크는 그 롤과 관련된 여러 작업을 수행할 수 있다.

원격 노드로 연결해 플레이북을 실행시키기 위한 SSH 사용은 그것이 매우 경량이며 에이전트나 중앙 서버를 필요로 하지 않음을 의미한다.

앤서블이 베이그런트와 잘 통합됐는지 테스트하기 위해 앤서블 플레이북을 베이그런트 프로비저닝 환경설정의 일부로 지정할 수 있고, 생성된 VM의 베이그런트로부터 인벤토리 파일을 자동으로 만들어내며, 일단 서버가 부팅되면 플레이북을 한 번 실행한다. 이는 OS를 포함한 Ceph 클러스터가 단일 명령으로 배포될 수 있게 한다.

앤서블 설치

앞서 생성했던 베이그런트 환경설정을 백업하고 앤서블 서버로 SSH를 가져오자. 이 예제에서는 다음과 같이 `ansible`, `mon1`, 그리고 `osd1`만 필요하다.

```
vagrant up ansible mon1 osd1
```

다음과 같이 앤서블 ppa를 추가한다.

```
$sudo apt-add-repository ppa:ansible/ansible
```

이 명령은 다음과 같은 결과를 보여준다.

```
 Ansible is a radically simple IT automation platform that makes your applications and systems easie
r to deploy. Avoid writing scripts or custom code to deploy and update your applications- automate i
n a language that approaches plain English, using SSH, with no agents to install on remote systems.

http://ansible.com/
 More info: https://launchpad.net/~ansible/+archive/ubuntu/ansible
Press [ENTER] to continue or ctrl-c to cancel adding it

gpg: keyring `/tmp/tmpt5a6qdao/secring.gpg' created
gpg: keyring `/tmp/tmpt5a6qdao/pubring.gpg' created
gpg: requesting key 7BB9C367 from hkp server keyserver.ubuntu.com
gpg: /tmp/tmpt5a6qdao/trustdb.gpg: trustdb created
gpg: key 7BB9C367: public key "Launchpad PPA for Ansible, Inc." imported
gpg: Total number processed: 1
gpg:               imported: 1  (RSA: 1)
OK
```

APT^Advanced Package Tool 소스를 업데이트하고 앤서블을 설치한다.

```
$sudo apt-get update && sudo apt-get install ansible -y
```

이 명령은 다음과 같은 결과를 보여준다.

```
Setting up libyaml-0-2:amd64 (0.1.6-3) ...
Setting up python-markupsafe (0.23-2build2) ...
Setting up python-jinja2 (2.8-1) ...
Setting up python-yaml (3.11-3build1) ...
Setting up python-crypto (2.6.1-6build1) ...
Setting up python-six (1.10.0-3) ...
Setting up python-ecdsa (0.13-2) ...
Setting up python-paramiko (1.16.0-1) ...
Setting up python-httplib2 (0.9.1+dfsg-1) ...
Setting up python-pkg-resources (20.7.0-1) ...
Setting up python-setuptools (20.7.0-1) ...
Setting up sshpass (1.05-1) ...
Setting up ansible (2.2.1.0-1ppa~xenial) ...
Processing triggers for libc-bin (2.23-0ubuntu4) ...
vagrant@ansible:~$
```

인벤토리 파일 생성

알려진 모든 호스트와 호스트에 속한 그룹을 참조하기 위해 앤서블은 앤서블 인벤토리 파일을 사용한다. 그룹은 대괄호 내에 그 이름을 두게 정의됐고, 그룹들은 자식 children 정의 사용으로 다른 그룹 내에 내포될 수 있다.

인벤토리 파일에 호스트를 추가하기 전에 먼저 SSH(password 없이)를 위해 원격 노드를 설정할 필요가 있다. 그렇지 않으면 앤서블이 원격 머신에 연결하려 할 때마다 암호를 입력해야 한다.

다음과 같은 SSH 키key를 생성한다.

```
$ ssh-keygen
```

이 명령은 다음과 같은 결과를 보여준다.

```
vagrant@ansible:~$ ssh-keygen
Generating public/private rsa key pair.
Enter file in which to save the key (/home/vagrant/.ssh/id_rsa):
Enter passphrase (empty for no passphrase):
Enter same passphrase again:
Your identification has been saved in /home/vagrant/.ssh/id_rsa.
Your public key has been saved in /home/vagrant/.ssh/id_rsa.pub.
The key fingerprint is:
SHA256:mdvKrx6ZG88AKQsPnaFpjKlPb8pmmnfqDiQPv4OQnpw vagrant@ansible
The key's randomart image is:
+---[RSA 2048]----+
|                 |
|                 |
|    .            |
|   + + o . o     |
|  =oB + o S      |
|  *= + o . =     |
|  *.* o   B .    |
| .E=oo   . O     |
| oBO*.  .*o+     |
+----[SHA256]-----+
```

이 키를 원격 호스트에 복사한다.

```
$ssh-copy-id mon1
```

이 명령은 다음과 같은 결과를 보여준다.

```
vagrant@ansible:~$ ssh-copy-id mon1
/usr/bin/ssh-copy-id: INFO: Source of key(s) to be installed: "/home/vagrant/.ssh/id_rsa.pub"
The authenticity of host 'mon1 (192.168.0.41)' can't be established.
ECDSA key fingerprint is SHA256:RI5/3ep65qXeDkZSACi/rNOhBxiLrBxMvcyk9CfLkyg.
Are you sure you want to continue connecting (yes/no)? yes
/usr/bin/ssh-copy-id: INFO: attempting to log in with the new key(s), to filter out any that are alr
eady installed
/usr/bin/ssh-copy-id: INFO: 1 key(s) remain to be installed -- if you are prompted now it is to inst
all the new keys
vagrant@mon1's password:

Number of key(s) added: 1

Now try logging into the machine, with:   "ssh 'mon1'"
and check to make sure that only the key(s) you wanted were added.
```

각 호스트마다 이를 반복해야 한다. 일반적으로 베이그런트 프로비저닝 단계에 이를 포함시켜야 하지만, 처음 몇 시간에 수동으로 이 작업을 수행하는 것이 유용하기 때문에 과정에 대한 이해가 필요하다.

이제 ssh mon1을 사용해 머신에 로그인한다.

```
vagrant@ansible:~$ ssh mon1
Welcome to Ubuntu 16.04.1 LTS (GNU/Linux 4.4.0-51-generic x86_64)

 * Documentation:  https://help.ubuntu.com
 * Management:     https://landscape.canonical.com
 * Support:        https://ubuntu.com/advantage

0 packages can be updated.
0 updates are security updates.

vagrant@mon1:~$
```

앤서블 VM으로 돌아가려면 exit를 입력한다.

이제 앤서블 인벤토리 파일을 생성한다.

/etc/ansible 내에 hosts라는 이름의 파일을 편집한다.

```
$sudo nano /etc/ansible/hosts
```

osds와 mons라는 두 그룹을 생성하고 마지막으로 ceph라는 세 번째 그룹을 생성한다.

세 번째 그룹은 자식 그룹으로 osds와 mons를 포함한다.

다음과 같이 올바른 그룹에 호스트 목록을 입력한다.

```
[mons]
mon1
mon2
mon3

[osds]
osd1
osd2
osd3

[ceph:children]
mons
osds
```

변수

대부분의 플레이북과 롤은 변수를 이용한다. 이 변수들은 몇 가지 방법으로 재정의할 수 있다. 가장 간단한 방법은 host_vars와 groups_vars 폴더에 파일을 생성하는 것이다. 이는 각각 호스트나 그룹 멤버십에 기반을 두고 변수를 재정의할 수 있게 한다. 이를 위해 다음과 같은 단계를 수행하면 된다.

1. /etc/ansible/group_vars 디렉토리를 생성한다.
2. mons라는 이름으로 group_vars에 파일을 생성한다. mons에는 다음과 같은 내용을 추가한다.

```
a_variable: "foo"
```

3. osds라는 이름으로 group_vars에 파일을 생성한다. osds에 다음과 같은 내용
   을 추가한다.

```
a_varable: "bar"
```

변수는 우선순위를 따른다. all 파일을 생성하면 모든 그룹에 적용된다. 그러나 더 구체적으로 일치하는 그룹에 있는 같은 이름의 변수가 이를 대체할 것이다. Ceph 앤서블 모듈은 기본적인 변수 집합을 가지며, 특정 롤을 위한 다른 값을 지정할 수 있게 하기 위해 이를 이용한다.

테스트

앤서블이 올바르게 동작하고 있는지와 성공적으로 연결돼 원격으로 명령어를 실행할 수 있는지 테스트하기 위해 호스트 중 하나를 확인하는 ping 명령을 사용하자.

이는 네트워크의 ping 같은 것이 아님을 알아야 한다. 앤서블 ping은 SSH를 통해 통신하고 원격으로 명령어를 실행시킬 수 있는지 확인하는 것이다.

```
$ ansible mon1 -m ping
```

이 명령은 다음과 같은 결과를 보여준다.

훌륭하게 동작하고 있다. 이제 앤서블의 능력을 확인하기 위해 원격으로 간단한 명령을 실행시켜보자. 다음 명령은 지정된 원격 노드에 현재 실행 커널 버전을 검색하는 것이다.

```
$ ansible mon1 -a 'uname -r'
```

다음은 원하는 결과다.

▌ 매우 간단한 플레이북

다음 예제는 플레이북의 동작 방식을 보여주기 위한 것으로, 앞서 설정했던 변수를
사용하는 작은 플레이북을 보여준다.

```
- hosts: mon1 osd1
tasks:
- name: Echo Variables
debug: msg="I am a {{ a_variable }}"
```

이제 플레이북을 실행시킨다. 여기서 플레이북을 실행하는 명령이 임시 앤서블 명령
실행과는 다르다는 점을 알아두자.

```
$ ansible-playbook /etc/ansible/playbook.yml
```

이 명령은 다음과 같은 결과를 보여준다.

```
vagrant@ansible:~$ ansible-playbook /etc/ansible/playbook.yml

PLAY [mon1 osd1] ***********************************************************

TASK [setup] **************************************************************
ok: [mon1]
ok: [osd1]

TASK [Echo Variables] ******************************************************
ok: [mon1] => {
    "msg": "I am a foo"
}
ok: [osd1] => {
    "msg": "I am a bar"
}

PLAY RECAP ****************************************************************
mon1                       : ok=2    changed=0    unreachable=0    failed=0
osd1                       : ok=2    changed=0    unreachable=0    failed=0

vagrant@ansible:~$
```

이 결과는 mon1과 osd1 모두에서 실행된 플레이북을 보여준다. 이들은 모두 부모 그
룹인 ceph의 자식 그룹에 속한다. 또한 앞서 group_vars 디렉토리에 설정한 변수를
선택했기 때문에 두 서버 간의 결과가 차이점을 보여준다는 것을 알아야 한다.

끝으로 마지막 두 줄은 플레이북 실행에 전체적인 실행 상태를 보여준다. 이제 다음
절을 위해 베이그런트 환경을 다시 파괴한다.

```
vagrant destroy --force
```

이것으로 앤서블에 대한 소개는 마치지만, 완전한 안내서는 아니다. 제품 환경에 앤서
블을 사용하기 전에 이에 대한 더 깊이 있는 지식을 얻기 위해 다른 자료를 탐구해보
기 바란다.

■ Ceph 앤서블 모듈 추가

Ceph 앤서블 리파지토리를 복제하기 위해 깃^{git}을 사용할 수 있다.

```
git clone https://github.com/ceph/ceph-ansible.git

sudo cp -a ceph-ansible/* /etc/ansible
```

이 명령은 다음과 같은 결과를 보여준다.

```
vagrant@ansible:~$ git clone https://github.com/ceph/ceph-ansible.git
Cloning into 'ceph-ansible'...
remote: Counting objects: 13875, done.
remote: Compressing objects: 100% (69/69), done.
remote: Total 13875 (delta 32), reused 0 (delta 0), pack-reused 13802
Receiving objects: 100% (13875/13875), 2.29 MiB | 1.94 MiB/s, done.
Resolving deltas: 100% (9234/9234), done.
Checking connectivity... done.
vagrant@ansible:~$ sudo cp -a ceph-ansible/* /etc/ansible/
vagrant@ansible:~$
```

깃 리파지토리에 주요 폴더 일부도 살펴보자.

- group_vars: 이미 여기에 있는 것을 살펴봤다. 여기서 가능한 설정 옵션에 대해서는 나중에 더 상세히 살펴본다.
- infrastructure-playbooks: 이 디렉토리는 클러스터 배포나 OSD 추가 같은 일부 표준 작업을 수행하기 위해 미리 작성된 플레이북을 포함하고 있다. 플레이북 최상단의 주석은 이들이 할 수 있는 것을 이해하게 돕는다.
- roles: 이 디렉토리는 Ceph 앤서블 모듈이 구성하는 모든 역할을 포함하고 있다. 각 Ceph 구성 요소의 역할이 있음을 알 수 있으며, 이들이 플레이북을 통해 호출돼 설치되고, Ceph의 환경을 설정하고 유지 보수하고 있음을 알 수 있다.

앤서블을 이용해 Ceph 클러스터를 배포하기 위해 group_vars 디렉토리에 여러 주요 변수를 설정해야 한다. 다음은 설정에 요구되거나 기본 값을 변경할 필요가 있는 변수들이다. 나머지 변수의 경우 변수 파일의 주석을 읽어보는 것이 좋다.

다음은 global에 있는 주요 변수들이다.

```
#mon_group_name: mons
#osd_group_name: osds
#rgw_group_name: rgws
#mds_group_name: mdss
#nfs_group_name: nfss
...
#iscsi_group_name: iscsigws
```

이들은 Ceph 호스트의 종류를 식별하기 위해 모듈이 사용하는 그룹명을 제어한다. 더 넓은 환경에서 앤서블을 사용할 것이라면 Ceph와 관련된 그룹임을 명시하기 위해 접두사로 ceph-를 붙이는 것이 좋다.

```
#ceph_origin: 'upstream' # 또는 'distro' 또는 'local'
```

Ceph 팀이 생성한 패키지를 사용하려면 upstream으로 설정하고, 배포판 메인테이너들이 생성한 패키지를 사용하려면 distro를 설정하면 된다. upstream은 배포판과 무관하게 Ceph를 업그레이드하려는 경우 권장하는 설정이다.

기본적으로 클러스터를 위해 fsid가 생성되고 다시 참조될 수 있는 파일에 저장된다.

```
#fsid: "{{ cluster_uuid.stdout }}"
#generate_fsid: true
```

fsid를 통해 제어하거나 그룹 변수 파일에 fsid를 고정으로 써 넣으려는 것이 아니라면 이를 수정할 필요가 없다.

```
#monitor_interface: interface
#monitor_address: 0.0.0.0
```

이것들 중 하나는 명시돼야 한다. group_vars를 사용 중인 경우 OS가 보여주는 인터페이스명인 `monitor_interface`를 사용하고 싶을 수도 있다. 이는 모든 mons 그룹에서 동일할 수 있기 때문이다. 그렇지 않으면 host_vars에 `monitor_address`를 지정하는 경우 인터페이스에 IP를 명시해야 한다. 인터페이스는 분명 세 개 이상의 mons 그룹에서 다를 수 있다.

```
#ceph_conf_overrides: {}
```

모든 Ceph 변수가 앤서블에 의해 직접 관리되는 것은 아니지만, 위 변수는 ceph.conf 파일과 해당 섹션section을 통해 여분의 변수를 전달할 수 있게 한다. 이것이 어떻게 보이는지에 대한 예는 다음과 같다(들여쓰기에 주의하라).

```
ceph_conf_overrides:
   global:
       variable1: value
   mon:
       variable2: value
   osd:
       variable3: value
```

OSD 변수 파일의 주요 변수는 다음과 같다.

```
#copy_admin_key: false
```

단순히 모니터가 아닌 OSD 노드의 클러스터를 관리하고 싶다면 OSD 노드에 관리자 키를 복사하게 true로 설정해야 한다.

```
#devices: [] #osd_auto_discovery: false #journal_collocation:
false #raw_multi_journal: false #raw_journal_devices: []
```

이는 앤서블 전체 환경설정에서 가장 중요한 변수 모음일 것이다. 이것들은 OSD로 사용되는 디스크와 저널 배포 방식을 제어한다. 수동으로 OSD로 사용하거나 자동 복구에 사용할 장치를 지정할 수 있다. 이 책의 예제에서는 정적 장치 환경설정을 사용한다.

journal_collocation 변수는 OSD 데이터와 같은 디스크에 저널을 저장할지 설정하는 것이다. 이를 위해 별도의 파티션을 생성할 수 있다.

raw_journal_devices는 저널에 사용할 장치를 명시할 수 있게 한다. 흔히 단일 SSD 가 몇 개의 OSD를 위한 저널이 되기도 한다. 이 경우 raw_multi_journal을 활성화하고 저널 장치를 여러 번 지정해준다. 이 저널 장치 생성을 위해 앤서블이 ceph-disk를 수행하길 원하는 경우 파티션 번호는 필요치 않게 된다.

이것들은 고려해야 할 주요 변수들이다. 환경 설정을 위해 수정하려는 다른 변수들이 있다면 변수 파일에 주석을 읽어 보기 바란다.

앤서블로 테스트 클러스터 배포

인터넷을 찾아보면 완벽하게 설정된 Vagrantfile을 포함하고 잘 동작하는 Ceph 환경 설정을 한 번의 명령으로 가능하게 하는 앤서블 플레이북에 관련된 여러 예제가 있다. 이것이 간단한 만큼 제품 환경의 실제 하드웨어에 Ceph 클러스터를 배포하기 위한 올바른 설정 방법 및 Ceph 앤서블 모듈 사용에는 도움이 되지 않을 수 있다. 베이그런트로 실행한 서버상에서 실행되긴 하겠지만, 이 책은 처음부터 앤서블을 설정하는 방법을 안내할 것이다.

이 시점에서는 베이그런트 환경이 동작하고 있어야 하며, 앤서블은 Ceph 서버 6대 모두에 연결돼 있어야 한다. 또한 Ceph 앤서블 모듈의 복제본이 갖춰져 있어야 한다.

1. 다음과 같이 /etc/ansible/group_vars/ceph 파일을 생성한다.

```
ceph_origin: 'upstream'
ceph_stable: true # use ceph stable branch
ceph_stable_key: https://download.ceph.com/keys/release.asc
ceph_stable_release: jewel # ceph stable release
ceph_stable_repo: "http://download.ceph.com/debian-{{
ceph_stable_release }}"monitor_interface: enp0s8 #Check ifconfig
public_network: 192.168.0.0/24
journal_size: 1024
```

2. 다음과 같이 /etc/ansible/group_vars/osds 파일을 생성한다.

```
devices:
  - /dev/sdb
journal_collocation: true
```

3. fetch 폴더를 생성하고 vagrant 사용자로 소유자를 변경한다.

```
sudo mkdir /etc/ansible/fetch
sudo chown vagrant /etc/ansible/fetch
```

4. Ceph 클러스터 배치 플레이북을 실행한다.

```
cd /etc/ansible
sudo mv site.yml.sample site.yml
ansible-playbook -K site.yml
```

K 매개변수는 앤서블에 sudo 패스워드를 물어야 한다는 것을 설정한다.

이제 편안히 앉아 앤서블이 클러스터를 배포하는 것을 살펴보자.

```
PLAY RECAP *****************************************************************
mon1                       : ok=57    changed=15    unreachable=0    failed=0
mon2                       : ok=51    changed=12    unreachable=0    failed=0
mon3                       : ok=51    changed=12    unreachable=0    failed=0
osd1                       : ok=59    changed=11    unreachable=0    failed=0
osd2                       : ok=57    changed=11    unreachable=0    failed=0
osd3                       : ok=57    changed=11    unreachable=0    failed=0
```

일단 완료되면 오류 없이 앤서블이 완료됐다고 가정하고, **mon1**에 SSH를 통해 다음과 같은 코드를 실행한다. 앤서블 오류가 발생하면 오류 발생 부분으로 스크롤을 올려서 오류가 나타난 부분을 찾는다. 그 오류는 실패 이유에 대한 단서를 보여줄 것이다.

```
vagrant@mon1:~$ sudo ceph -s:
```

```
vagrant@ansible:/etc/ansible$ ssh mon1
Welcome to Ubuntu 16.04.1 LTS (GNU/Linux 4.4.0-51-generic x86_64)

 * Documentation:  https://help.ubuntu.com
 * Management:      https://landscape.canonical.com
 * Support:         https://ubuntu.com/advantage

93 packages can be updated.
28 updates are security updates.

Last login: Tue Feb  7 22:08:42 2017 from 192.168.0.40
vagrant@mon1:~$ sudo ceph -s
    cluster d9f58afd-3e62-4493-ba80-0356290b3d9f
     health HEALTH_OK
     monmap e1: 3 mons at {mon1=192.168.0.41:6789/0,mon2=192.168.0.42:6789/0,mon3=192.168.0.43:6789/0}
            election epoch 6, quorum 0,1,2 mon1,mon2,mon3
     osdmap e8: 3 osds: 3 up, 3 in
            flags sortbitwise,require_jewel_osds
      pgmap v15: 64 pgs, 1 pools, 0 bytes data, 0 objects
            100 MB used, 26794 MB / 26894 MB avail
                 64 active+clean
```

그리고 앤서블을 통해 잘 동작하는 Ceph 클러스터의 배포를 마친다.

지금까지의 작업에 대한 손실 없이 베이그런트 Ceph 클러스터를 중단하려면 다음 명령을 실행시킨다.

```
vagrant suspend
```

이는 현재 상태로 모든 VM을 정지한다.

다음 명령은 VM에 전원을 켜고 VM을 정지한 상태에서 실행을 재개한다.

```
vagrant resume
```

변경점 및 환경설정 관리

앤서블 같은 오케스트레이션 도구를 이용해 인프라infrastructure를 배포했다면 앤서블 플레이북 관리가 중요해진다. 이미 봤듯이 앤서블은 초기 Ceph 클러스터의 배포뿐만 아니라 운영 중에 환경설정 업데이트를 신속하게 할 수 있다. 이러한 능력은 올바르지 않은 설정이나 동작이 전개되며 엄청난 손상을 가하는 부작용을 가져올 수도 있다. 환경설정 관리에 대한 일종의 형태를 구현함으로써 Ceph 관리자는 실행 전에 앤서블 플레이북에 적용된 변경 사항이 무엇인지 명확하게 알 수 있을 것이다.

Ceph 앤서블 환경설정을 깃 리파지토리에 저장할 것을 권장한다. 이는 변경 사항을 추적할 수 있게 하고, 일종의 변경점 제어 방식을 구현할 수 있게 한다. 변경점 제어는 깃 커밋을 감독하거나 마스터 브랜치master branch로 병합merge 요청을 보내게 하는 것이다.

요약

2장에서는 이용 가능한 다양한 Ceph 배포 방법과 그 차이점을 알아봤다. 앤서블 작업 방식과 이를 통한 Ceph 클러스터 배포에 대한 기본적인 이해를 하게 됐다. 앤서블을 이용한 Ceph 배포 및 환경설정을 계속 살피고 연습한다면 바람직할 것이다. 그렇게 하면 제품 환경에서도 마음껏 활용할 수 있다. 이 책의 나머지에서는 여러분이 Ceph 의 환경설정 내용에 대해 충분하게 이해하고 있다는 가정하에서 진행할 것이다.

03

블루스토어

3장에서는 블루스토어^{BlueStore}에 대해 알아본다. 블루스토어는 기존 파일스토어^{filestore}를 대체하기 위해 설계된 Ceph의 새로운 객체 스토어다. 향상된 성능과 풍부해진 기능 모음은 Ceph를 계속해서 성장하게 하며, 앞으로도 회복력 있는 고성능 분산 스토리지 시스템을 제공할 수 있게 설계됐다.

3장에서 다루는 내용은 다음과 같다.

- 블루스토어란?
- 파일스토어의 한계
- 블루스토어가 극복한 문제점
- 블루스토어의 구성 요소 및 동작 방식

- 블루스토어 OSD 배포 방법

▌블루스토어란?

블루스토어는 Ceph 객체 스토어다. 주로 파일스토어의 한계를 극복하기 위해 설계됐다. 크라켄^{Kraken}은 현재 객체 스토어다. 초기에는 파일스토어를 대체하기 위해 뉴스토어^{NewStore}라는 이름으로 새로운 객체스토어를 개발했다. 뉴스토어는 메타데이터를 저장하는 키-값 스토어 RocksDB와 실제 객체를 위한 표준 POSIX$^{portable\ operating\ system\ interface}$ 파일 시스템과의 결합이었다. 그러나 POSIX 파일 시스템 사용은 여전히 높은 오버헤드가 발생한다는 것이 빠르게 밝혀졌고, 이는 파일스토어에서 멀어지려는 주요 이유 중 하나가 됐다. 이렇게 해서 블루스토어가 탄생했다. RocksDB와 원시 블록 장치의 결합으로 뉴스토어의 개발을 방해하는 여러 문제를 해결했다. 블루스토어라는 이름은 블록과 뉴스토어 단어를 결합한 것이다.

$$Block+NewStore=BlewStore=BlueStore$$

블루스토어는 파일스토어와 관련된 이중 쓰기의 단점을 제거하고 성능을 향상시키기 위해 설계됐다. 또한 지금은 객체가 디스크에 저장되는 방식보다 더 제어하기 좋아져서 체크섬과 압축 같은 추가적인 기능을 구현할 수 있다.

▌블루스토어가 필요한 이유

현재 Ceph의 객체 저장소인 파일스토어는 Ceph가 제공하는 동작과 기능 등의 확장을 막는 여러 가지 한계점을 갖고 있다. 이제부터 블루스토어가 필요한 주요 이유 몇 가지를 알아보자.

Ceph의 요구 사항

Ceph 데이터와 함께 Ceph 객체는 관련된 메타데이터를 갖고 있으며, 데이터와 메타데이터 모두 원자적^{atomic}으로 업데이트된다는 점이 중요하다. 메타데이터나 데이터 어느 쪽이든 다른 쪽 없이 업데이트된다면 Ceph의 전체 일관성 모델이 위험한 상태에 놓인다. 업데이트가 원자적으로 일어난다는 것을 보장하려면 단일 트랜잭션^{transaction}으로 수행돼야 한다.

파일스토어 한계

파일스토어는 본래 로컬 머신의 Ceph를 개발자들이 테스트할 수 있게 객체스토어로 설계된 것이었다. 그 안전성 덕분에 빠르게 표준 객체스토어가 됐고, 전 세계적으로 제품 클러스터에서 사용됐다.

초기에 파일스토어의 기본 개념은 트랜잭션을 지원하는 btrfs$^{B-tree\ file\ system}$로, 이를 통해 Ceph가 btrfs에 대한 원자적 요구 사항을 덜어낼 수 있게 한다. 트랜잭션은 애플리케이션이 일련의 요청 사항을 btrfs에 보낼 수 있게 하고, 모든 요청이 안정된 스토리지에 커밋되면 승인^{acknowledgement}만 받을 수 있게 했다. 트랜잭션 지원 없이 Ceph 쓰기 동작을 중간에 중단하는 경우 데이터나 메타데이터가 손실되거나 서로 싱크가 맞지 않을 수 있다.

유감스럽게도 문제 해결을 위한 btrfs에 대한 의존은 헛된 희망이 됐고, 여러 한계만 드러났다. 여전히 btrfs를 파일스토어와 사용할 수 있지만, Ceph의 안정성에 영향을 주는 여러 가지 알려진 문제점이 있다.

결국 파일스토어와 함께 사용하기에 가장 적합한 선택은 XFS로 판명됐지만, XFS는 트랜잭션을 지원하지 않는다는 중대한 한계가 있었다. 즉, Ceph의 쓰기 동작에 대한 원자성을 보장하는 방법이 없었다. 이에 대한 해결책이 미리쓰기$^{write-ahead}$ 저널이었다. 데이터와 메타데이터를 포함한 모든 쓰기는 원시 블록 장치에 있는 저널에 먼저 써진다. 일단 데이터와 메타데이터를 포함한 파일 시스템이 모든 데이터가 안전하게 디스크에 플러시flush됐다는 것이 확인되면 저널 엔트리가 플러시된다. 이것의 예상 밖의 이로운 효과는 회전 디스크로 저널을 유지하기 위해 SSD를 사용하는 경우 쓰기 응답 캐시처럼 동작해서 SSD의 속도로 쓰기의 지연시간이 낮아진다는 점이다. 그러나 파일 스토어 저널이 데이터 파티션처럼 같은 스토리지 장치에 유지되는 경우 처리량 throughput은 적어도 절반으로 줄어든다. 회전 디스크 OSD의 경우 디스크 헤드가 연속적인 동작으로 디스크의 두 개 영역 사이를 지속적으로 움직이고 있기 때문에 매우 좋지 못한 성능을 낼 수 있다. SSD 기반의 OSD 파일스토어가 거의 같은 성능 저하를 겪는 것은 아니지만, 기록돼야 하는 데이터의 양이 두 배이기 때문에 사실상 여전히 처리량은 절반인 상태다. 어느 경우든 성능 저하는 매우 바람직하지 않으며, 플래시의 경우 더 빨리 장치를 사용하므로 더 값비싼 쓰기 집중 플래시가 필요하다. 다음 그림은 파일스토어와 저널이 블록 장치와 상호작용하는 방식을 보여준다. 모든 데이터 동작이 파일스토어 저널과 파일 시스템 저널을 거쳐야 함을 알 수 있다.

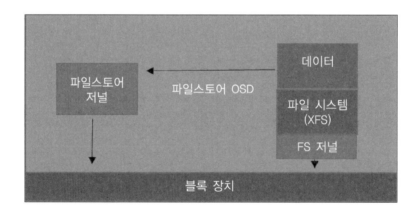

파일스토어에 더해진 난관은 Ceph가 요구하는 방식대로 수행하고 동작하게 기본적인 POSIX 파일 시스템의 동작을 제어하려는 데 있다. 파일 시스템 개발자들이 수년 동안 파일 시스템을 지능적으로 만들고 애플리케이션의 I/O 제시 방식을 예측하기 위해 많은 노력을 기울여 왔다. Ceph의 경우 이러한 많은 최적화 작업이 파일 시스템에

지시하려는 일을 방해해 더 많은 작업과 복잡성을 요구하게 된다.

객체 메타데이터는 XATTRs^Extended Attributes라는 파일 시스템 속성과 LevelDB 키 값^key value 스토어의 조합으로 저장되며, 이 또한 OSD 디스크에 위치해 있다. 파일스토어를 제작할 때 RocksDB보다 LevelDB를 선택했다. RocksDB는 이용 불가능했고, LevelDB는 Ceph의 많은 요구 사항에 적합했기 때문이다.

Ceph는 페타바이트 데이터로 확장돼 수십억 객체를 저장하게 설계됐다. 그러나 한 디렉토리에 이상적으로 저장할 수 있는 파일 수에 대한 한계로 인해 이를 제한하는 데 도움이 되게 하는 제2의 해결책이 소개됐다. 객체를 해시된 디렉토리 이름의 계층 구조에 저장한다. 이 폴더들 중 하나의 파일 수가 설정된 제한 수에 도달하면 디렉토리를 다른 레벨로 분리해 객체를 옮긴다. 그러나 객체 나열^enumeration 속도를 향상시키는 데 이율 배반성이 있다. 디렉토리 분리가 발생하는 경우 객체를 올바른 디렉토리로 옮겨야 하므로 성능에 영향을 준다. 디스크가 큰 경우 디렉토리 수가 증가돼 VFS 캐시를 더 압박하게 되고, 빈번하게 액세스되는 객체로 인해 성능 저하가 더해질 수 있다.

이 책은 성능 튜닝에 대해 다른 장에서 다루겠지만, 파일스토어의 주요 성능 병목현상은 XFS가 현재 RAM에 캐시되지 않은 inode와 디렉토리 엔트리를 찾기 시작한 경우다. OSD당 저장된 객체의 수가 많은 경우 현재 실질적인 솔루션이 없으며, Ceph 클러스터가 그것을 가득 채우기 때문에 서서히 느려지는 것을 흔히 관찰하게 된다.

POSIX 파일 시스템의 객체 저장을 하지 않는 것이 실제 이 문제 대부분을 해결하는 유일한 방법이다.

블루스토어가 해결책인 이유

블루스토어는 이런 한계를 다루기 위해 설계됐다. 뉴스토어 개발에서 어떤 방식으로든 기본 스토리지 레이어로 POSIX 파일 시스템을 사용하려는 노력은 여러 가지 문제를 야기했음이 분명했다. 이는 파일 시스템에도 존재하는 문제였다. Ceph가 보증을 받을 수 있으려면 스토리지에서뿐만 아니라 파일 시스템의 오버헤드 없이 Ceph가 스토리지 장치에 직접 블록 수준으로 액세스할 필요가 있었다. RocksDB에 메타데이터를 저장하고 블록 장치에 실제 객체 데이터를 직접 저장함으로써 Ceph는 기본 스토리지를 더 잘 제어하고 동시에 더 나은 성능을 제공할 수 있다.

▌ 블루스토어 동작 방식

다음 다이어그램은 블루스토어가 블록 장치와 상호작용하는 방식을 보여준다. 파일스토어와 달리 데이터를 직접 블록 장치에 쓰고 메타데이터 작업을 RocksDB가 처리한다.

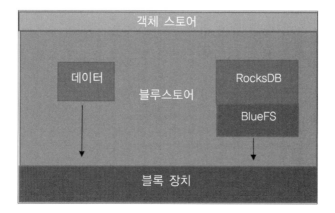

RocksDB

RocksDB는 LevelDB에서 파생된 고성능 키-값 스토어다. 페이스북이 이를 지연시간이 낮은 스토리지 장치를 이용해 멀티프로세서 서버에 적합하게 성능을 개선했다. 또한 다양한 기능 개선이 있었고, 그 기능 중 일부는 블루스토어에서 사용되고 있다.

RocksDB는 이전에는 파일스토어에 LevelDB와 XATTRs의 조합으로 처리됐던 저장된 객체에 대한 메타데이터를 저장하기 위해 사용된다.

블루스토어가 이용하고 있는 RockDB의 기능은 더 빠른 스토리지 장치에 WAL을 저장하는 기능이다. 이는 낮은 지연시간으로 RocksDB가 동작할 수 있게 한다. 특히 적은 I/O로 Ceph의 성능을 향상시키기도 한다. 이는 여러 가지 스토리지 레이아웃 설정을 가능하게 함으로써 WAL, DB 및 데이터를 다른 스토리지 장치에 둘 수 있게 한다. 다음과 같은 세 가지 예를 들 수 있다.

- 회전 디스크의 WAL, DB 및 데이터
- SSD의 WAL 및 DB, 회전 디스크의 데이터
- NVMe의 WAL, SSD의 DB, 회전 디스크의 데이터

지연 쓰기

모든 쓰기 동작을 저널과 최종 디스크에 전부 쓰는 파일스토어와 달리 블루스토어에서는 대부분 경우에 쓰기 동작의 데이터 부분은 블록 장치에 직접 써진다. 이는 중복 쓰기의 단점을 제거하고 회전 디스크로만 이뤄진 OSD의 쓰기 동작 성능을 급진적으로 향상시켰다. 그러나 앞서 언급 했듯이 중복 쓰기는 회전 디스크가 SDD 저널과 결합된 경우 쓰기 동작 지연시간을 느리게 하는 부작용이 있다. 블루스토어도 플래시 기반 저장 장치를 사용해 지연 쓰기$^{deferred write}$를 통해 쓰기 지연시간을 낮출 수 있다. 지연 쓰기는 데이터를 먼저 RocksDB WAL에 쓰고, 나중에 이를 디스크로 플러싱하는 형태다. 파일스토어와는 달리 모든 쓰기 동작이 WAL에 쓰이는 것은 아니고, 환경설정 매개변수를 통해 어떤 쓰기 동작을 미뤄 I/O 크기를 막을지 결정한다. 환경설정 매개변수는 다음과 같다.

```
bluestore_prefer_deferred_size
```

이 변수는 먼저 WAL에 써지는 I/O의 크기를 관리한다. 회전 디스크의 경우 이 값은 기본 32KB이고, SSD는 기본 값으로 쓰기 동작을 수행하지 않는다. 쓰기 지연시간이

중요하고 SSD가 충분히 빠르다면 이 값을 증가시켜 WAL에 따라 원하는 만큼 I/O 크기를 크게 할 수 있다.

BlueFS

블루스토어의 주 드라이버가 비록 파일 시스템을 사용하게끔 만들어지지는 않았지만, 여전히 블루스토어에는 RocksDB를 저장하고 OSD 디스크에 데이터를 저장하기 위한 방식이 필요하다. 최소의 기능 모음을 제공하는 최소한의 파일 시스템인 BlueFS는 블루스토어의 필요에 의해 개발됐다. 또한 Ceph가 보낸 작업 모음을 신뢰할 수 있는 방식으로 처리하게 설계됐다. 그리고 표준 POSIX 파일 시스템을 사용하는 경우 보이는 중복 저널 쓰기 부작용에 대한 오버헤드를 제거한다.

▌ 블루스토어 사용 방법

블루스토어 OSD를 생성하기 위해 `ceph-disk`를 사용할 수 있다. `ceph-disk`는 RocksDB 데이터와 별도의 디스크에 수집 및 저장되는 WAL을 이용해 블루스토어 OSD를 생성할 수 있게 완벽하게 지원한다. 이 동작은 파일스토어 저널로 사용될 장치를 지정하는 것, 즉 RocksDB 데이터를 위해 장치를 지정해야 하는 것을 제외하면 파일스토어 OSD를 생성하는 경우와 유사하다. 앞서 언급했듯이 원하는 경우 RocksDB의 DB와 WAL을 분리할 수 있다.

```
ceph-disk prepare --bluestore /dev/sda --block.wal /dev/sdb --block.db
 /dev/sdb
```

이 코드는 데이터 디스크가 /dev/sda라고 가정한다. 이 예제는 회전 디스크라 가정하고 SSD 같은 빠른 장치를 /dev/sdb로 한다. `ceph-disk`가 데이터 디스크에 두 개

파티션을 생성한다. 하나는 Ceph 객체를 실제로 저장하기 위한 파티션이고, 둘째는 OSD에 대한 상세 정보를 저장할 작은 XFS 파티션이다. 또한 SSD에 DB와 WAL을 위한 두 개 파티션을 생성한다. 이전 OSD가 덮어써질 것을 걱정하지 않고도 DB와 WAL을 위해 같은 SSD를 공유하는 다중 OSD를 생성할 수 있다. `ceph-disk`는 이를 지정하지 않아도 새로운 파티션을 생성할 만큼 충분히 똑똑하다.

그러나 2장에서 다뤘듯이 Ceph 클러스터를 위해 적절한 배포 도구를 사용하면 배포 시간을 줄이고 클러스터 간 일관된 설정을 보장할 수 있다. Ceph 앤서블 모듈이 블루스토어 OSD 배포를 지원하기는 하지만, 이 책을 출간할 당시에는 DB와 WAL 파티션 분리 배포를 지원하지 않았다. 블루스토어의 기본적인 설명을 위해 파일스토어에서 블루스토어까지 테스트 클러스터의 OSD를 별다른 지장 없이 수동으로 업그레이드하기 위해 `ceph-disk`를 사용할 것이다.

테스트 클러스터의 OSD 업그레이드

먼저 `ceph -s` 명령으로 Ceph 클러스터를 검사해 완전한 상태임을 확인한다. 이제 클러스터에서 OSD를 제거하고 새로운 블루스토어 OSD에 Ceph 데이터를 복구해 OSD를 업그레이드한다. Ceph의 이런 유지 보수 기능을 활용해 클러스터의 모든 OSD에서 이러한 단계를 반복할 수 있다.

이 예제에서는 다음과 같은 단계를 수행해 OSD 노드의 **/dev/sdb** 디스크에 위치한 **osd.2**를 제거할 것이다.

1. 다음 명령을 실행한다.

```
sudo ceph osd out 2
```

이 명령은 다음과 같은 결과를 보여준다.

```
vagrant@mon1:~$ sudo ceph osd out 2
marked out osd.2.
```

2. 재생성하고 싶은 OSD를 포함한 OSD 노드에 로그인한다. 서비스를 중지하고
   XFS 파티션을 언마운트^{unmount}한다.

```
systemctl stop ceph-osd@2
umount /dev/sdb1
```

3. 모니터 중 하나로 돌아가 다음과 같은 명령어 사용으로 OSD를 제거한다.

```
sudo ceph osd crush remove osd.2
```

이 명령은 다음과 같은 결과를 보여준다.

```
vagrant@mon1:~$ sudo ceph osd crush remove osd.2
removed item id 2 name 'osd.2' from crush map
```

```
sudo ceph auth del osd.2
```

이 명령은 다음과 같은 결과를 보여준다.

```
vagrant@mon1:~$ sudo ceph auth del osd.2
updated
```

```
sudo ceph osd rm osd.2
```

이 명령은 다음과 같은 결과를 보여준다.

```
vagrant@mon1:~$ sudo ceph osd rm osd.2
removed osd.2
```

92

4. `ceph -s` 명령으로 Ceph 클러스터의 상태를 점검한다. 이제 OSD가 제거됐는지 확인할 수 있다. 일단 복구가 완료되면 블루스토어 OSD로서의 디스크를 재생성할 수 있다.

5. OSD 노드로 돌아가 디스크의 파티션 상세 정보를 삭제하기 위해 다음과 같이 `ceph-disk` 명령을 실행한다.

```
sudo ceph-disk zap /dev/sdb
```

이 명령은 다음과 같은 결과를 보여준다.

```
vagrant@osd3:~$ sudo ceph-disk zap /dev/sdb
Caution: invalid backup GPT header, but valid main header; regenerating
backup header from main header.

Warning! Main and backup partition tables differ! Use the 'c' and 'e' options
on the recovery & transformation menu to examine the two tables.

Warning! One or more CRCs don't match. You should repair the disk!

**************************************************************************
Caution: Found protective or hybrid MBR and corrupt GPT. Using GPT, but disk
verification and recovery are STRONGLY recommended.
**************************************************************************
GPT data structures destroyed! You may now partition the disk using fdisk or
other utilities.
Creating new GPT entries.
The operation has completed successfully.
```

6. 이제 `bluestore` OSD를 생성하기 위해 `ceph-disk` 명령을 사용한다. 이 예제에서는 별도의 디스크에 WAL과 DB를 저장하지 않을 것이므로 해당 옵션을 명시할 필요가 없다.

```
ceph-disk prepare --bluestore /dev/sdb
```

이 명령은 다음과 같은 결과를 보여준다.

```
vagrant@osd3:~$ sudo ceph-disk prepare --bluestore /dev/sdb
Setting name!
partNum is 0
REALLY setting name!
The operation has completed successfully.
Setting name!
partNum is 1
REALLY setting name!
The operation has completed successfully.
The operation has completed successfully.
meta-data=/dev/sdb1              isize=2048   agcount=4, agsize=6400 blks
         =                       sectsz=512   attr=2, projid32bit=1
         =                       crc=1        finobt=1, sparse=0
data     =                       bsize=4096   blocks=25600, imaxpct=25
         =                       sunit=0      swidth=0 blks
naming   =version 2             bsize=4096   ascii-ci=0 ftype=1
log      =internal log          bsize=4096   blocks=864, version=2
         =                       sectsz=512   sunit=0 blks, lazy-count=1
realtime =none                   extsz=4096   blocks=0, rtextents=0
The operation has completed successfully.
```

7. 마지막으로 OSD를 활성화한다.

```
ceph-disk activate /dev/sdb1
```

모니터 노드로 되돌아와서 ceph -s를 실행시키고 새로운 OSD가 생성돼 데이터가 채워지기 시작한 것을 볼 수 있다.

보시다시피 전체 과정은 매우 간단하며, 장애 발생 시 해당 디스크를 교체하기 위해 필요한 단계도 동일하다.

▌ 요약

3장에서는 블루스토어라는 Ceph의 새로운 객체스토어에 대해 배웠다. 기존 파일스토어 설계의 한계와 블루스토어의 필요성에 대해 더 잘 이해하기 바란다. 또한 블루스토어의 내부 동작에 대해 기본적으로 이해하고 OSD를 블루스토어로 업그레이드하는 방식을 숙지하기 바란다.

04

더 나은 스토리지 효율성을
위한 이레이저 코딩

Ceph의 기본 복제 수준은 다른 OSD에 세 개의 데이터 사본을 저장해 데이터 손실에 대한 훌륭한 보호 방법을 제공한다. 장애 디스크로 인해 Ceph가 다시 빌드되는 동안 같은 객체를 포함하고 있는 세 개 디스크가 손실될 가능성은 거의 없다. 다만 세 개의 데이터 사본을 저장하는 것이 하드웨어 구매 비용과 전력 공급 및 냉각 같은 관련 행위 비용을 크게 증가시킨다. 더욱이 사본 저장은 모든 클라이언트가 쓰기 동작을 할 때 백엔드^{backend} 스토리지가 데이터 크기의 세 배를 써야 함을 의미한다. 어떤 시나리오에서 이러한 결점이 Ceph가 성공적인 선택이 아님을 의미하기도 한다.

이레이저 코드^{Erasure Code}는 특정 목적을 위해 설계됐다. RAID 5와 6이 RAID 1보다 사용성이 높은 고용량 스토리지를 제공하는 것과 비슷하게 이레이저 코딩은 Ceph가 동일한 기본 용량을 기반으로 좀 더 사용성 있는 스토리지를 제공할 수 있게 한다.

그러나 패리티^{parity} 기반의 RAID 레벨처럼 이레이저 코딩도 단점이 있다.

4장에서 다루는 내용은 다음과 같다.

- 이레이저 코딩의 개념과 동작 방식
- Ceph의 이레이저 코딩 구현에 대한 상세 정보
- 이레이저 코드 기반의 RADOS 풀^{pool} 생성 및 튜닝
- Ceph 크라켄^{Kraken} 배포판을 이용한 이레이저 코딩의 향후 기능

■ 이레이저 코딩이란?

이레이저 코딩은 Ceph로 하여금 사용 가능한 스토리지 용량을 더 크게 하거나, 같은 수의 디스크에서 표준 복제 방법에 비해 장애 디스크에 대한 복원력을 높일 수 있게 한다. 이레이저 코딩은 객체를 여러 부분으로 나누고 일종의 CRC^{Cyclic Redundancy Check}인 이레이저 코드를 계산하며, 하나 이상의 추가 부분에 그 결과를 저장한다. 각 부분은 별도의 OSD로 저장된다. 이 부분들을 K와 M 청크^{chunk}로 참조된다. K는 데이터 조각 ^{shard}의 수이고, M은 이레이저 코드 조각의 수다. RAID에서처럼 이들은 보통 K+M 형식 으로 표현되는데, 예를 들어 4+2의 형태로 표현된다.

계산된 이레이저 코드 중 하나인 객체 조각을 포함하는 OSD에 장애가 발생한 경우 아무 영향이 없이 데이터를 저장하고 있는 나머지 OSD에서 읽는다. 그러나 객체의 데이터 조각을 포함한 OSD 장애의 경우 Ceph는 이레이저 코드를 사용해 나머지 데이터와 이레이저 코드 조각 조합으로 데이터를 올바르게 재생성한다.

K+M

이레이저 코드 조각이 많을수록 OSD 장애 감내 능력과 데이터 읽기를 성공적으로 수행할 수 있다. 마찬가지로 각 객체가 분리된 K와 M 조각의 비율은 각 객체를 위해 요구되는 기본 스토리지 비율에 직접 영향을 미친다.

3+1 설정은 75% 용량을 사용할 수 있지만, 단일 OSD 장애만 허용하므로 권장하지 않는다. 반면에 3방향 복제 풀[1]은 단 33% 용량만 사용 가능하다.

4+2 설정은 66% 용량을 사용할 수 있으며, 두 개의 OSD 장애를 허용한다. 이 설정이 대부분의 사람들에게 유용한 설정일 수 있다.

규모를 늘려서 생각해보면 18+2는 사용률 90%이지만, 여전히 두 개의 OSD 장애를 허용한다. 표면상으로 괜찮은 옵션처럼 보이지만, 전체 조각 수가 더 커져서 비용이 많이 든다. 전체 조각수가 클수록 성능과 증가되는 CPU 요구에 부정적인 영향을 준다. 하나의 복제 풀에 단일 객체로 저장된 4MB 객체는 20X200KB 청크로 분할된다. 즉, 20개의 다른 OSD에 쓰고 추적한다. 회전 디스크는 I/O 크기가 클 때 MBps 정도의 빠른 대역폭을 보이지만, 작은 I/O 크기에서 급진적으로 줄어든다. 작은 조각들은 대량의 작은 I/O를 발생시키고 일부 클러스터에 과부하를 주는 원인이 된다.

또한 CRUSH 맵 규칙에 따라 다른 호스트들로 이 조각들을 퍼뜨려야 함을 잊지 않아야 할 것이다. 같은 객체에 속한 어떤 조각이 그 객체의 다른 조각처럼 같은 호스트에 저장될 수 없다. 일부 클러스터는 이러한 요구 사항을 만족시킬 만큼 충분한 호스트 수를 갖지 않을 수도 있다.

이러한 많은 수의 조각 풀에서 다시 읽는 것도 문제다. Ceph가 객체상 어느 오프셋 값으로든 요청된 데이터를 읽을 수 있는 복제 풀과는 달리 이레이저 풀에서 모든 OSD의 모든 조각은 읽기 요청이 만족되기 전에 읽혀야 한다. 18+2 예에서 이러한 방식은 요청된 디스크 읽기 연산과 평균 지연 시간에 엄청난 영향을 줄 수 있으면 결과적으로

---

1. three way replica pool로 Primary, Secondary, Backup 세 부분으로 나뉜다. - 옮긴이

느려질 것이다. 이 동작은 많은 조각을 사용하는 풀에서 성능에 좋지 않은 영향을 주는 부작용이다. 4+2 설정은 경우에 따라 복제 풀에 비해 성능상 이점이 있을 수 있다. 객체를 조각으로 나누는 결과에 있어서 말이다. 여러 OSD에 데이터를 효과적으로 분산하기 때문에 각 OSD는 적은 데이터를 쓰고, 쓰기를 할 2차 3차 복사본은 없다.

▌ Ceph에서 이레이저 코드 동작 방식

복제의 개념과 함께 Ceph는 주^{primary} OSD 개념을 갖고 있으며, 이는 이레이저 코드 풀을 사용하는 경우에 존재한다. 주 OSD는 클라이언트와의 통신, 이레이저 조각 연산, PG 세트 내의 나머지 OSD로 삭제 조각들을 보내는 데 대한 책임을 지고 있다.

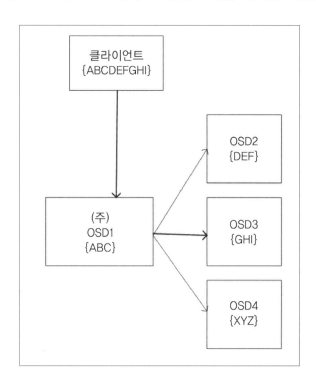

집합 내의 특정 OSD가 다운되면 주 OSD는 클라이언트로 응답을 보내기 전에 나머지 데이터 및 이레이저 조각을 데이터 재건에 사용할 수 있다. 읽기 동작 중에는 주 OSD는 PG 셋의 모든 OSD에 해당 조각을 보낼 것을 요청한다. 주 OSD는 요청된 데이터를 복원하기 위해 데이터 조각의 데이터를 사용하고 이레이저 조각은 폐기된다. 여기에 이레이저 풀에서 사용되는 빠른 읽기 옵션이 있다. 이는 이레이저 조각이 데이터 조각보다 더 빠르게 반환되는 경우 주 OSD가 이레이저 조각으로부터 데이터를 재건할 수 있게 한다. 이 경우 평균 지연시간을 낮추지만 CPU 사용률을 약간 높일 수 있다. 다음 다이어그램은 Ceph가 이레이저 코드 풀에서 읽기 동작을 하는 방식에 대해 보여준다.

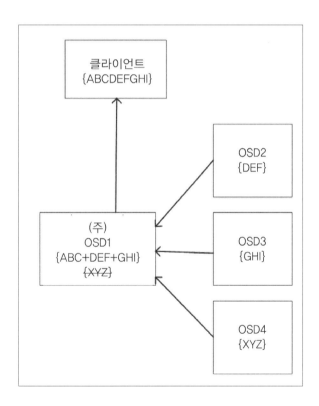

다음 다이어그램은 데이터 조각 중 하나를 이용할 수 없게 됐을 때 Ceph가 이레이저 풀에서 읽는 방식을 보여준다. 이레이저 알고리즘의 역 계산을 통해 남아 있는 데이터와 이레이저 조각을 이용해서 데이터를 재건한다.

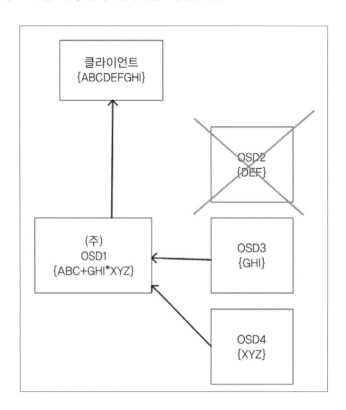

▎ 알고리즘과 프로파일

이레이저 코드 풀을 생성하는 데 사용할 수 있는 여러 가지 이레이저 플러그인이 있다.

Jerasure

Jerasure는 Ceph의 기본 이레이저 플러그인으로, 꽤 최적화가 잘된 오픈소스 이레이저 코드 라이브러리다. 이 라이브러리에는 이레이저 코드를 계산하는 데 사용할 수 있는 다른 여러 기법이 있다. 기본 값은 리드-솔로몬$^{Reed-Solomon}$이며, 이 기법이 사용하는 인스트럭션을 가속화할 수 있는 최신 프로세서에서 훌륭한 성능을 제공한다. 라이브러리의 다른 기법으로 코시^{Cauchy}가 있다. 이는 리드-솔로몬 대체 테크닉으로 약간 더 나은 성능을 제공하는 경향이 있다. 늘 그렇듯 이레이저 코드 풀에 제품 데이터를 저장하기 전에 해당 작업에 어떤 테크닉이 가장 적합한지 확인하기 위해 벤치마크를 수행해야 한다.

고정 개수의 M 조각을 사용하는 다른 여러 기법도 있다. 두 개의 M 조각만 갖고 있는 경우 최적화가 가능해 성능 향상에 도움이 된다는 의미에서 고정 크기는 좋은 후보가 될 수 있다.

일반적으로 다른 프로필이 큰 이점을 갖고 있는 것이 아니라면 Jerasure 프로필이 균형 잡힌 성능을 제공하고 잘 테스트됐기 때문에 대부분의 경우에 선호된다.

ISA

ISA 라이브러리는 인텔 프로세서로 작업하는 경우에 향상된 성능을 제공하게 설계됐다. 리드 솔로몬과 코시 기법 모두 지원한다.

LRC

분산 스토리지 시스템에 이레이저 코드를 사용하는 경우의 단점 중 하나는 복구 동작이 호스트 간 네트워킹에 매우 집중될 수 있다는 점이다. 각 조각은 별개의 호스트에 저장되므로 복구 작업은 그 절차에 참여시킬 여러 호스트를 필요로 한다. CRUSH 토폴로지가 여러 랙^{rack}에 걸쳐 있는 경우 랙 간의 네트워크 연결에 부담을 줄 수 있다.

지역 복구 이레이저 코드^{LRC, Locally Repairable erasure Code} 이레이저 플러그인은 각 OSD 노드의 로컬에 추가 패리티^{parity} 조각을 추가한다. 이는 복구 작업을 OSD 장애가 발생한 노드의 로컬에서 유지하고, 조각을 보유한 나머지 노드로부터 데이터를 받기 위한 필요성을 제거한다.

그러나 이런 로컬 복구 코드 추가는 주어진 디스크 수의 가용 스토리지 양에 영향을 준다. 여러 개의 디스크 장애가 발생한 경우 Jerasure 플러그인처럼 LRC 플러그인은 글로벌^{global} 복구를 사용해야 한다.

SHEC

SHEC^{Shingled Erasure Coding} 프로필은 복구하는 동안 네트워킹의 부하를 줄인다는 점에서 LRC 플러그인과 유사한 목적으로 설계됐다. 다만 각 노드에 추가 패리티 조각을 생성하는 대신 SHEC는 겹치기 방식으로 OSD에 조각들이 서로 겹치게 배열한다. 플러그인 이름의 S^{Shingle}는 데이터 배치가 집 지붕에 겹쳐진 타일과 유사한 방식을 말한다. OSD에 패리티 조각을 겹치게 배열함으로써 SHEC 플러그인은 단일 및 다중 디스크 장애에서 복구에 필요한 자원 요구 사항을 줄인다.

▌ 이레이저 코드를 사용하는 곳

2014년, Ceph의 파이어플라이^{Firefly} 배포 이후 이레이저 코드를 사용하는 RADOS 풀을 생성하는 기능이 있다. 한 가지 알아둬야 할 것은 RADOS에서 지원하는 이레이저 코딩은 객체가 부분적으로 업데이트되는 것을 허용하지 않는다는 것이다. 이레이저 풀에 객체를 쓰고, 그것을 다시 읽고, 전체를 덮어쓸 수 있지만, 객체의 일부를 업데이트할 수는 없다. 즉, 이레이저 코드 풀은 RBD와 CephFS 작업에 사용될 수 없고 RADOS 게이트웨이나 librados를 사용하는 애플리케이션을 통한 순수 객체 스토리지 제공으로 제한된다.

그 당시 솔루션은 그 즈음 배포된 캐시 티어^{cache tier} 기능을 사용해 이레이저 코드 풀 위의 레이어로 동작하게 해서 RBD를 사용할 수 있게 하는 것이었다. 이론적으로 이는 훌륭한 생각이었다. 하지만 성능은 매우 좋지 않았다. 객체를 쓸 때마다 전체 객체 먼저 캐시 티어에 올려야 했다. 이러한 올림 동작은 캐시 풀에 있는 다른 객체를 퇴거시켜야 함을 의미하기도 했다. 이제 캐시 티어에 있는 객체를 쓸 수 있다. 두 개의 풀 사이에 데이터를 계속해서 읽고 쓰는 전체 과정은 용납할 수 없는 성능을 냈다. 매우 많은 데이터가 유휴 상태가 아니라면 말이다.

크라켄^{Kraken} 배포판의 개발 진행 동안 이레이저 코드 풀에 직접 덮어쓰기를 지원하기 위한 초기 구현이 소개됐다. 최종 크라켄 배포판에서 실험적으로 지원한다고 표시됐고, 다음 배포판에서 안정적으로 지원한다고 표시될 것으로 예상된다.

▍이레이저 코드 풀 생성

테스트 클러스터를 다시 켜고 리눅스의 슈퍼유저^{superuser} 모드로 전환한다. 그러면 명령어 앞에 sudo를 계속 쓰지 않아도 된다.

이레이저 프로필을 사용해 이레이저 코드 풀을 제어한다. 이는 데이터와 이레이저 조각 간의 분할을 포함해 각 객체를 얼마나 많은 조각으로 나눌지를 제어하는 것이다. 프로필은 이레이저 코드 플러그인이 해시 연산을 사용할 것인지 결정하는 환경설정도 포함하고 있다.

사용 가능한 플러그인들은 다음과 같다.

- Jerasure
- ISA
- LRC

- SHEC

이레이저 프로필 목록을 확인하기 위해 다음과 같은 명령을 실행한다.

```
#ceph osd erasure-code-profile ls
```

새로이 설치한 Ceph의 기본 프로필을 볼 수 있다.

```
vagrant@mon1:~$ sudo ceph osd erasure-code-profile ls
default
```

다음 명령을 사용해 포함된 환경설정 옵션이 무엇인지 확인한다.

```
#ceph osd erasure-code-profile get default
```

default 프로필은 리드-솔로몬 오류 수정 코드를 이용하는 Jerasure 플러그인을 사용하며, 2개의 데이터 조각과 1개의 이레이저 조각으로 객체를 분리할 것임을 명시하고 있다.

```
vagrant@mon1:~$ sudo ceph osd erasure-code-profile get default
k=2
m=1
plugin=jerasure
technique=reed_sol_van
```

이는 테스트 클러스터에 더할 나위 없이 좋다. 다만 연습을 위해 다음과 같은 명령을 사용해 새로운 프로필을 생성할 것이다.

```
# ceph osd erasure-code-profile set example_profile k=2 m=1
plugin=jerasure technique=reed_sol_van
# ceph osd erasure-code-profile ls
```

새로운 example_profile이 생성된 것을 확인할 수 있다.

```
vagrant@mon1:~$ sudo ceph osd erasure-code-profile ls
default
example_profile
```

이제 이 프로필을 사용해 이레이저 코드 풀을 생성한다.

```
# ceph osd pool create ecpool 128 128 erasure example_profile
```

이 명령은 다음과 같은 결과를 보여준다.

```
vagrant@mon1:~$ sudo ceph osd pool create ecpool 128 128 erasure example_profile
pool 'ecpool' created
```

이 명령은 Ceph가 128 PG을 가진 새로운 풀인 ecpool을 생성하게 하는 명령이다. 이레이저 코드 풀이며, 앞서 생성한 example_profile을 사용했다.

다음과 같은 짧은 텍스트를 가진 객체를 생성하고 객체를 다시 읽어 데이터가 저장됐는지 확인한다.

```
# echo "I am test data for a test object" | rados -pool ecpool put Test1 -
# rados --pool ecpool get Test1 -
```

이는 이레이저 코드 풀이 동작하고 있음을 증명하지만, 이 증명이 그렇게 흥미로운 발견은 아니다.

```
root@mon1:/home/vagrant# echo "I am test data for a test object" | rados --pool ecpool put Test1 -
root@mon1:/home/vagrant# rados --pool ecpool get Test1 -
I am test data for a test object
```

하위 레벨에서 어떤 일이 벌어지는가를 확인할 수 있는지 살펴보자.

먼저 생성한 객체를 갖고 있는 PG가 어디 있는지 찾는다.

```
# ceph osd map ecpool Test1
```

위 명령의 결과는 예제 Ceph 클러스터의 1, 2, 그리고 0 OSD의 PG 3.40에 객체가
저장됐음을 말한다. 세 개의 OSD만 있음을 아주 명료하게 밝혀주지만 더 큰 클러스터
에서는 매우 유용한 정보가 된다.

```
root@mon1:/home/vagrant# ceph osd map ecpool Test1
osdmap e114 pool 'ecpool' (3) object 'Test1' -> pg 3.ae48bdc0 (3.40) -> up ([1,2,0], p1) acting ([1,2,0
], p1)
```

 TIP 테스트 클러스터에서 PG가 다를 수 있다. 그러므로 PG 폴더 구조가 ceph osd map
명령의 결과와 일치하는지 확인해야 한다.

이제 OSD의 폴더 구조를 확인할 수 있으며, 다음 명령을 사용해 객체가 어떻게 분할
됐는지 알 수 있다.

```
ls -l /var/lib/ceph/osd/ceph-2/current/1.40s0_head/
```

이 명령은 다음과 같은 결과를 보여준다.

```
root@osd1:/home/vagrant# ls -l /var/lib/ceph/osd/ceph-0/current/3.40s2_head/
total 4
-rw-r--r-- 1 ceph ceph    0 Feb 12 19:53 __head_00000040__3_ffffffffffffffff_2
-rw-r--r-- 1 ceph ceph 2048 Feb 12 19:56 Test1__head_AE48BDC0__3_ffffffffffffffff_2
```

```
# ls -l /var/lib/ceph/osd/ceph-1/current/1.40s1_head/
```

이 명령은 다음과 같은 결과를 보여준다.

```
root@osd2:/home/vagrant# ls -l /var/lib/ceph/osd/ceph-2/current/3.40s1_head/
total 4
-rw-r--r-- 1 ceph ceph    0 Feb 12 19:53 __head_00000040__3_ffffffffffffffff_1
-rw-r--r-- 1 ceph ceph 2048 Feb 12 19:56 Test1__head_AE48BDC0__3_ffffffffffffffff_1
```

```
# ls -l /var/lib/ceph/osd/ceph-0/current/1.40s2_head/ total 4
```

이 명령은 다음과 같은 결과를 보여준다.

```
root@osd3:/home/vagrant# ls -l /var/lib/ceph/osd/ceph-1/current/3.40s0_head/
total 4
-rw-r--r-- 1 ceph ceph    0 Feb 12 19:53 __head_00000040__3_ffffffffffffffff_0
-rw-r--r-- 1 ceph ceph 2048 Feb 12 19:56 Test1__head_AE48BDC0__3_ffffffffffffffff_0
```

PG 디렉토리명에 조각 번호를 덧붙이는 방법과 복제된 풀이 그 디렉토리명으로 PG 번호를 갖게 하는 방법을 알아두자. 객체 파일의 내용을 확인하면 객체를 생성했을 때 객체에 입력한 텍스트를 확인할 수 있다. 그러나 텍스트의 작은 크기로 인해 Ceph는 null 문자로 패딩된 두 번째 조각과 이레이저 조각을 갖고 있을 수 있다. 따라서 객체 파일의 콘텐츠 확인 결과는 첫 번째 조각과 같을 것이다. 더 큰 텍스트를 포함한 새로운 객체로 예제를 반복해 Ceph가 텍스트를 어떻게 분할하는지 이레이저 코드를 어떻게 연산하는지 확인할 수 있다.

크라켄에서 이레이저 코드 풀 덮어쓰기

이레이저 코드 풀의 부분적인 덮어쓰기 기능은 Ceph의 크라켄 배포판에서 실험적인 기능으로 처음 소개됐다. 부분 덮어쓰기 지원은 Ceph 클러스터의 기본 용량을 좀 더 효율적으로 사용하게 하는 RBD 볼륨을 이레이저 코드 풀에서 생성 가능하게 했다.

쓰기 요청이 전체 스트라이프stripe로 확대되지 않는 패리티 RAID에서 읽기-수정-쓰기 동작이 요구된다. 이러한 동작이 필요한 이유는 수정된 데이터 조각은 더 이상 패리티 조각이 올바르지 않음을 의미하기 때문이다. RAID 컨트롤러는 해당 스트라이프의 모든 현재 조각을 읽고, 메모리에서 그것을 수정하고, 새로운 패리티 조각을 계산해 디스크에 이것을 다시 써야 한다.

Ceph도 읽기-수정-쓰기 동작을 수행해야 하지만, Ceph의 분산 모델이 이 동작의 복잡성을 가중시킨다. PG의 주 OSD가 객체의 부분 덮어쓰기 요청을 받으면 먼저 이 요청으로 어떤 조각이 완전히 수정되지 않을 것인지 알아내고, 이들 조각의 사본을 요청하기 위해 관련 OSD에 연결한다. 그리고 나서 주 OSD는 받은 조각들을 결합해 새 데이터를 만들고 이레이저 조각을 계산한다. 마지막으로 수정된 조각은 커밋을 위해 각 OSD에 보내진다. 이 전체 과정은 Ceph가 시행하는 다른 일관성 요구 조건을 만족해야 한다. Ceph가 쓰기 작업을 롤백roll back해야 하는 상황이 발생하면 OSD에 임시 객체를 사용한다.

부분 덮어쓰기 동작은 예상대로 성능에 영향을 미친다. 일반적으로 쓰기 I/O가 적을수록 더 큰 영향을 미친다. 성능에 미치는 영향은 I/O 경로가 더 길어지고, 더 많은 디스크 I/O와 여분의 네트워크 홉hop을 요구하기 때문이다. 그러나 전체 스트라이프 쓰기가 발생하는 경우에 이레이저 코드 풀의 스트라이프 효과 때문에 성능은 보통 복제 기반 풀의 성능을 초과할 것이다. 스트라이프 효과로 인해 쓰기 증폭Write amplification이 단순히 줄어들기 때문이다. 이레이저 풀의 성능이 적절하지 않은 경우 복제 풀로 구성된 캐시 티어 뒤에 배치하는 것을 고려해야 한다.

Ceph의 이레이저 코드 풀로 부분 덮어쓰기가 지원되지만, 모든 동작이 지원되는 것은 아니다. 이레이저 코드 풀에 RBD 데이터를 저장하기 위해 복제 풀이 RBD에 대한 주요 메타데이터를 보유하고 있어야 한다. 이런 환경은 rbd 유틸리티와 -data-pool 옵션을 사용해야 한다. 부분 덮어쓰기는 또한 파일스토어에 사용하는 것을 권장하지 않는다. 파일스토어는 이레이저 코드 풀의 부분 덮어쓰기를 사용하기에 몇 가지 기능이 부족하다. 이런 기능들이 없기 때문에 성능이 매우 저하된다.

시연

이 기능은 크라켄 배포판이나 Ceph의 새로운 버전에 필요하다. 제공된 앤서블과 환경 설정을 이용해 테스트 클러스터를 배치했다면 Ceph 쥬얼Jewel 배포판을 실행할 수 있을 것이다. 다음 단계는 크라켄 배포판으로 클러스터의 롤링^{rolling} 업그레이드를 수행하기 위한 앤서블 사용 방법을 보여준다. 블루스토어처럼 실험적인 옵션을 활용하고 이레이저 코드 풀에 부분 덮어쓰기를 지원하기 위한 옵션도 가능하게 한다.

group_vars/ceph 변수 파일을 수정하고 쥬얼에서 크라켄으로 배포판 버전을 변경한다. 또한 다음과 같이 추가한다.

```
ceph_conf_overrides:
  global:
    enable_experimental_unrecoverable_data_corrupting_features:
    "debug_white_box_testing_ec_overwrites bluestore"
```

또한 앤서블을 사용해서 Ceph 크라캔을 배포할 때의 버그를 바로잡기 위해 다음 내용을 추가한다.

```
debian_ceph_packages:
  - ceph
  - ceph-common
  - ceph-fuse
```

파일의 맨 아래에서 다음과 같은 앤서블 플레이북을 실행한다.

ansible-playbook -K infrastructure-playbooks/rolling_update.yml

이 명령은 다음과 같은 결과를 보여준다.

앤서블은 업그레이드를 진행하고 싶은지 확인한다. 일단 yes를 입력하면 업그레이드 과정이 시작된다.

앤서블이 완료되면 다음 스크린샷처럼 모든 단계가 성공적으로 보여야 한다.

```
PLAY RECAP ********************************************************************
localhost                  : ok=1    changed=0    unreachable=0    failed=0
mon1                       : ok=73   changed=13   unreachable=0    failed=0
mon2                       : ok=68   changed=7    unreachable=0    failed=0
mon3                       : ok=68   changed=7    unreachable=0    failed=0
osd1                       : ok=69   changed=9    unreachable=0    failed=0
osd2                       : ok=69   changed=9    unreachable=0    failed=0
osd3                       : ok=69   changed=9    unreachable=0    failed=0
```

이제 클러스터는 크라켄으로 업그레이드됐으며, Ceph가 실행되고 있는 VM 중 하나에서 ceph -v를 실행해 클러스터를 확인할 수 있다.

```
vagrant@mon1:~$ ceph -v
ceph version 11.2.0 (f223e27eeb35991352ebc1f67423d4ebc252adb7)
```

환경설정 파일에 실험적 옵션을 활성화한 결과로, Ceph 명령을 실행할 때마다 다음과 같은 경고를 보게 될 것이다.

```
vagrant@mon1:~$ sudo ceph -s
2017-02-10 20:56:29.825996 7f6f18fc9700 -1 WARNING: the following dangerous and experimental features are enabled: bluestor
e,debug_white_box_testing_ec_overwrites
2017-02-10 20:56:29.831159 7f6f18fc9700 -1 WARNING: the following dangerous and experimental features are enabled: bluestor
e,debug_white_box_testing_ec_overwrites
    cluster d9f58afd-3e62-4493-ba80-0356290b3d9f
     health HEALTH_WARN
            all OSDs are running kraken or later but the 'require_kraken_osds' osdmap flag is not set
     monmap e2: 3 mons at {mon1=192.168.0.41:6789/0,mon2=192.168.0.42:6789/0,mon3=192.168.0.43:6789/0}
            election epoch 46, quorum 0,1,2 mon1,mon2,mon3
        mgr active: mon1 standbys: mon2, mon3
     osdmap e74: 3 osds: 3 up, 3 in
            flags sortbitwise,require_jewel_osds
      pgmap v600: 64 pgs, 1 pools, 3920 bytes data, 2 objects
            107 MB used, 26787 MB / 26894 MB avail
                  64 active+clean
```

이 경고는 복구할 수 없는 데이터 손실이 발생할 수도 있기 때문에 실제 환경에서 이 옵션의 실행을 중지시키기 위한 안전 경고다. 테스트 클러스터에서 이를 수행함으로써 무시할 수 있지만, 실제 데이터로 이를 실행시켜보지 않을 것을 경고한다.

실행시켜야 하는 다음 명령은 실험적인 플래그를 활성화하기 위한 것이다. 이는 이레이저 코드 풀에 부분 덮어쓰기를 가능하게 한다.

```
ceph osd pool get ecpool debug_white_box_testing_ec_overwrites true
```

 제품 클러스터에서 이를 실행시키면 안 된다.

이레이저 풀 ecpool과 기본 rbd 풀이 여전히 있는지 확인해야 한다.

```
# ceph osd lspools
0 rbd,1 ecpool,
```

이제 rbd를 생성한다. 실제 RBD 헤더 객체는 여전히 복제 풀에 존재해야 하지만 추가적인 매개변수를 제공함으로써 Ceph가 이레이저 코드 풀에 이 RBD를 위한 데이터를 저장하게 지정할 수 있음을 알아둬야 한다.

```
rbd create Test_On_EC --data-pool=ecpool --size=1G
```

이 명령은 오류 없이 종료돼야 하며, 이제 이레이저 코드 백앤드 RBD 이미지를 가진다. 이제 librbd 애플리케이션을 통해 이 이미지를 사용할 수 있다.

 이레이저 풀 부분 덮어쓰기는 효율적인 작업을 위해 블루스토어를 필요로 한다. 파일스토어로도 작업 가능하지만 성능이 매우 저하될 것이다.

2147483647 오류 해결

이 절은 책의 오류 해결 부분이 아닌 이레이저 코딩 관련 장에 포함돼 있다. 이레이저 코드 풀에서 흔히 보이는 것이고, 4장에 매우 밀접하게 관련돼 있기 때문이다. 다음 스크린샷은 ceph health detail 명령을 실행시켰을 때 발생하는 오류에 대한 예다.

```
pg 2.7a is creating+incomplete, acting [0,2,1,2147483647] (reducing pool broken_ecpool min_size from 4
may help; search ceph.com/docs for 'incomplete')
pg 2.79 is creating+incomplete, acting [1,0,2,2147483647] (reducing pool broken_ecpool min_size from 4
may help; search ceph.com/docs for 'incomplete')
pg 2.78 is creating+incomplete, acting [1,0,2147483647,2] (reducing pool broken_ecpool min_size from 4
may help; search ceph.com/docs for 'incomplete')
pg 2.7f is creating+incomplete, acting [0,2,1,2147483647] (reducing pool broken_ecpool min_size from 4
may help; search ceph.com/docs for 'incomplete')
```

이레이저 코드 풀을 위한 OSD 중 하나에서 2147483647이 표시되는 경우 일반적으로 CRUSH가 PG 피어링^{peering} 단계를 완료하기 위한 충분한 수의 OSD를 발견하지 못함을 의미한다. 이는 보통 CRUSH 토폴로지의 호스트 수보다 더 큰 K+M 조각의 수 때문이다. 다만 경우에 따라 호스트 수가 조각의 수와 같거나 그보다 더 큰 경우에도 이런 오류가 발생할 수 있다. 이런 경우 CRUSH가 데이터 배치를 위한 후보 OSD의 선택 방법을 이해하는 것이 중요하다. CRUSH가 한 PG를 위한 후보 OSD를 발견하기 위해 사용되는 경우 CRUSH 토폴로지에 적절한 위치를 찾기 위해 CRUSH 맵을 사용한다. 앞서 선택한 OSD와 같은 결과가 다시 나타나면 Ceph는 CRUSH 알고리즘으로 약간 다른 값을 전달해 다른 매핑을 생성하려고 할 것이다. 경우에 따라 호스트 수가 삭제 조각 수와 비슷하다면 모든 조각에 매핑되는 올바른 OSD를 찾기 전에 CRUSH의 시도 횟수가 제한될 수 있다. Ceph 최신 버전은 CRUSH 튜닝 가능한 choose_total_tries를 증가시켜 거의 이런 문제를 해결했다.

문제점 재현

한층 더 상세히 문제에 대해 이해하기 위해 세 개의 노드 클러스터가 지원하는 것보다 더 많은 조각을 요하는 이레이저 코드 프로필을 생성하는 방법을 다음과 같은 과정을 통해 설명할 것이다.

112

먼저 4장 앞부분과 같이 새로운 이레이저 프로필을 생성하되 K/M 매개변수를 k=3과 m=1로 수정한다.

```
$ ceph osd erasure-code-profile set broken_profile k=3 m=1
plugin=jerasure technique=reed_sol_van
```

이제 이를 이용해 풀을 생성한다.

```
$ ceph osd pool create broken_ecpool 128 128 erasure broken_profile
```

이 명령은 다음과 같은 결과를 보여준다.

```
vagrant@mon1:~$ sudo ceph osd pool create broken_ecpool 128 128 erasure broken_profile
2017-02-12 19:25:55.660243 7f3c6b74e700 -1 WARNING: the following dangerous and experimental features a
re enabled: bluestore,debug_white_box_testing_ec_overwrites
2017-02-12 19:25:55.671201 7f3c6b74e700 -1 WARNING: the following dangerous and experimental features a
re enabled: bluestore,debug_white_box_testing_ec_overwrites
pool 'broken_ecpool' created
```

ceph -s의 결과를 확인한다면 이 새로운 풀의 PG들이 생성 상태에 그대로 있음을 확인할 수 있다.

```
    cluster d9f58afd-3e62-4493-ba80-0356290b3d9f
     health HEALTH_ERR
            128 pgs are stuck inactive for more than 300 seconds
            128 pgs incomplete
            128 pgs stuck inactive
            128 pgs stuck unclean
            all OSDs are running kraken or later but the 'require_kraken_osds' osdmap flag is not set
     monmap e2: 3 mons at {mon1=192.168.0.41:6789/0,mon2=192.168.0.42:6789/0,mon3=192.168.0.43:6789/0}
            election epoch 64, quorum 0,1,2 mon1,mon2,mon3
        mgr active: mon1 standbys: mon2, mon3
     osdmap e98: 3 osds: 3 up, 3 in
            flags sortbitwise,require_jewel_osds
      pgmap v695: 192 pgs, 2 pools, 3920 bytes data, 2 objects
            112 MB used, 26782 MB / 26894 MB avail
                 128 creating+incomplete
                  64 active+clean
```

ceph health detail의 결과는 그 이유를 보여줄 것이고, 2147483647 오류를 보게 된다.

```
pg 2.7a is creating+incomplete, acting [0,2,1,2147483647] (reducing pool broken_ecpool min_size from 4
may help; search ceph.com/docs for 'incomplete')
pg 2.79 is creating+incomplete, acting [1,0,2,2147483647] (reducing pool broken_ecpool min_size from 4
may help; search ceph.com/docs for 'incomplete')
pg 2.78 is creating+incomplete, acting [1,0,2147483647,2] (reducing pool broken_ecpool min_size from 4
may help; search ceph.com/docs for 'incomplete')
pg 2.7f is creating+incomplete, acting [0,2,1,2147483647] (reducing pool broken_ecpool min_size from 4
may help; search ceph.com/docs for 'incomplete')
```

호스트나 랙의 수보다 더 많은 이레이저 프로필이 생성돼 이 오류가 발생한 경우
CRUSH 맵 설계 방식에 따라 조각 수를 줄이거나 호스트 수를 증가시키는 것만이
유일한 방법이 될 것이다.

▌ 요약

4장에서는 이레이저 코드가 무엇이고 Ceph에서 어떻게 구현되는지에 대해 배웠다.
또한 이레이저 코드 풀이 생성된 경우에 가능한 서로 다른 환경설정 옵션과 서로 다른
여러 용례 및 작업에 어떻게 적용할 것인지 이해했을 것이다.

librados를 통한 개발

Ceph는 다양한 사용자의 요구 사항에 맞춰 내장 인터페이스를 통해 블록, 파일, 객체 스토리지를 제공한다. 그렇지만 내부적으로 애플리케이션을 개발하는 일부 경우에서 는 librados를 사용해서 Ceph를 사용하는 것이 좋을 수도 있다. librados는 Ceph 라이 브러리로 애플리케이션이 직접 Ceph의 RADOS 레이어에 객체를 읽고 쓸 수 있게 한다.

5장에서 다루는 내용은 다음과 같다.

- librados란?
- librados 사용 방식 및 지원 언어
- librados 애플리케이션 예제 작성 방법

- 파이썬을 이용해 Ceph에 이미지 파일을 저장하는 librados 애플리케이션 작성 방법
- C++를 통해 원자적 동작을 하는 librados 애플리케이션 작성 방법

▌ librados란?

librados는 애플리케이션에 포함이 가능한 Ceph 라이브러리로, 고유의 프로토콜을 사용해 Ceph 클러스터와 직접 통신할 수 있다. librados는 고유의 통신 프로토콜을 통해 Ceph와 통신하므로 애플리케이션은 아마존 S3처럼 고급 프로토콜을 사용하는 대신 Ceph의 모든 능력, 속도, 융통성을 활용할 수 있다. 방대한 양의 함수는 애플리케이션이 간단한 객체를 읽고 쓰는 데서부터 고급 작업까지 수행할 수 있게 한다. 여러 동작을 한 트랜잭션에서 수행하길 원하거나 그들을 비동기로 실행하길 원하는 경우 등 말이다. librados는 C, C++, 파이썬, PHP, 자바 등 여러 언어에서 이용 가능하다.

▌ librados 사용 방법

librados를 이용하려면 개발 환경이 필요하다. 5장의 예제를 위해 모니터 노드 중 하나를 개발 환경 및 개발된 애플리케이션을 실행시킬 클라이언트로 이용할 수 있다. 이 책의 예제는 데비안^{Debian} 기반 배포판을 사용하는 것으로 가정한다.

1. 먼저 운영체제로 기본 빌드 도구를 설치한다.

```
$ sudo apt-get install build-essential
```

이 명령은 다음과 같은 결과를 보여준다.

```
vagrant@mon1:~$ sudo apt-get install build-essential
Reading package lists... Done
Building dependency tree
Reading state information... Done
The following additional packages will be installed:
  dpkg-dev g++ g++-5 libalgorithm-diff-perl libalgorithm-diff-xs-perl libalgorithm-merge-perl
  libstdc++-5-dev
Suggested packages:
  debian-keyring g++-multilib g++-5-multilib gcc-5-doc libstdc++6-5-dbg libstdc++-5-doc
The following NEW packages will be installed:
  build-essential dpkg-dev g++ g++-5 libalgorithm-diff-perl libalgorithm-diff-xs-perl
  libalgorithm-merge-perl libstdc++-5-dev
0 upgraded, 8 newly installed, 0 to remove and 93 not upgraded.
Need to get 10.4 MB of archives.
After this operation, 41.0 MB of additional disk space will be used.
Do you want to continue? [Y/n]
```

2. librados 개발 라이브러리를 설치한다.

```
$ sudo apt-get install librados-dev
```

이 명령은 다음과 같은 결과를 보여준다.

```
vagrant@mon1:~$ sudo apt-get install librados-dev
Reading package lists... Done
Building dependency tree
Reading state information... Done
The following NEW packages will be installed:
  librados-dev
0 upgraded, 1 newly installed, 0 to remove and 93 not upgraded.
Need to get 42.0 MB of archives.
After this operation, 358 MB of additional disk space will be used.
Get:1 http://download.ceph.com/debian-jewel xenial/main amd64 librados-dev amd64 10.2.5-1xenial [42.0 MB]
Fetched 42.0 MB in 30s (1,359 kB/s)
Selecting previously unselected package librados-dev.
(Reading database ... 40080 files and directories currently installed.)
Preparing to unpack .../librados-dev_10.2.5-1xenial_amd64.deb ...
Unpacking librados-dev (10.2.5-1xenial) ...
Processing triggers for man-db (2.7.5-1) ...
Setting up librados-dev (10.2.5-1xenial) ...
```

3. 환경이 완성됐으니 테스트 Ceph 클러스터에 연결 설정하기 위해 C로 작성된 간단한 애플리케이션을 생성한다.

```
$ mkdir test_app
$ cd test_app
```

4. 선호하는 텍스트 편집기를 이용해 test_app.c 파일을 생성하고 그 안에 다음
   과 같은 내용을 넣는다.

```c
#include <rados/librados.h>
#include <stdio.h>
#include <stdlib.h>

rados_t rados = NULL;

int exit_func();

int main(int argc, const char **argv)
{
    int ret = 0;
    ret = rados_create(&rados, "admin"); // client.admin 키링을 사용
    if (ret < 0) {    // rados 객체가 생성됐는지 확인
        printf("couldn't initialize rados! error %d\n", ret);
        ret = EXIT_FAILURE;
        exit_func;
    }
    else
        printf("RADOS initialized\n");

    ret = rados_conf_read_file(rados, "/etc/ceph/ceph.conf");
    if (ret < 0) { // ceph.conf를 해석해서 클러스터 상세 내용을 얻는다.
        printf("failed to parse config options! error %d\n", ret);
        ret = EXIT_FAILURE;
        exit_func();
    }
    else
        printf("Ceph config parsed\n");

    ret = rados_connect(rados); // Ceph 클러스터로의 연결 초기화
    if (ret < 0) {
        printf("couldn't connect to cluster! error %d\n", ret);
        ret = EXIT_FAILURE;
```

```
        exit_func;
    } else {
      printf("Connected to the rados cluster\n");
      }

      exit_func(); // 예제의 끝, exit_func를 호출해서 정리하고 종료
    }

    int exit_func ()
    {
      rados_shutdown(rados); // Ceph 클러스터로 연결 해제
      printf("RADOS connection destroyed\n");
      printf("The END\n");
      exit(0);
    }
```

5. 다음 명령을 실행해 테스트 애플리케이션을 컴파일한다.

```
$ gcc test_app.c -o test_app -lrados
```

 gcc가 함수를 사용하게 하기 위해 librados 라이브러리를 링크해야 한다.

6. 그런 다음에 앱을 실행시켜 동작하는지 테스트한다. 루트 사용자로 또는 sudo 를 사용해 앱을 실행시켜야 한다. 그렇지 않으면 Ceph 키링^{keyring}에 접근할 수 없다.

```
sudo ./test_app
```

이 명령은 다음과 같은 결과를 보여준다.

```
vagrant@mon1:~/test_app$ sudo ./test_app
RADOS initialised
Ceph config parsed
Connected to the rados cluster
RADOS connection destroyed
The END
```

테스트 애플리케이션은 간단히 ceph.conf 환경설정을 읽어 Ceph 클러스터에 연결 설정하는 데 사용하고 연결 해제한다. 아주 흥미로운 애플리케이션은 아니지만 제 위치에 기본 인프라가 있고 동작하는지 테스트하고 5장의 나머지 예제를 위한 기초를 설정한다.

■ librados 애플리케이션 예제

이제 라이브러리로 수행할 수 있는 작업에 대해 더 잘 이해하기 위해 librados를 이용하는 예제 librados 애플리케이션을 살펴본다.

다음은 매개변수로 이미지 파일이 주어진 경우 이미지를 Ceph 클러스터에 객체로 저장하고, 객체 속성attribute으로 이미지 파일의 여러 속성을 저장하는 애플리케이션을 생성하는 단계를 익히기 위한 예제다. 애플리케이션은 객체를 검색해 이미지 파일로 내보내기도 가능하다. 이 예제는 librados가 지원하는 파이썬으로 작성될 것이다. 다음 예제는 이미지 크기를 읽기 위해 **파이썬 이미지 라이브러리**PIL, Python Imaging Library를 사용하고 명령어 매개변수를 읽기 위해 **인자 파서 라이브러리**Argument Parser library를 사용한다.

1. 먼저 librados 파이썬 바인딩과 이미지 조작 라이브러리를 설치해야 한다.

   ```
   $ sudo apt-get install python-rados python-imaging
   ```

   이 명령은 다음과 같은 결과를 보여준다.

```
Reading package lists... Done
Building dependency tree
Reading state information... Done
python-rados is already the newest version (10.2.5-1xenial).
python-rados set to manually installed.
The following additional packages will be installed:
  libjbig0 libjpeg-turbo8 libjpeg8 liblcms2-2 libtiff5 libwebp5 libwebpmux1 python-pil
Suggested packages:
  liblcms2-utils python-pil-doc python-pil-dbg
The following NEW packages will be installed:
  libjbig0 libjpeg-turbo8 libjpeg8 liblcms2-2 libtiff5 libwebp5 libwebpmux1 python-imaging python-pil
0 upgraded, 9 newly installed, 0 to remove and 93 not upgraded.
Need to get 916 kB of archives.
After this operation, 3,303 kB of additional disk space will be used.
Do you want to continue? [Y/n] y
```

2. .py 확장자를 사용하는 새로운 파이썬 애플리케이션 파일을 생성하고 그 안에 다음과 같은 내용을 넣는다.

```python
import rados, sys, argparse
from PIL import Image
#매개변수를 읽고 --help를 생성하기 위해 사용되는 인자 파서
parser = argparse.ArgumentParser(description='Image to RADOS Object
Utility')
parser.add_argument('--action', dest='action', action='store',
required=True, help='Either upload or download image to/from Ceph')
parser.add_argument('--image-file', dest='imagefile',
action='store', required=True, help='The image file to
upload to RADOS')
parser.add_argument('--object-name', dest='objectname',
action='store', required=True, help='The name of the
RADOS object')
parser.add_argument('--pool', dest='pool', action='store',
required=True, help='The name of the RADOS pool to store
the object')
parser.add_argument('--comment', dest='comment', action= 'store',
help='A comment to store with the object')

args = parser.parse_args()

try: #ceph.conf 환경설정 파일을 읽어서 모니터를 얻는다.
    cluster = rados.Rados(conffile='/etc/ceph/ceph.conf')
```

```
except:
    print "Error reading Ceph configuration"
    sys.exit(1)

try: # Ceph 클러스터에 접속한다.
    cluster.connect()
except:
    print "Error connecting to Ceph Cluster"
    sys.exit(1)

try: # 만족하는 RADOS 풀을 연다.
    ioctx = cluster.open_ioctx(args.pool)
except:
    print "Error opening pool: " + args.pool
    cluster.shutdown()
    sys.exit(1)

if args.action == 'upload': # upload동작이면
    try: #바이너리 읽기 모드로 이미지 파일을 연다.
        image=open(args.imagefile,'rb')
        im=Image.open(args.imagefile)
    except:
        print "Error opening image file"
        ioctx.close()
        cluster.shutdown()
        sys.exit(1)
    print "Image size is x=" + str(im.size[0]) + " y=" +
    str(im.size[1])
    try: #객체로 이미지 파일의 내용을 쓰고, 속성을 추가한다.
        ioctx.write_full(args.objectname,image.read())
        ioctx.set_xattr(args.objectname,'xres',str(im.size[0])
        +"\n")
        ioctx.set_xattr(args.objectname,'yres',str(im.size[1])
        +"\n")
        im.close()
        if args.comment:
```

```
                    ioctx.set_xattr(args.objectname,'comment',args.comment
                    +"\n")
        except:
            print "Error writing object or attributes"
            ioctx.close()
            cluster.shutdown()
            sys.exit(1)
            image.close()
    elif args.action == 'download':
        try: # 바이너리 쓰기 모드로 이미지 파일을 연다.
            image=open(args.imagefile,'wb')
        except:
            print "Error opening image file"
            ioctx.close()
            cluster.shutdown()
            sys.exit(1)
        try: # 객체를 이미지 파일로 쓴다.
            image.write(ioctx.read(args.objectname))
        except:
            print "Error writing object to image file"
            ioctx.close()
            cluster.shutdown()
            sys.exit(1)
        image.close()
    else:
        print "Please specify --action as either upload or download"
    ioctx.close() # 풀로의 연결을 닫는다.
    cluster.shutdown() # Ceph로의 연결을 닫는다.
    # 끝
```

3. 인자 파서 라이브러리에 의해 생성된 help 기능을 테스트한다.

```
$ sudo python app1.py --help
```

이 명령은 다음과 같은 결과를 보여준다.

```
vagrant@mon1:~$ sudo python app1.py --help
usage: app1.py [-h] --action ACTION --image-file IMAGEFILE --object-name
               OBJECTNAME --pool POOL [--comment COMMENT]

Image to RADOS Object Utility

optional arguments:
  -h, --help            show this help message and exit
  --action ACTION       Either upload or download image to/from Ceph
  --image-file IMAGEFILE
                        The image file to upload to RADOS
  --object-name OBJECTNAME
                        The name of the RADOS object
  --pool POOL           The name of the RADOS pool to store the object
  --comment COMMENT     A comment to store with the object
```

4. 테스트 이미지로 사용할 Ceph 로고를 다운로드한다.

wget http://docs.ceph.com/docs/master/_static/logo.png

이 명령은 다음과 같은 결과를 보여준다.

```
vagrant@mon1:~$ wget http://docs.ceph.com/docs/master/_static/logo.png
--2017-02-08 20:37:01--  http://docs.ceph.com/docs/master/_static/logo.png
Resolving docs.ceph.com (docs.ceph.com)... 158.69.67.53
Connecting to docs.ceph.com (docs.ceph.com)|158.69.67.53|:80... connected.
HTTP request sent, awaiting response... 200 OK
Length: 3898 (3.8K) [image/png]
Saving to: 'logo.png'

logo.png            100%[===================================>]   3.81K  --.-KB/s    in 0s

2017-02-08 20:37:01 (106 MB/s) - 'logo.png' saved [3898/3898]
```

5. 이미지 파일을 읽기 위해 파이썬 애플리케이션을 실행하고 이를 Ceph에 객체로 업로드한다.

$ sudo python app1.py --action=upload --image-file=test1.png
--object-name=image_test --pool=rbd --comment="Ceph Logo"

이 명령은 다음과 같은 결과를 보여준다.

```
vagrant@mon1:~$ sudo python app1.py --action=upload --image-file=logo.png --object-name=image_test --pool
=rbd --comment="Ceph Logo"
Image size is x=140 y=38
```

6. 객체가 생성됐는지 확인한다.

   ```
   $ sudo rados -p rbd ls
   ```

   이 명령은 다음과 같은 결과를 보여준다.

   ```
   vagrant@mon1:~$ sudo rados -p rbd ls
   image_test
   ```

7. 객체에 속성이 추가됐는지 확인하기 위해 rados를 사용한다.

   ```
   $ sudo rados -p rbd listxattr image_test
   ```

   이 명령은 다음과 같은 결과를 보여준다.

   ```
   vagrant@mon1:~$ sudo rados -p rbd ls
   image_test
   vagrant@mon1:~$ sudo rados -p rbd listxattr image_test
   comment
   xres
   yres
   ```

8. 다음 스크린샷과 같이 속성의 내용을 확인하기 위해 rados를 사용한다.

   ```
   vagrant@mon1:~$ sudo rados -p rbd getxattr image_test comment
   Ceph Logo
   vagrant@mon1:~$ sudo rados -p rbd getxattr image_test xres
   140
   vagrant@mon1:~$ sudo rados -p rbd getxattr image_test yres
   38
   ```

원자적 연산을 수행하는 librados 애플리케이션 예제

앞서 librados 애플리케이션 예제에서 객체를 Ceph 클러스터에 생성하고 객체의 속성을 추가했었다. 대부분의 경우 두 단계 동작이면 충분하지만 일부 애플리케이션은 원자적인 객체 및 속성 생성을 요구할 수도 있다. 즉, 서비스가 중단됐을 때 객체는 모든 속성이 설정된 경우에만 존재해야 하며, 그렇지 않은 경우 Ceph 클러스터가 트랜잭션^{transaction}을 롤백^{roll back}해야 한다. C++로 작성된 다음 예제는 여러 작업에서 트랜잭션 일관성을 보장하기 위해 librados을 사용한 원자적 작업 방법을 보여준다. 예제는 객체를 쓰고 트랜잭션을 취소할 것인지 사용자에게 묻는다. 사용자가 취소를 선택하는 경우 객체 쓰기 작업은 롤백된다. 계속 진행을 선택하면 속성을 추가해 쓰고 전체 트랜잭션을 커밋한다. 다음과 같은 단계들을 수행한다.

1. .cc 확장자를 가진 새로운 파일을 생성해 그 안에 다음과 같은 내용을 넣는다.

```
#include <cctype>
#include <rados/librados.hpp>
#include <iostream>
#include <string>

void exit_func(int ret);

librados::Rados rados;

int main(int argc, const char **argv)
{
    int ret = 0;

    // 변수 정의
    const char *pool_name = "rbd";
    std::string object_string("I am an atomic object\n");
    std::string attribute_string("I am an atomic attribute\n");
    std::string object_name("atomic_object");
    librados::IoCtx io_ctx;
```

```cpp
// RADOS 객체를 생성하고 초기화한다.
{
    ret = rados.init("admin"); // 기본 client.admin 키링을 사용한다.
    if (ret < 0) {
        std::cerr << "Failed to initialize rados! error " << ret
            << std::endl;
        ret = EXIT_FAILURE;
    }
}

// 기본 위치에서 ceph 환경설정 파일을 읽는다.
ret = rados.conf_read_file("/etc/ceph/ceph.conf");
if (ret < 0) {
    std::cerr << "Failed to parse config file "
        << "! Error" << ret << std::endl;
    ret = EXIT_FAILURE;
}

// Ceph 클러스터로 연결한다.
ret = rados.connect();
if (ret < 0) {
    std::cerr << "Failed to connect to cluster! Error " << ret
        << std::endl;
    ret = EXIT_FAILURE;
} else {
    std::cout << "Connected to the Ceph cluster" << std::endl;
}

// RADOS 풀로 연결한다.
ret = rados.ioctx_create(pool_name, io_ctx);
if (ret < 0) {
    std::cerr << "Failed to connect to pool! Error: " << ret
        << std::endl;
    ret = EXIT_FAILURE;
} else {
    std::cout << "Connected to pool: " << pool_name
```

```cpp
        << std::endl;
    }
    librados::bufferlist object_bl; // 버퍼리스트 초기화
    object_bl.append(object_string); // 객체 문자열을 버퍼리스트에 추가한다.
    librados::ObjectWriteOperation write_op; // 쓰기 트랜잭션을 생성한다.
    write_op.write_full(object_bl); // 버퍼리스트를 트랜잭션에 쓴다.
    std::cout << "Object: " << object_name << " has been written
            to transaction" << std::endl;
    char c;
    std::cout << "Would you like to abort transaction? (Y/N)? ";
    std::cin >> c;
    if (toupper( c ) == 'Y') {
        std::cout << "Transaction has been aborted, so object will
                not actually be written" << std::endl;
        exit_func(99);
    }
    librados::bufferlist attr_bl; // 다른 버퍼리스트를 초기화한다.
    attr_bl.append(attribute_string); // 속성을 버퍼리스트에 추가한다.
    write_op.setxattr("atomic_attribute", attr_bl); // 속성을 트랜잭션에
        쓴다.
    std::cout << "Attribute has been written to transaction"
            << std::endl;
    ret = io_ctx.operate(object_name, &write_op); // 트랜잭션을 승인한다.

    if (ret < 0) {
        std::cerr << "failed to do compound write! error " << ret
                << std::endl;
        ret = EXIT_FAILURE;
    } else {
        std::cout << "We wrote the transaction containing our object and
                attribute" << object_name << std::endl;
    }
}

void exit_func(int ret)
{
```

```
    // 정리하고 끝낸다.
    rados.shutdown();
    exit(ret);
}
```

2. g++를 사용해 소스를 컴파일한다.

```
g++ atomic.cc -o atomic -lrados -std=c++11
```

3. 이제 애플리케이션을 실행할 수 있다. 먼저 실행 후 트랜잭션을 중단한다.

```
vagrant@mon1:~$ sudo ./atomic
Connected to the rados cluster
Connected to pool: rbd
Object: atomic_object has been written to transaction
Would you like to abort transaction? (Y/N)? y
Transaction has been aborted, so object will not actually be written
vagrant@mon1:~$ sudo rados -p rbd ls
```

이 스크린샷은 객체 쓰기 명령을 전달해도 트랜잭션이 커밋되지 않았기 때문
에 객체는 실제로 Ceph 클러스터에 써지지 않는다.

4. 이제 애플리케이션을 실행해 이번엔 트랜잭션을 계속 진행해보자.

```
vagrant@mon1:~$ sudo ./atomic
Connected to the rados cluster
Connected to pool: rbd
Object: atomic_object has been written to transaction
Would you like to abort transaction? (Y/N)? n
Attribute has been written to transaction
We wrote the transaction containing our object and attributeatomic_object
vagrant@mon1:~$ sudo rados -p rbd ls
atomic_object
vagrant@mon1:~$ sudo rados -p rbd getxattr atomic_object atomic_attribute
I am an atomic attribute
```

보다시피 이번에는 객체가 속성과 함께 써졌다.

와처와 노티파이어를 사용하는 librados 애플리케이션 예제

다음은 RADOS에 `watch` 또는 `notify` 기능의 이용 방식을 보여주는 C로 작성된 librados 애플리케이션이다. Ceph는 클라이언트가 객체에 와처^{watcher}를 생성해 같은 클러스터에 연결된 완전히 다른 클라이언트로부터 알림을 받을 수 있게 한다.

와처 기능은 콜백^{callback} 함수를 통해 구현된다. 와처를 생성하기 위해 librados 함수를 호출하는 경우 콜백 함수를 위해 두 개의 인자가 있어야 한다. 하나는 알림을 수신할 때 수행해야 할 작업을 위한 인자이며, 다른 하나는 와처가 연결이 끊기거나 객체와 오류가 발생할 때 수행할 작업을 위한 인자다. 그런 다음 이 콜백 함수는 알림이나 오류 발생 때 실행하고자 하는 코드를 포함하고 있다.

이 간단한 형태의 메시징은 보통 사용 중인 RBD가 있는 클라이언트에 스냅샷을 가져 오게 지시하는 데 사용된다. 스냅샷을 받는 클라이언트는 RBD 객체를 감시하는 모든 클라이언트에 알림을 보내 캐시를 플러시^{flush}하고 파일 시스템이 일관된 상태에 있는 지 확인한다.

다음은 객체 `my_object`에 와처를 생성해 대기하는 예제다. 알림을 받았을 때 페이로 드^{payload}를 표시하고 알림 통보자에게 메시지를 다시 보낸다.

1. `.c` 확장자를 가진 새로운 파일을 생성해 그 안에 다음과 같은 코드를 넣는다.

```c
#include <stdio.h>
#include <stdlib.h>
#include <string.h>
#include <syslog.h>

#include <rados/librados.h>
#include <rados/rados_types.h>

uint64_t cookie;
rados_ioctx_t io;
```

```
rados_t cluster;
char cluster_name[] = "ceph";
char user_name[] = "client.admin";
char object[] = "my_object";
char pool[] = "rbd";

/* 와처 콜백 함수 – 와처가 알림을 받으면 호출된다. */
void watch_notify2_cb(void *arg, uint64_t notify_id, uint64_t
cookie, uint64_t notifier_gid, void *data, size_t data_len)
{
    const char *notify_oid = 0;
    char *temp = (char*)data+4;
    int ret;
    printf("Message from Notifier: %s\n",temp);
    rados_notify_ack(io, object, notify_id, cookie, "Received", 8);
}

/* 와처 오류 콜백 함수 – 와처가 오류를 맞았을 때 호출된다. */
void watch_notify2_errcb(void *arg, uint64_t cookie, int err)
{
    printf("Removing Watcher on object %s\n",object);
    err = rados_unwatch2(io,cookie);
    printf("Creating Watcher on object %s\n",object);
    err = rados_watch2(io,object,&cookie,watch_notify2_cb,
    watch_notify2_errcb,NULL);
    if (err < 0) {
        fprintf(stderr, "Cannot create watcher on %s/%s: %s\n", object,
            pool, strerror(-err));
        rados_ioctx_destroy(io);
        rados_shutdown(cluster);
        exit(1);
    }
}

int main (int argc, char **argv)
{
```

```
    int err;
    uint64_t flags;

    /* RADOS 객체 생성 */
    err = rados_create2(&cluster, cluster_name, user_name, flags);
    if (err < 0) {
        fprintf(stderr, "Couldn't create the cluster object!: %s\n",
                strerror(-err));
        exit(EXIT_FAILURE);
    } else {
        printf("Created the rados object.\n");
    }

/* 클러스터 핸들을 얻기 위한 Ceph 환경설정 파일 읽기 */
err = rados_conf_read_file(cluster, "/etc/ceph/ceph.conf");
if (err < 0) {
    fprintf(stderr, "Cannot read config file: %s\n",
            strerror(-err));
    exit(EXIT_FAILURE);
} else {
    printf("Read the config file.\n");
}

/* 클러스터에 연결 */
err = rados_connect(cluster);
if (err < 0) {
    fprintf(stderr, "Cannot connect to cluster: %s\n",
            strerror(-err));
    exit(EXIT_FAILURE);
} else {
    printf("\n Connected to the cluster.\n");
    }

    /* RADOS 풀로 연결 생성*/
    err = rados_ioctx_create(cluster, pool, &io);
    if (err < 0) {
```

```
        fprintf(stderr, "Cannot open rados pool %s: %s\n", pool,
            strerror(-err));
        rados_shutdown(cluster);
        exit(1);
    }

    /* RADOS 와처 생성 */
    printf("Creating Watcher on object %s/%s\n",pool,object);
    err = rados_watch2(io,object,&cookie,watch_notify2_cb,
            watch_notify2_errcb,NULL);
    if (err < 0) {
        fprintf(stderr, "Cannot create watcher on object %s/%s: %s\n",
            pool, object, strerror(-err));
        rados_ioctx_destroy(io);
        rados_shutdown(cluster);
        exit(1);
    }

    /* 노티파이어 대기용 반복문 */
    while(1){
        sleep(1);
    }

    /* 정리 */
    rados_ioctx_destroy(io);
    rados_shutdown(cluster);
}
```

2. watcher 예제 코드를 컴파일한다.

```
$ gcc watcher.c -o watcher -lrados
```

3. 이 watcher 예제 애플리케이션을 실행한다.

```
vagrant@mon1:~$ sudo ./watcher
Created the rados object.
Read the config file.

Connected to the cluster.
Creating Watcher on object rbd/my_object
```

4. 이제 와처는 알림을 기다린다. 다른 터미널 윈도우에서 rados를 사용해 감시 중인 my_object 객체에 알림을 보낸다.

```
vagrant@mon1:~$ sudo rados -p rbd notify my_object "Hello There!"
reply client.24135 cookie 29079312 : 8 bytes
00000000  52 65 63 69 65 76 65 64                           |Recieved|
00000008
```

5. 알림이 전송되고 다시 응답을 받았는지 알 수 있다. 첫 번째 터미널 윈도우를 다시 보면 알림 통보자로부터 메시지를 받았는지 알 수 있다.

```
vagrant@mon1:~$ sudo ./watcher
Created the rados object.
Read the config file.

Connected to the cluster.
Creating Watcher on object rbd/my_object
Message from Notifier: Hello There!
```

▌요약

이로써 librados를 이용해 애플리케이션을 개발하는 5장을 마친다. 이제 애플리케이션에 librados 기능을 포함시키는 방법과 Ceph 클러스터에 객체를 읽고 쓰는 방식에 대한 기본적인 개념을 편하게 받아들일 수 있을 것이다. librados를 이용한 애플리케이션 개발에 대한 더 상세한 내용은 공식 librados 문서를 찾아보고, 이용할 수 있는 전체적인 기능에 대해 더 잘 이해할 수 있기를 바란다.

06

Ceph RADOS 클래스를 통한 분산 컴퓨팅

Ceph에서 간과되는 기능 중 하나는 OSD에 직접적으로 사용자 정의 코드를 로드[load]하는 기능이다. 로드 후 librados 애플리케이션에서 실행할 수 있다. 이는 Ceph의 대규모 분산 스케일의 장점을 활용해 고성능 스케일아웃 스토리지뿐만 아니라 대량의 병렬 컴퓨팅을 위해 OSD를 통한 분산 컴퓨터 작업도 제공한다. 이러한 기능은 각 OSD에 RADOS 클래스를 동적 로딩함으로써 이뤄진다.

6장에서 다루는 내용은 다음과 같다.

- 예제 애플리케이션 및 RADOS 클래스 사용의 장점
- 루아[Lua]로 작성하는 간단한 RADOS 클래스
- 분산 컴퓨팅을 시뮬레이션하는 RADOS 클래스 작성

■ 예제 애플리케이션 및 RADOS 클래스 사용의 장점

앞서 언급했듯이 RADOS 클래스를 이용하면 코드가 OSD 코드 내에서 직접적으로 실행되므로 모든 OSD 노드의 결합된 성능을 활용할 수 있다. 클라이언트가 Ceph 클러스터로부터 객체를 읽어 계산하고, 이를 다시 쓰는 전형적인 클라이언트 애플리케이션 접근 방법을 이용하면 엄청난 라운드트립 오버헤드[round trip overhead]가 있을 수 있다. RADOS 클래스를 사용하면 OSD 간의 라운드트립 오버헤드를 크게 줄여주고 단일 클라이언트보다 훨씬 더 높은 수준의 컴퓨팅 성능을 제공한다. 결과적으로 OSD에 직접적으로 작업을 내리면 단일 클라이언트의 처리 속도가 크게 증가한다.

RADOS 클래스를 이용하는 간단한 예제는 RADOS 풀의 모든 객체를 위한 해시[hash]를 계산하고, 계산된 각 객체의 해시 값을 속성으로 저장하는 것이다. 이를 수행하는 클라이언트는 병목현상과 추가적인 지연을 야기할 수 있다. 이는 클러스터에서 클라이언트가 원격으로 이러한 작업을 수행함으로써 나타난다. 해시를 계산하고 그를 속성으로 저장하는 객체를 읽기 위해 필요한 코드를 포함하는 RADOS 클래스를 통하면 클라이언트가 해야 할 모든 일은 RADOS 클래스를 실행하기 위한 명령을 OSD로 보내는 것뿐이다.

■ 루아로 작성하는 간단한 RADOS 클래스

크라켄 릴리스 Ceph의 기본 RADOS 클래스 중 하나는 루아[Lua] 스크립트를 실행시킬 수 있다. 루아 스크립트는 루아 RADOS 객체 클래스에 동적으로 전달돼 스크립트 내용을 실행한다. 스크립트는 객체 클래스에 보통 JSON 형태의 문자열로 전달된다. 이는 사용 전 컴파일이 필요한 전형적인 RADOS 객체 클래스에 비해 장점을 제공하지만 루아 스크립트가 수행할 수 있는 복잡성을 제한하고, 그런 의미에서 수행할 작업에 어떤 방법이 적합한지 고려해야 한다.

다음은 OSD에서 실행돼야 하는 루아 스크립트를 생성하고 전달하는 방식을 설명하기 위한 파이썬 코드 예제다. 루아 스크립트는 지정된 객체의 내용을 읽어 다시 대문자 텍스트로 리턴해 객체를 가진 원격 OSD에서 모든 프로세싱을 완료한다. 원래의 객체 내용은 클라이언트로 전달되지 않는다.

파일 rados_lua.py에 다음 코드를 넣는다.

```
import rados, json, sys

try: # 모니터를 얻기 위해 ceph.conf 환경설정 파일 읽기
    cluster = rados.Rados(conffile='/etc/ceph/ceph.conf')
except:
    print "Error reading Ceph configuration"
    exit(1)

try: # Ceph 클러스터에 연결
    cluster.connect()
except:
    print "Error connecting to Ceph Cluster"
    exit(1)

try: # 명시된 RADOS 풀 열기
    ioctx = cluster.open_ioctx("rbd")
except:
    print "Error opening pool"
    cluster.shutdown()
    exit(1)

cmd = {
    "script": """
        function upper(input, output)
            size = objclass.stat()
            data = objclass.read(0, size)
            upper_str = string.upper(data:str())
            output:append(upper_str)
```

```
        end
        objclass.register(upper)
    """,
    "handler": "upper",
}

ret, data = ioctx.execute(str(sys.argv[1]), 'lua', 'eval_json',
json.dumps(cmd))
print data[:ret]

ioctx.close( )       # 풀 연결 닫기
cluster.shutdown( ) # Ceph 연결 닫기
```

이제 소문자로만 구성된 테스트 객체를 생성한다.

echo this string was in lowercase | sudo rados -p rbd put LowerObject -

루아 객체 클래스는 기본적으로 OSD에 의한 호출을 허용하지 않는다. 모든 OSD의 ceph.conf에 다음 내용을 추가해야 한다.

```
[osd]
osd class load list = *
osd class default list = *
```

그리고 이제 파이썬 librados 애플리케이션을 실행한다.

sudo python rados_lua.py LowerObject

이 명령은 다음과 같은 결과를 보여준다.

```
vagrant@mon1:~$ sudo python rados_lua.py LowerObject
THIS STRING WAS IN LOWERCASE
```

객체의 텍스트가 대문자로 변경된 것을 볼 수 있다. 앞선 파이썬 코드를 통해 로컬 파이썬 코드가 전혀 수정되지 않고도, 모든 것이 OSD에서 원격으로 수행됐음을 알 수 있다.

▌ 분산 컴퓨팅을 시뮬레이션하는 RADOS 클래스 작성

앞선 예제에서 언급했듯이 루아 객체 클래스를 사용하면 RADOS 객체 클래스를 사용에 복잡성을 줄여주지만, 수행할 수 있는 것에 한계가 있다. 고급 프로세싱을 수행할 수 있는 클래스를 작성하기 위해서는 C로 클래스를 작성해야 한다. 그리고 Ceph 소스로 새로운 클래스를 컴파일해야 한다.

이를 설명하기 위해 지정된 객체의 MD5 해시를 연산해 객체의 속성으로 그 값을 저장하는 새로운 RADOS 객체 클래스를 작성할 것이다. 이 프로세스는 바쁜 환경을 시뮬레이션하고 런타임에 좀 더 쉽게 측정할 수 있게 하기 위해 1000번 반복한다. 그런 다음 클라이언트에서 MD5 해시를 계산하는 것과 객체 클래스를 통한 이 방식의 연산 속도를 비교한다. 이는 여전히 기본적인 작업이지만, 통제된 반복 가능한 시나리오를 생성해 RADOS 클래스를 통해 OSD에서 직접 이를 수행하는 것과 작업 클라이언트를 완료하는 것의 속도를 비교할 수 있게 할 것이다. 또한 고급 애플리케이션을 빌드하는 방법을 이해할 수 있게 하는 좋은 기반 역할을 할 것이다.

빌드 환경 준비

Ceph 깃 리파지토리를 복제하기 위해 다음과 같은 명령을 사용한다.

```
git clone https://github.com/ceph/ceph.git
```

이 명령은 다음과 같은 결과를 보여준다.

```
vagrant@ansible:~$ git clone https://github.com/ceph/ceph.git
Cloning into 'ceph'...
remote: Counting objects: 500133, done.
remote: Compressing objects: 100% (21/21), done.
remote: Total 500133 (delta 12), reused 2 (delta 2), pack-reused 500110
Receiving objects: 100% (500133/500133), 203.37 MiB | 2.38 MiB/s, done.
Resolving deltas: 100% (394234/394234), done.
Checking connectivity... done.
```

일단 Ceph 깃 리파지토리를 복제한 후 CMakeLists.txt 파일을 편집해 작성하려는 새로운 클래스를 위해 일부분을 추가한다.

소스 트리에서 다음과 같이 파일을 편집한다.

~/ceph/src/cls/CMakeLists.txt

또한 이 파일에 다음과 같은 내용을 넣는다.

```
# cls_md5
set(cls_md5_srcs md5/cls_md5.cc)
add_library(cls_md5 SHARED ${cls_md5_srcs})
set_target_properties(cls_md5 PROPERTIES
   VERSION "1.0.0"
   SOVERSION "1"
   INSTALL_RPATH "")
install(TARGETS cls_md5 DESTINATION ${cls_dir})
target_link_libraries(cls_md5 crypto)
list(APPEND cls_embedded_srcs ${cls_md5_srcs})
```

cmakelist.txt 파일이 업데이트된 후 다음 명령을 실행해 빌드 환경을 만들기 위해 cmake를 이용한다.

do_cmake.sh

이 명령은 다음과 같은 결과를 보여준다.

```
-- Configuring done
-- Generating done
-- Build files have been written to: /home/vagrant/ceph/build
+ cat
+ echo 40000
+ echo done.
done.
```

이는 소스 트리에 build 디렉토리를 생성한다.

RADOS 클래스를 빌드하기 위해서는 make 명령을 포함한 필수 패키지를 설치해야
한다.

```
sudo apt-get install build-essentials
```

또한 Ceph 소스 트리에는 실행 시 나머지 필수 패키지를 설치하는 install-deps.sh
파일이 있다.

RADOS 클래스

다음 코드는 객체를 읽어 MD5 해시를 계산하고, 어떤 클라이언트의 개입 없이 객체에
속성으로 계산된 해시를 쓰게 하는 RADOS 클래스 예제다. 이 클래스가 호출될 때마
다 OSD 로컬에서 이 작업이 1000번 반복돼 이 프로세싱의 결과만 클라이언트에 통보
된다. 다음은 그 작업을 위한 과정이다.

1. 새로운 RADOS 클래스를 위한 디렉토리를 생성한다.

```
mkdir ~/ceph/src/cls/md5
```

2. 이제 C++ 소스 파일을 생성한다.

3. 그 파일 내에 다음 코드를 넣는다.

```
#include "objclass/objclass.h"
#include <openssl/md5.h>

CLS_VER(1,0)
CLS_NAME(md5)

cls_handle_t h_class;
cls_method_handle_t h_calc_md5;

static int calc_md5(cls_method_context_t hctx, bufferlist *in,
bufferlist *out)
{
   char md5string[33];

   for(int i = 0; i < 1000; ++i)
   {
      size_t size;
      int ret = cls_cxx_stat(hctx, &size, NULL);
      if (ret < 0)
         return ret;

      bufferlist data;
      ret = cls_cxx_read(hctx, 0, size, &data);
      if (ret < 0)
         return ret;
      unsigned char md5out[16];
      MD5((unsigned char*)data.c_str(), data.length(), md5out);
      for(int i = 0; i < 16; ++i)
         sprintf(&md5string[i*2], "%02x", (unsigned int)md5out[i]);
      CLS_LOG(0,"Loop:%d - %s",i,md5string);
      bufferlist attrbl;
```

```
        attrbl.append(md5string);
        ret = cls_cxx_setxattr(hctx, "MD5", &attrbl);
        if (ret < 0)
        {
            CLS_LOG(0, "Error setting attribute");
            return ret;
        }
    }
    out->append((const char*)md5string, sizeof(md5string));
    return 0;
}

void __cls_init()
{
    CLS_LOG(0, "loading cls_md5");
    cls_register("md5", &h_class);
    cls_register_cxx_method(h_class, "calc_md5", CLS_METHOD_RD |
            CLS_METHOD_WR, calc_md5, &h_calc_md5)
}
```

4. 앞서 생성한 build 디렉토리를 변경하고 make를 이용해 새로운 RADOS 클래스를 생성한다.

```
cd ~/ceph/build
make cls_md5
```

이 명령은 다음과 같은 결과를 보여준다.

```
vagrant@ansible:~/ceph/build$ make cls_md5
Scanning dependencies of target cls_md5
[  0%] Building CXX object src/cls/CMakeFiles/cls_md5.dir/md5/cls_md5.cc.o
[100%] Linking CXX shared library ../../lib/libcls_md5.so
[100%] Built target cls_md5
```

5. 이제 클러스터의 OSD에 새로운 클래스를 복사한다.

```
sudo scp vagrant@ansible:/home/vagrant/ceph/build/lib/libcls_md5.so*
/usr/lib/rados-classes/
```

이 명령은 다음과 같은 결과를 보여준다.

클래스를 로드하기 위해 OSD를 재시작한다.

이제 새로운 클래스가 로드됐다는 Ceph OSD 로그를 볼 수 있다.

클러스터의 모든 OSD 노드에서 이를 반복 수행한다.

librados 애플리케이션 클라이언트

앞서 언급했듯이 두 개의 librados 애플리케이션을 사용할 것이다. 클라이언트에서 MD5 해시를 직접 연산하기 위한 애플리케이션과 RADOS 클래스를 호출해 MD5 해시를 연산하게 하는 애플리케이션이다. 두 애플리케이션 모두 테스트 클러스터에 모니터 노드에서 실행돼야 하지만, 모든 노드에서 컴파일 가능하며 원하는 노드로 복사할 수 있다. 이 예제에서는 목적에 맞춰 모니터 노드에서 직접 애플리케이션을 컴파일한다.

시작하기 전에 모니터 노드에 빌드 환경이 출력됐는지 확인한다.

144

```
apt-get install build-essential librados-dev
```

클라이언트에서 MD5 계산

다음 코드는 librados 클라이언트 애플리케이션 예제다. OSD에서 객체를 읽고 클라이언트 객체의 MD5 해시를 계산하고, 그 결과 값을 다시 객체의 속성으로 쓰는 애플리케이션이다. 이는 프로세싱 위치의 차이만 있을 뿐 RADOS 클래스와 같은 방식으로 계산하고 저장한다.

새 파일 rados_md5.cc을 생성해 그 안에 다음 코드를 넣는다.

```cpp
#include <cctype>
#include <rados/librados.hpp>
#include <iostream>
#include <string>
#include <openssl/md5.h>

void exit_func(int ret);

librados::Rados rados;

int main(int argc, const char **argv)
{
    int ret = 0;

    // 변수 정의
    const char *pool_name = "rbd";
    std::string object_name("LowerObject");
    librados::IoCtx io_ctx;

    // RADOS 객체 생성 및 초기화
    {
        ret = rados.init("admin"); // 기본 client.admin 키링 사용
        if (ret < 0) {
```

```cpp
        std::cerr << "Failed to initialize rados! error " << ret << std::endl;
        ret = EXIT_FAILURE;
    }
}

// 기본 위치에서 ceph 환경설정 파일 읽기
ret = rados.conf_read_file("/etc/ceph/ceph.conf");
if (ret < 0) {
    std::cerr << "Failed to parse config file "
              << "! Error" << ret << std::endl;
    ret = EXIT_FAILURE;
}

// Ceph 클러스터 연결
ret = rados.connect();
if (ret < 0) {
    std::cerr << "Failed to connect to cluster! Error " << ret << std::endl;
    ret = EXIT_FAILURE;
} else {
    std::cout << "Connected to the Ceph cluster" << std::endl;
}

// RADOS 풀로 연결 생성
ret = rados.ioctx_create(pool_name, io_ctx);
if (ret < 0) {
    std::cerr << "Failed to connect to pool! Error: " << ret << std::endl;
    ret = EXIT_FAILURE;
} else {
    std::cout << "Connected to pool: " << pool_name << std::endl;
}
for(int i = 0; i < 1000; ++i)
{
    size_t size;
    int ret = io_ctx.stat(object_name, &size, NULL);
    if (ret < 0)
        return ret;
```

```
        librados::bufferlist data;
        ret = io_ctx.read(object_name, data, size, 0);
        if (ret < 0)
            return ret;
        unsigned char md5out[16];
        MD5((unsigned char*)data.c_str(), data.length(), md5out);
        char md5string[33];
        for(int i = 0; i < 16; ++i)
            sprintf(&md5string[i*2], "%02x", (unsigned int)md5out[i]);
        librados::bufferlist attrbl;
        attrbl.append(md5string);
        ret = io_ctx.setxattr(object_name, "MD5", attrbl);
        if (ret < 0)
        {
            exit_func(1);
        }
    }
    exit_func(0);
}

void exit_func(int ret)
{
    // 정리 및 종료
    rados.shutdown();
    exit(ret);
}
```

RADOS 클래스를 통해 OSD에서 MD5 계산

마지막으로 다음 코드 샘플은 클라이언트로부터 또는 클라이언트로 데이터를 전송하지 않고 로컬에서 MD5 해시를 연산하게 OSD에 지시하기 위한 librados 애플리케이션이다. 마지막에 주어진 코드는 librados 읽기 또는 쓰기 구문이 없고 MD5 해시 생성을 위한 exec 함수만 있음을 알아둬야 한다.

새로운 파일 rados_class_md5.cc를 생성하고 그 안에 다음 코드를 넣는다.

```cpp
#include <cctype>
#include <rados/librados.hpp>
#include <iostream>
#include <string>

void exit_func(int ret);

librados::Rados rados;

int main(int argc, const char **argv)
{
    int ret = 0;

    // 변수 정의
    const char *pool_name = "rbd";
    std::string object_name("LowerObject");
    librados::IoCtx io_ctx;
    // RADOS 객체 생성 및 초기화
    {
        ret = rados.init("admin"); // 기본 client.admin 키링 사용
        if (ret < 0) {
            std::cerr << "Failed to initialize rados! error " << ret << std::endl;
            ret = EXIT_FAILURE;
        }
    }

    // 기본 위치에서 ceph 환경설정 파일 읽기
    ret = rados.conf_read_file("/etc/ceph/ceph.conf");
    if (ret < 0) {
        std::cerr << "Failed to parse config file "
                << "! Error" << ret << std::endl;
        ret = EXIT_FAILURE;
    }

    // Ceph 클러스터 연결
```

```
    ret = rados.connect();
    if (ret < 0) {
        std::cerr << "Failed to connect to cluster! Error " << ret << std::endl;
        ret = EXIT_FAILURE;
    } else {
        std::cout << "Connected to the Ceph cluster" << std::endl;
    }

    // RADOS 풀 연결 생성
    ret = rados.ioctx_create(pool_name, io_ctx);
    if (ret < 0) {
        std::cerr << "Failed to connect to pool! Error: " << ret << std::endl;
        ret = EXIT_FAILURE;
    } else {
        std::cout << "Connected to pool: " << pool_name <<
        std::endl;
    }
    librados::bufferlist in, out;
    io_ctx.exec(object_name, "md5", "calc_md5", in, out);
    exit_func(0);
}

void exit_func(int ret)
{
    // 정리 및 종료
    rados.shutdown();
    exit(ret);
}
```

이제 두 애플리케이션을 컴파일할 수 있다.

```
vagrant@mon1:~$ g++ rados_class_md5.cc -o rados_class_md5 -lrados -std=c++11
vagrant@mon1:~$ g++ rados_md5.cc -o rados_md5 -lrados -lcrypto -std=c++11
```

애플리케이션이 성공적으로 컴파일되면 어떠한 출력도 없을 것이다.

테스트

이제 각 실행 시간을 측정하기 위해 기본 리눅스 time 유틸리티를 사용해 두 librados 애플리케이션을 실행시킬 것이다.

```
time sudo ./rados_md5
```

이 명령은 다음과 같은 결과를 보여준다.

```
vagrant@mon1:~$ time sudo ./rados_md5
Connected to the Ceph cluster
Connected to pool: rbd

real    0m4.708s
user    0m0.084s
sys     0m1.008s
```

속성이 실제로 생성됐는지 확인한다.

```
sudo rados -p rbd getxattr LowerObject MD5
```

이 명령은 다음과 같은 결과를 보여준다.

```
vagrant@mon1:~$ sudo rados -p rbd getxattr LowerObject MD5
9d40bae4ff2032c9eff59806298a95bdvagrant@mon1:~$
```

객체 속성을 삭제해보자. RADOS 클래스가 실행될 때 올바르게 속성을 생성하는지 확인할 수 있다.

```
sudo rados -p rbd rmxattr LowerObject MD5
```

그러고 나서 이제 RADOS 클래스를 통해 MD5 계산을 수행하는 애플리케이션을 실행시킨다.

```
time sudo ./rados_class_md5
```

이 명령은 다음과 같은 결과를 보여준다.

```
vagrant@mon1:~$ time sudo ./rados_class_md5
Connected to the Ceph cluster
Connected to pool: rbd

real    0m0.038s
user    0m0.004s
sys     0m0.012s
```

보다시피 RADOS 클래스 메소드를 사용해 훨씬 더 빠르며, 실제 거의 두 자릿수 더 빨라진다.

그러나 속성이 생성됐고 코드가 수천 번 실행됐는지도 확인해보자.

```
sudo rados -p rbd getxattr LowerObject MD5
```

이 명령은 다음과 같은 결과를 보여준다.

```
vagrant@mon1:~$ sudo rados -p rbd getxattr LowerObject MD5
9d40bae4ff2032c9eff59806298a95bdvagrant@mon1:~$
```

RADOS 클래스에 삽입된 로깅logging으로 인해 RADOS 클래스가 수천 번 실행됐음을 확인하기 위해 OSD 로그도 검사할 수 있다.

```
0 <cls> /home/vagrant/ceph/src/cls/md5/cls_md5.cc:30: Loop:984 - 9d40bae4ff2032c9eff59806298a95bd
0 <cls> /home/vagrant/ceph/src/cls/md5/cls_md5.cc:30: Loop:985 - 9d40bae4ff2032c9eff59806298a95bd
0 <cls> /home/vagrant/ceph/src/cls/md5/cls_md5.cc:30: Loop:986 - 9d40bae4ff2032c9eff59806298a95bd
0 <cls> /home/vagrant/ceph/src/cls/md5/cls_md5.cc:30: Loop:987 - 9d40bae4ff2032c9eff59806298a95bd
0 <cls> /home/vagrant/ceph/src/cls/md5/cls_md5.cc:30: Loop:988 - 9d40bae4ff2032c9eff59806298a95bd
0 <cls> /home/vagrant/ceph/src/cls/md5/cls_md5.cc:30: Loop:989 - 9d40bae4ff2032c9eff59806298a95bd
0 <cls> /home/vagrant/ceph/src/cls/md5/cls_md5.cc:30: Loop:990 - 9d40bae4ff2032c9eff59806298a95bd
0 <cls> /home/vagrant/ceph/src/cls/md5/cls_md5.cc:30: Loop:991 - 9d40bae4ff2032c9eff59806298a95bd
0 <cls> /home/vagrant/ceph/src/cls/md5/cls_md5.cc:30: Loop:992 - 9d40bae4ff2032c9eff59806298a95bd
0 <cls> /home/vagrant/ceph/src/cls/md5/cls_md5.cc:30: Loop:993 - 9d40bae4ff2032c9eff59806298a95bd
0 <cls> /home/vagrant/ceph/src/cls/md5/cls_md5.cc:30: Loop:994 - 9d40bae4ff2032c9eff59806298a95bd
0 <cls> /home/vagrant/ceph/src/cls/md5/cls_md5.cc:30: Loop:995 - 9d40bae4ff2032c9eff59806298a95bd
0 <cls> /home/vagrant/ceph/src/cls/md5/cls_md5.cc:30: Loop:996 - 9d40bae4ff2032c9eff59806298a95bd
0 <cls> /home/vagrant/ceph/src/cls/md5/cls_md5.cc:30: Loop:997 - 9d40bae4ff2032c9eff59806298a95bd
0 <cls> /home/vagrant/ceph/src/cls/md5/cls_md5.cc:30: Loop:998 - 9d40bae4ff2032c9eff59806298a95bd
0 <cls> /home/vagrant/ceph/src/cls/md5/cls_md5.cc:30: Loop:999 - 9d40bae4ff2032c9eff59806298a95bd
```

작은 작업을 반복하는 경우 클라이언트와 OSD 간의 통신 오버헤드가 실제로 증가된다. OSD로 직접 프로세싱을 이동시킴으로써 이를 근절할 수 있다.

■ RADOS 클래스 주의사항

Ceph의 RADOS 클래스를 통해 유용한 능력이 있음을 알고 있을지라도, 이는 OSD의 깊은 곳에서 사용자 정의된 코드를 호출함으로써 수행됐음을 알아야 한다. 따라서 고유의 RADOS 클래스상 버그에 유의해야 한다. RADOS 클래스에는 Ceph 클러스터의 데이터를 수정하는 기능이 있다. 따라서 우연한 데이터 손상이 쉽게 발생할 수 있다. RADOS 클래스가 OSD 프로세스를 중단시킬 수도 있다. 클래스가 대규모 클러스터 작업에 사용되는 경우 이러한 기능은 클러스터의 모든 OSD에 영향을 주기 때문에 오류를 막기 위해 오류 처리가 적절히 수행되는지에 대해 주의를 기울여야 한다.

■ 요약

이제 RADOS 클래스가 무엇이며 작업을 직접 OSD로 옮겨 처리 속도를 높이기 위해 어떻게 사용하는지 이해했다. 루아를 통해 간단한 클래스 빌드부터 C++를 통한 Ceph 소스 트리에 클래스를 개발하기까지 해결하고자 하는 문제가 무엇이든 RADOS 클래스를 빌드하기 위한 지식을 갖춰야 한다. 이러한 개념을 기반으로 대량의 스토리지와 컴퓨터 자원을 제공하기 위한 Ceph 클러스터의 스케일아웃 특성의 이점을 얻을 수 있는 좀 더 큰 애플리케이션을 막힘없이 빌드할 수 있다.

RADOS 객체 클래스 사용 방식에 대한 더 많은 예제는 https://github.com/ceph/ceph/blob/master/src/cls/hello/cls_hello.cc에 있는 Ceph 소스 트리의 `hello` 객체 클래스를 참조하라.

07

Ceph 모니터링

Ceph 클러스터를 운영할 때 상태^{health}와 성능을 모니터링하는 것이 중요하다. Ceph를 모니터링함으로써 클러스터가 완전한 정상 상태로 운영되고 있으며, 발생 가능한 모든 문제에 빠르게 대응할 수 있음을 확인할 수 있다. 성능 카운터를 수집하고 그래프화함으로써 Ceph를 조정하고 클러스터로의 조정 영향을 관찰하기 위해 요구되는 데이터를 가질 수 있다.

7장에서 다루는 내용은 다음과 같다.

- Ceph 모니터링이 중요한 이유
- Ceph의 상태 모니터링 방법
- 모니터링이 필요한 요소

- PG의 상태와 의미
- `collectd`를 이용한 Ceph의 성능 카운터 수집 방법
- 그라파이트^{Graphite}를 이용한 예제 그래프

Ceph 모니터링이 중요한 이유

Ceph를 모니터링해야 하는 가장 중요한 이유는 클러스터가 건강한 상태로 실행되고 있는지를 확인하기 위한 것이다. Ceph가 건강한 상태로 실행되고 있는 것이 아니라면 장애 디스크나 다른 이유로 서비스 상실이나 데이터 손실률이 증가된다. Ceph가 여러 가지 시나리오에서 복구하는 데 고도로 자동화돼 있지만, 어떤 일이 일어나고 있는지 수동적인 개입이 필요한지 반드시 알고 있어야 한다.

모니터링이 단순히 장애를 찾아내기 위한 것은 아니다. 사용되는 디스크 공간 등 여러 메트릭^{metic}을 모니터링하는 것은 디스크 장애를 발견하는 것만큼 중요하다. Ceph 클러스터가 가득 채워진 경우 I/O 요청 수락을 중단할 것이며, 향후 OSD 장애로부터 복구될 수 없을 것이다.

결과적으로 운영체제와 Ceph 성능 메트릭 모두를 모니터링해서 성능 문제를 파악하고 튜닝 기회를 알아볼 수 있게 한다.

모니터링이 필요한 요소

모니터링이 필요한 요소는 간단하게 말하면 모든 것 또는 가능한 한 많은 것이라 답할 수 있다. 어떤 시나리오가 당신과 클러스터에 강요되는지 예측할 수 없고, 올바른 모니터링과 경고 기능은 정상적으로 상황을 넘겨주거나 완전히 중단하는 것의 차이를 의미할 수 있다. 다음은 모니터링이 필요한 요소를 정도에 따라 내림차순으로 정리한 목록이다.

Ceph 상태

가장 중요한 것은 Ceph의 상태를 얻는 것이다. 주요 보고 항목은 클러스터의 전체적인 상태며, health_OK, Health_Warning, Health_Critical 중 하나가 된다. 이러한 상태를 모니터링함으로써 Ceph 자체가 뭔가 잘못됐다고 생각될 때 경고를 확인할 수 있다. 뿐만 아니라 PG와 여러 degraded 객체의 상태를 수집하고 실제로 Ceph 서버에 로그온하지 않고 문제점에 대한 추가 정보를 제공할 수 있으며, 그 상태를 검사하기 위한 Ceph 도구 모음을 사용할 수 있다.

운영체제 및 하드웨어

Ceph 소프트웨어를 실행시키는 운영체제의 현재 상태와 기본적인 하드웨어의 상태를 수집하는 것이 좋다. CPU 및 RAM 사용량 같은 것들을 수집해 잠재적인 위험이 오기 전에 가능한 자원 부족에 대해 경고하기 위한 것이다. 이런 데이터의 장기적인 분석을 통해 Ceph를 위한 하드웨어 선택에 도움을 준다. 디스크, PSU 및 팬 같은 하드웨어 장애를 수집하기 위해 하드웨어를 모니터링하는 것이 좋다. 대부분의 서버 하드웨어는 이중화돼 있기 때문에 degraded 상태로 실행되고 있는 것인지 모니터링하지 않는다면 명확하게 드러나지 않을 수 있다. 또한 본드[bonded] 환경에서 이용 가능한 두 NIC가 동작하고 있는지를 확인하기 위해 네트워크 연결을 모니터링하는 것이 좋다.

Smart stats

운영체제의 고급 모니터링 도구 모음을 사용해 디스크의 활력을 살피는 것이 좋다. 이는 장애 디스크나 비정상적인 오류율의 디스크를 표시해준다. SSD의 경우 장애가 발생할 가능성에 대한 지표를 나타내는 플래시 셀의 마모율을 측정할 수 있다. 마지막으로 디스크의 온도를 수집해 서버가 과열되지 않게 한다.

네트워크

Ceph는 신뢰할 수 있는 네트워크를 사용하므로 오류나 성능상의 문제를 위해 네트워크 장치를 모니터링하는 것이 좋다. 대부분의 네트워크 장치는 이러한 데이터를 얻기 위해 SNMP를 통하면 얻을 수 있다. 또한 점보 프레임jumbo frames을 사용하면 점보 프레임이 네트워크상에서 제대로 동작하고 있는지를 지속적으로 확인하기 위해 일부 자동화된 핑ping 모니터링을 고려할 수도 있다. 예상치 못한 변경들이 점보 프레임을 전달하는 네트워크의 기능에 영향을 주어 Ceph 클러스터가 갑자기 잘못돼 혼란을 야기할 수 있다.

성능 카운터

운영체제와 Ceph에서 성능 카운터를 모니터링함으로써 Ceph 클러스터 수행 방식을 더 잘 이해할 수 있게 하는 풍부한 지식을 얻을 수 있다. 스토리지가 허용하는 한 많은 메트릭 수집을 시도할 가치가 있다. 이 메트릭이 언제 필요해질 것인지 알 수는 없다. 이전에는 이 문제와 연관 없을 것이라 생각됐던 메트릭이 갑자기 실제 원인을 밝히는 문제로 판명되는 경우가 종종 있다. 이 점에 있어서 핵심 메트릭만 모니터링하는 전통적인 방식은 매우 한계가 있다.

리눅스에서 실행되는 대부분의 모니터링 에이전트는 자원 소비에서 파일 시스템 사용까지 방대한 메트릭을 캡처할 수 있게 한다. 어떤 메트릭을 수집할 수 있는지 분석하거나 이러한 메트릭을 적절히 설정하는 데 들이는 시간은 충분히 가치가 있다. 일부 모니터링 에이전트는 Ceph를 위한 플러그인을 갖고 있다. 이는 **osd**와 **mon** 노드 같은 Ceph의 여러 구성 요소에서 모든 성능 카운터를 가져올 수 있다.

▌ PG 상태: 좋은, 나쁜, 이상한

Ceph의 각 플레이스먼트 그룹placement group은 하나 이상의 상태를 갖고 있다. 일반적으로 여러분은 모든 PG를 active+clean 상태이기를 바란다. 각 상태가 의미하는 것을 이해하면 PG에서 발생되는 일이 무엇인지 어떤 조치가 필요한지 파악하는 데 도움이 된다.

좋은 상태

건강하게 동작 중인 클러스터를 나타내는 상태며, 조치를 취할 필요가 없다.

active 상태

active 상태는 PG가 완전히 건강하며 클라이언트 요청을 수락할 수 있음을 의미한다.

clean 상태

clean 상태는 PG의 객체가 올바른 개수만큼 복제돼 모두 일관된 상태에 있음을 의미한다.

스크러빙과 딥 스크러빙

스크러빙scrubbing은 Ceph가 데이터의 일관성을 검사하며, 이는 정상적인 백그라운드 프로세스다. 스크러빙 자체는 Ceph가 객체와 관련 메타데이터가 존재하는지 검사한다. Ceph가 딥 스크럽deep scrub을 수행할 때 객체 내용과 복제본의 일관성을 비교한다.

나쁜 상태

Ceph가 완전히 건강하지 않지만 즉각적인 문제를 일으키지 않음을 나타내는 상태다.

inconsistent 상태

inconsistent 상태는 스크럽 처리 중 Ceph가 복제본과 일관되지 않은 하나 이상의 객체를 찾아냈음을 의미한다. 이 오류를 다루는 방법에 대해서는 이 책의 문제 해결을 살펴보자.

backfilling, backfill_wait, recovering, recovery_wait 상태

Ceph가 한 OSD에서 다른 OSD로 데이터를 복사하거나 이동시키는 상태를 의미한다. 이는 PG가 원하는 수의 복제본보다 적다는 것을 의미할 수도 있다. 대기^{wait} 상태에 있는 경우 이는 각 OSD의 쓰로틀^{throttles}로 인해 Ceph가 클라이언트 작업에 대한 영향을 줄이기 위해 동시 작업 수를 제한한다는 것을 의미한다.

degraded 상태

degraded 상태는 PG가 없거나 하나 이상의 객체 복사본이 오래됐음을 의미한다. 이는 일반적으로 recovery/backfill 프로세스에 의해 수정된다.

Remapped

active가 되게 하기 위해 PG가 현재 다른 OSD나 OSD 세트에 매핑된다. 이는 OSD가 다운됐지만 나머지 OSD로 복구되지 않을 때 발생할 수 있다.

이상한 상태

이 상태는 원치 않는 상태일 것이다. 나중에 어떤 상태가 표시되면 클러스터에 접속하는 클라이언트가 영향 받을 가능성이 매우 높으며, 이 상황이 해결되지 않으면 데이터 손실이 발생할 수 있다.

incomplete 상태

incomplete 상태는 Ceph가 현재 클러스터에 올라와 있는 OSD의 PG 내에 유효한 객체 복사본을 찾을 수 없음을 의미한다. 이는 객체가 단순히 존재하지 않거나 이용 가능한 객체가 현재 이용 불가능한 OSD에서 일어난 새로운 쓰기 작업을 놓쳤다는 것일 수 있다.

down 상태

incomplete 상태와 유사하게 이용 불가능한 OSD에 존재할 가능성이 있다고 알려진 객체가 PG에 없는 상태다.

backfill_toofull 상태

Ceph가 데이터를 복구하려고 했지만 OSD 디스크에 공간이 부족해서 계속할 수 없는 상태다. 이런 상태를 해결하기 위해 추가 OSD가 필요하다.

▌ collectd를 이용한 Ceph 모니터링

7장의 앞에서 Ceph 인프라 전체에 대해 수행해야 할 모니터링에 대해 다뤘다. 경고 모니터링은 이 책의 범위를 벗어나 있지만, 이제 collectd를 이용해 Ceph 성능 메트릭을 수집하고, 그라파이트Graphite에 이를 저장한 후 마지막으로 그라파나Grafana를 이용해 그래프로 대시 보드를 생성한다. 이 수집된 메트릭은 8장에서 Ceph 클러스터를 조정하기 위해 사용될 수 있다.

테스트 클러스터의 모니터 노드 중 하나에 이 모니터링 인프라를 빌드할 것이다. 제품 클러스터에서는 전용 서버를 이용하기를 권장한다.

그라파이트

그라파이트는 대량의 메트릭을 저장하는 데 탁월한 시계열^{time series} 데이터베이스며, 데이터를 다루기 위해 애플리케이션이 사용할 수 있는 성숙한 쿼리 언어를 갖고 있다.

먼저 필수 그라파이트 패키지를 설치해야 한다.

```
sudo apt-get install graphite-api graphite-carbon graphite-web
```

이 명령은 다음과 같은 결과를 보여준다.

스토리지 스키마 파일 /etc/graphite/storage-schemas.conf를 수정해 다음 내용을 넣는다.

```
[carbon]
pattern = ^carbon\.
retentions = 60:90d
[default_1min_for_1day]
```

160

```
pattern = .*
retentions = 60s:1d
```

그리고 이제 다음 명령을 실행해 그라파이트 데이터베이스를 생성할 수 있다.

```
sudo graphite-manage syncdb
```

이 명령은 다음과 같은 결과를 보여준다.

```
You have installed Django's auth system, and don't have any superusers defined.
Would you like to create one now? (yes/no): yes
Username (leave blank to use 'root'):
Email address:
Password:
Password (again):
Superuser created successfully.
```

프롬프트가 표시되면 루트 사용자를 위한 비밀번호를 설정한다.

```
sudo apt-get install apache2 libapache2-mod-wsg
```

이 명령은 다음과 같은 결과를 보여준다.

```
vagrant@ansible:~$ sudo apt-get install apache2 libapache2-mod-wsgi
Reading package lists... Done
Building dependency tree
Reading state information... Done
The following additional packages will be installed:
  apache2-bin apache2-data apache2-utils libaprutil1-dbd-sqlite3 libaprutil1-ldap liblua5.1-0 libpython2.7 ssl-cert
Suggested packages:
  www-browser apache2-doc apache2-suexec-pristine | apache2-suexec-custom openssl-blacklist
The following NEW packages will be installed:
  apache2 apache2-bin apache2-data apache2-utils libapache2-mod-wsgi libaprutil1-dbd-sqlite3 libaprutil1-ldap
  liblua5.1-0 libpython2.7 ssl-cert
0 upgraded, 10 newly installed, 0 to remove and 122 not upgraded.
Need to get 2,538 kB of archives.
After this operation, 9,814 kB of additional disk space will be used.
Do you want to continue? [Y/n]
```

그라파이트 웹 서비스와 기본 아파치 사이트의 충돌을 막기 위해 다음과 같은 명령을 사용해 기본 아파치 사이트를 비활성화할 필요가 있다.

```
sudo a2dissite 000-default
```

이 명령은 다음과 같은 결과를 보여준다.

```
vagrant@ansible:~$ sudo a2dissite 000-default
Site 000-default disabled.
To activate the new configuration, you need to run:
  service apache2 reload
vagrant@ansible:~$
```

이제 아파치 환경설정에 아파치 그라파이트 설정을 복사할 필요가 있다.

```
sudo cp /usr/share/graphite-web/apache2-graphite.conf
/etc/apache2/sites-available
sudo a2ensite apache2-graphite
```

이 명령은 다음과 같은 결과를 보여준다.

```
vagrant@ansible:~$ sudo a2ensite apache2-graphite
Enabling site apache2-graphite.
To activate the new configuration, you need to run:
  service apache2 reload
vagrant@ansible:~$
```

아파치 서비스를 재시작한다.

```
sudo service apache2 reload
```

그라파나

apt 리파지토리 파일을 편집해 그라파나grafana를 위한 리파지토리를 추가한다.

```
sudo nano /etc/apt/sources.list.d/grafana.list
```

파일 내에 다음 내용을 넣고 저장한다.

```
deb https://packagecloud.io/grafana/stable/debian/ jessie main
```

이제 gpg 키를 검색하기 위해 다음 명령을 실행하고 패키지 리스트를 업데이트한다.

```
curl https://packagecloud.io/gpg.key | sudo apt-key add -
sudo apt-get update
```

다음 명령을 사용해 그라파나를 설치한다.

```
sudo apt-get install grafana
```

이 명령은 다음과 같은 결과를 보여준다.

표준 베이그런트^{Vagrant} 환경설정으로는 그라파나가 제공하는 HTTP 포트에 연결할 수 없을 것이다. 그라파나에 접근하기 위해 로컬 머신에 ssh 포트 3000을 통해 포트 포워딩을 해야 한다.

다음 스크린샷은 PuTTY를 사용하는 예다.

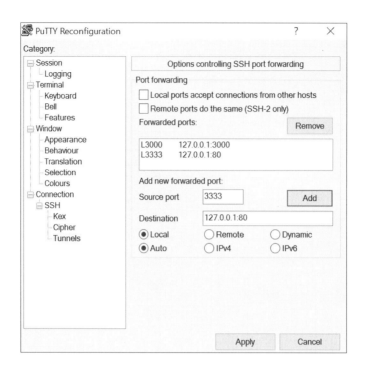

이제 URL http://localhost:3000을 사용해 그라파나 홈페이지에 접속해야 한다. 데이터 소스로 이동한 다음 새롭게 설치된 그라파나 설치를 가져오도록 설정한다.

Save & Test 버튼을 클릭할 때 녹색 성공 표시줄이 나타나면 그라파이트와 그라파나를 성공적으로 설치하고 설정한 것이다.

collectd

이제 그라파이트와 그라파나를 볼 수 있게 설치했으므로, 그래프를 생성할 수 있게 일부 데이터를 입력해야 한다. collectd는 메트릭을 그라파이트로 출력할 수 있는 잘 알려진 메트릭 모음 도구이다. 핵심 collectd는 매우 작은 애플리케이션으로, 메트릭을 모으기 위해 일련의 플러그인을 사용해 스토리지용 그라파이트 같은 애플리케이션으로 이를 포워딩한다.

Ceph 노드로부터 메트릭을 모으기 전에 그라파이트와 그라파나를 설치한 VM에 collectd를 설치하자. collectd와 이를 구성하는 데 필요한 프로세스에 대해 질 이해하기 위해 이 작업을 수행한다. 그런 다음 모든 Ceph 노드에 collectd 설치 및 설정하기 위해 앤서블^{Ansible}을 사용할 것이다. 이것이 제품 환경으로 출시하게 되는 경우 권장하는 접근 방식이다. 다음과 같은 명령을 수행한다.

```
sudo apt-get install collectd-core
```

이 명령은 다음과 같은 결과를 보여준다.

```
vagrant@ansible:~$ sudo apt-get install collectd-core
Reading package lists... Done
Building dependency tree
Reading state information... Done
The following additional packages will be installed:
  fontconfig libdatrie1 libdbi1 libgraphite2-3 libharfbuzz0b libltdl7 libpango-1.0-0 libpangocairo-1.0-0
  libpangoft2-1.0-0 librrd4 libthai-data libthai0 rrdtool
Suggested packages:
  collectd-dev librrds-perl liburi-perl libhtml-parser-perl libregexp-common-perl libconfig-general-perl
  apcupsd bind9 ceph hddtemp ipvsadm lm-sensors mbmon memcached mysql-server | virtual-mysql-server nginx
  notification-daemon nut openvpn olsrd pdns-server postgresql redis-server slapd time-daemon varnish
  zookeeper libatasmart4 libesmtp6 libganglia1 libhiredis0.13 libmemcached11 libmodbus5 libmysqlclient20
  libnotify4 libopenipmi0 liboping0 libowcapi-3.1-1 libpq5 libprotobuf-c1 librabbitmq4 librdkafka1
  libsensors4 libsigrok2 libsnmp30 libtokyotyrant3 libupsclient4 libvarnishapi1 libvirt0 libyajl2
  default-jre-headless
The following NEW packages will be installed:
  collectd-core fontconfig libdatrie1 libdbi1 libgraphite2-3 libharfbuzz0b libltdl7 libpango-1.0-0
  libpangocairo-1.0-0 libpangoft2-1.0-0 librrd4 libthai-data libthai0 rrdtool
0 upgraded, 14 newly installed, 0 to remove and 122 not upgraded.
Need to get 2,193 kB of archives.
After this operation, 8,419 kB of additional disk space will be used.
Do you want to continue? [Y/n]
```

이는 collectd와 표준 운영체제 자원을 요청하기 위한 기본 플러그인 셋을 설치하는 것이다. 다음과 같은 위치에 샘플 환경설정이 저장돼 있다.

```
/usr/share/doc/collectd-core/examples/collectd.conf
```

모든 핵심 플러그인과 샘플 환경설정 옵션이 나열돼 있다. 여러 플러그인과 환경설정 옵션에 대해 알려면 이 파일을 살펴보는 것이 좋다. 다만 이 예제에서는 빈 설정 파일로 시작하고 기본 자원으로 구성된다.

1. 다음과 같은 명령을 사용해 새로운 collectd 환경설정 파일을 생성한다.

```
sudo nano /etc/collectd/collectd.conf
```

2. 이 파일 안에 다음과 같은 내용을 추가한다.

```
Hostname "ansible"

LoadPlugin cpu
LoadPlugin df
LoadPlugin load
LoadPlugin memory
LoadPlugin write_graphite

<Plugin write_graphite>
  <Node "graphing">
      Host "localhost"
      Port "2003"
      Protocol "tcp"
      LogSendErrors true
      Prefix "collectd."
      StoreRates true
      AlwaysAppendDS false
      EscapeCharacter "_"
  </Node>
</Plugin>
<Plugin "df">
  FSType "ext4"
</Plugin>
```

3. 다음 명령을 사용해 collectd 서비스를 재시작한다.

```
sudo service collectd restart
```

4. 이제 그라파나로 돌아가서 대시보드 메뉴 항목을 탐색하자. 새로운 대시보드를 생성하기 위해 화면 중앙의 버튼을 클릭한다.

5. Graph를 선택하고 대시보드에 새로운 그래프를 추가한다. 예제 그래프가 보일 것이다. 이 예제 그래프를 편집해 자신만의 그래프로 대체한다. 이를 위해 그래프 타이틀을 클릭해 플로팅^{floating} 메뉴가 나타나게 한다.

6. 그래프 위젯 편집 화면으로 넘어가기 위해 Edit를 클릭한다. 여기서 다음과 같은 버튼 메뉴 박스에 보이는 **휴지통** 아이콘을 선택해 가짜 그래프 데이터를 삭제할 수 있다.

7. 이제 드롭다운 메뉴에서 Panel data source를 추가해야 할 graphite 소스로 변경하고 Add query 버튼을 클릭한다.

8. 쿼리 박스가 편집 패널 상단에 보일 것이다. 전과 같이 세 개의 버튼이 있는 메뉴 박스를 갖고 있다. 여기서 세 개의 가로선이 있는 버튼을 클릭해 쿼리 편집기를 편집 모드로 전환할 수 있다.

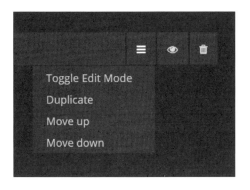

Toggle Edit Mode 옵션으로 쿼리 편집기를 클릭하고 선택 모드로 전환할 수 있다. 여기서 이용 가능한 메트릭을 탐색하고 기본 쿼리와 텍스트 편집기 모드를 빌드할 수 있다. 클릭 및 선택 모드는 메트릭의 이름을 모르고 기본 쿼리를 생성하려는 경우에 유용하다. 고급 쿼리의 경우 텍스트 편집기가 필요하다.

먼저 기본 편집기 모드를 이용해 그래프를 위한 쿼리는 만들 것이다. 그다음 7장의 나머지 부분을 위해 텍스트 모드로 전환해 이 책에서 쿼리를 더 쉽게 복사할 수 있게 한다.

먼저 collectd가 설치된 VM의 시스템 로드를 그래프로 보여주자.

이제 앞서 주어진 그래프를 생성해 시스템 로드를 보여줄 것이다.

+ 기호를 클릭해 데이터에 대해 다른 기능을 적용해 쿼리를 확장할 수 있다. 여러 데이터 소스를 함께 추가하거나 평균을 찾는 데 사용할 수 있다. Ceph 성능을 분석하기 위해 몇 가지 쿼리를 만들 때 해당 장에서 더 자세히 다룬다. 계속하기 전에 쿼리 형태를 확인하기 위해 쿼리 편집 모드를 텍스트 모드로 전환한다.

메트릭 트리의 각 부분이 점^{dot}으로 구분돼 있음을 알 수 있다. 이는 그라파이트 쿼리 언어가 동작하는 방식이다.

앤서블을 통한 colledctd 배포

모니터링 스택이 제대로 설치되고 동작하고 있는지 확인했으므로 앤서블을 이용해 모든 Ceph 노드에 collectd를 설치하고 이를 모니터링할 수 있다.

ansible 디렉토리로 전환한다.

```
cd /etc/ansible/roles
git clone https://github.com/fiskn/Stouts.collectd
```

앤서블 파일인 site.yml을 편집해 mon과 osd를 위한 플레이즈^{plays}에 collectd 롤을 추가한다. 그러면 다음과 같은 것을 볼 수 있다.

```
- hosts: mons
  gather_facts: false
  become: True
  roles:
  - ceph-mon
  - Stouts.collectd
```

group_vars/all을 편집해 다음과 같이 만든다.

```
collectd_use_ppa: yes
collectd_use_ppa_latest: yes
collectd_ppa_source: 'deb http://pkg.ci.collectd.org/deb xenial collectd-5.7'

collectd_write_graphite: yes
collectd_write_graphite_options:
  Host: "ansible"
  Port: 2003
  Prefix: collectd.
  # Postfix: .collectd
  Protocol: tcp
  AlwaysAppendDS: false
  EscapeCharacter: _
  LogSendErrors: true
  StoreRates: true
  SeparateInstances: true
  PreserveSeparator: true

collectd_ceph: yes
```

이제 site.yml 플레이북을 실행시킨다.

```
ansible-playbook -K site.yml
```

이 명령은 다음과 같은 결과를 보여준다.

```
RUNNING HANDLER [Stouts.collectd : collectd restart] ***************************
changed: [osd2]
changed: [osd3]
changed: [osd1]

PLAY RECAP *********************************************************************
mon1                       : ok=67    changed=8    unreachable=0    failed=0
mon2                       : ok=61    changed=6    unreachable=0    failed=0
mon3                       : ok=61    changed=6    unreachable=0    failed=0
osd1                       : ok=65    changed=6    unreachable=0    failed=0
osd2                       : ok=63    changed=6    unreachable=0    failed=0
osd3                       : ok=63    changed=6    unreachable=0    failed=0
```

마지막 상태에서 앤서블은 모든 Ceph 노드에 collectd를 배치하고 collectd Ceph 플러그인을 설정했는지 확인해야 한다. 그라파나에서 이제 이용 가능한 메트릭을 출력해주는 Ceph 노드를 확인할 수 있어야 한다. 다음은 모니터 노드 중 하나다.

예제에서 이제 Ceph 클러스터에 저장된 객체 개수를 보여주는 그래프를 생성할 수 있다. 그라파나에 새로운 그래프를 생성해 다음과 같은 쿼리를 넣는다.

```
collectd.mon1.ceph.mon.mon1.ceph_bytes.Cluster.numObject
```

이는 다음과 같은 그래프를 생성한다.

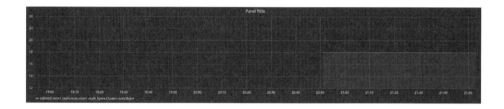

이용 가능한 메트릭을 통해 탐색하는 데 약간의 시간을 소요하는데, 다음 절을 진행하기 전에 이것에 익숙한지 확인하는 것이 좋다.

Ceph를 위한 그라파이트 쿼리 예제

간단히 개별 메트릭을 선택해 매우 유용한 그래프를 생성할 수 있지만, 그라파이트의 기능을 활용해 그래프를 생성할 수 있다. 이는 Ceph 클러스터에 훨씬 더 상세한 통찰력을 제공한다. 다음 그라파이트 쿼리는 일반적인 그래프를 생성하는 데 유용하며,

사용자 정의 쿼리를 만드는 첫 시작점이기도 하다.

Up과 In 상태의 OSD 개수

빠르게 대시보드를 훑어보고 얼마나 많은 OSD가 Up 및 In 돼 있는지 확인하는 것이 좋다.

```
maxSeries(collectd.mon*.ceph.mon.mon*.ceph_bytes.Cluster.numOsdIn)

maxSeries(collectd.mon*.ceph.mon.mon*.ceph_bytes.Cluster.numOsdUp)
```

maxiseries 기능의 사용을 기억하자. 이는 모든 mon 노드로부터 데이터를 가져오고 최댓값을 얻을 수 있게 한다.

가장 비정상으로 동작하는 OSD 보기

CRUSH가 각 OSD의 PG를 배치하는 방식 때문에 OSD당 PG의 완벽한 밸런싱은 불가능할 것이다. 다음 쿼리는 10개의 비정상적인 OSD를 보여주는 그래프를 생성해 PG 밸런싱이 유익한 것인지 확인할 수 있게 한다. 다음과 같은 코드를 활용할 수 있다.

```
mostDeviant (10, collectd.osd*.df.var-lib-ceph-osd-ceph-*.df_complex.used)
```

전체 OSD를 관통하는 IOPs의 전체 개수

이는 모든 OSD로부터 모든 op 메트릭을 합산하기 위해 sumSeries 기능과 와일드카드를 사용한다.

```
sumSeries(collectd.osd*.ceph.osd.*.ceph_rate.Osd.op)
```

읽기 및 쓰기 동작을 알리는 각각의 카운터인 opR과 opW가 있다.

전체 OSD를 관통하는 전체 MBps

마찬가지로 op 카운터처럼 각 OSD에 MBps를 알려주는 카운터가 있다. sumSeries 기능도 사용할 수 있다. 다음과 같은 코드를 활용할 수 있다.

```
sumSeries(collectd.osd*.ceph.osd.*.ceph_rate.Osd.{opInBytes,opOutBytes})
```

클러스터 용량 및 사용량

다음의 두 쿼리는 클러스터의 전체 바이트 용량과 사용 중인 바이트 수를 보여준다. 사용 중인 공간의 비율을 확인하기 위해 그라파나에서 파이 차트를 생성하는 데 이를 이용할 수 있다. 이 카운터는 복제 전의 원시 용량을 보여준다.

```
maxSeries(collectd.mon*.ceph.mon.mon*.ceph_bytes.Cluster.osdBytes)
```

```
maxSeries(collectd.mon*.ceph.mon.mon*.ceph_bytes.Cluster.osdBytesUsed)
```

평균 지연시간

다음의 두 쿼리는 클러스터의 평균 지연시간을 그래프로 표현하기 위한 것이다. 작업 당 I/O 크기가 커질수록 평균 지연시간은 증가된다. I/O가 클수록 처리 시간이 더 길어지기 때문이다. 따라서 평균 I/O 크기가 시간에 따라 변경되는 경우 이 그래프는 클러스터 지연시간을 명확하게 보여주지 못한다. 평균 지연시간을 확인하기 위해 다음과 같은 코드를 활용할 수 있다.

```
averageSeries(collectd.osd*.ceph.osd.*.ceph_latency.Osd.opWLatency)
```

174

```
averageSeries(collectd.osd*.ceph.osd.*.ceph_latency.Osd.opRLatency)
```

커스텀 ceph collectd 플러그인

표준 collectd Ceph 플러그인은 모든 Ceph 성능 카운터를 수집하기에 좋지만, 완전한 클러스터 상태 및 성능에 대해 검토하기 위한 모든 필수 데이터를 수집하는 데는 부족하다. 이번 절에서는 전체 성능 통계당 PG 상태와 좀 더 실질적인 지연시간 수치를 수집하기 위한 추가적인 사용자 정의 collectd 플러그인 사용 방식을 알아본다.

1. SSH를 통해 mon 노드 중 하나로 이동해 다음과 같은 깃 리파지토리를 복제한다.

   ```
   git clone https://github.com/grinapo/collectd-ceph
   ```

2. collectd/plugins 디렉토리에 아래 ceph 디렉토리를 생성한다.

   ```
   sudo mkdir -p /usr/lib/collectd/plugins/ceph
   ```

3. 다음 명령을 사용해 /usr/lib/collectd/plugins/ceph에 plugins 디렉토리를 복사한다.

   ```
   sudo cp -a collectd-ceph/plugins/* /usr/lib/collectd/plugins/ceph/
   ```

4. 이제 플러그인을 활성화하기 위해 새로운 collectd 환경설정 파일을 생성한다.

   ```
   sudo nano /etc/collectd/collectd.conf.d/ceph2.conf
   ```

5. 새로운 collectd 환경설정 파일 내에 다음과 같은 설정 내용을 넣고 새 파일을 저장한다.

```
<LoadPlugin "python">
    Globals true
</LoadPlugin>
<Plugin "python">
    ModulePath "/usr/lib/collectd/plugins/ceph"

    Import "ceph_pool_plugin"
    Import "ceph_pg_plugin"
    Import "ceph_latency_plugin"

    <Module "ceph_pool_plugin">
        Verbose "True"
        Cluster "ceph"
        Interval "60"
    </Module>
    <Module "ceph_pg_plugin">
        Verbose "True"
        Cluster "ceph"
        Interval "60"
    </Module>
    <Module "ceph_latency_plugin">
        Verbose "True"
        Cluster "ceph"
        Interval "60"
        TestPool "rbd"
    </Module>
</Plugin>
```

지연시간 플러그인은 클러스터 지연시간을 결정하기 위해 RADOS 벤치[bench]를 사용한다. 이는 실제 RADOS 벤치를 실행시켜 클러스터에 데이터를 기록한다는 것을 의미한다. TestPool 매개변수는 RADOS 벤치 명령을 위한 타겟을 결정한다. 결과적으로 제품 클러스터에서는 이를 사용하기 위해 별개의 작은 풀을 생성하는 것이 좋다.

 Ceph의 크라켄 이후 배포판에 추가 플러그인을 사용하려 한다면 ceph_pg_plugin.py 파일을 편집해 fs_perf_stat에서 perf_stat까지 71개 라인의 변수명을 변경해야 한다.

6. collectd 서비스를 재시작한다.

```
service collectd restart
```

이제 평균 클러스터 지연시간을 다음과 같은 쿼리를 통해 얻을 수 있다.

```
collectd.mon1.ceph-ceph.cluster.gauge.avg_latency
```

이 수치는 64Kb 쓰기를 기반으로 한다. 따라서 OSD 메트릭과 달리 클라이언트 평균 I/O 크기에 따라 변경되지 않을 것이다.

▌ 요약

7장에서는 Ceph 클러스터와 그것을 지원하기 위한 인프라를 모니터링하는 데 대한 중요성을 배웠다. 또한 모니터링해야 하는 여러 구성 요소와 사용 가능한 예제 도구에 대한 이해도 높았을 것이다. 모니터링 솔루션과 함께 Ceph 클러스터의 현재 상태를 이해할 수 있게 하는 여러 PG 상태를 다뤘다. 마지막으로 collectd, 그라파이트, 그라파나로 구성된 확장성이 뛰어난 모니터링 시스템을 배포해 Ceph 클러스터의 상태 및 성능을 보여주는 전문적인 대시보드를 생성할 수 있었다.

08

Ceph 티어 구축

Ceph에서의 티어^{Tier} 구축 기능은 하나의 RADOS 풀^{pool} 위에 다른 풀을 겹칠 수 있게 하고, Ceph로 하여금 그들 간 객체 승격^{promote} 및 퇴거^{evict}를 지능적으로 할 수 있게 한다. 대부분의 환경에서 최상위 풀은 솔리드 스테이트 드라이브^{SSD} 같이 가장 빠른 스토리지 장치로 구성된다. 그리고 기반^{base} 풀은 시리얼 ATA^{SATA}나 시리얼 어태치드 SCSI^{SAS} 디스크같이 더 느린 스토리지 장치로 구성된다. 데이터 작업량이 비교적 적다면 Ceph를 사용함으로써 높은 용량의 스토리지를 제공할 수 있게 해주며, 빈번히 접근되는 데이터의 성능을 높은 수준으로 유지하게 해준다.

8장에서 다루는 내용은 다음과 같다.

*   Ceph의 티어 기능 동작 방식

- 티어 구축을 위해 알맞은 사용 예
- 하나의 티어에 두 풀을 설정하는 방법
- 티어를 위한 여러 튜닝 옵션

 이러한 티어 구축 기능을 사용하고자 한다면 적어도 쥬얼(Jewel) 릴리스 이상을 사용해야 한다. 이전 릴리스는 충분한 티어를 만들기 위해 필요한 기능의 수가 많이 빠져있다.

▌ 티어와 캐시

보통 캐시 티어^{cache tiering}라고 주로 서술되긴 하지만, Ceph 내에서의 기능으로는 캐시보다는 티어 기술로 생각하는 것이 좋다. 이 기능을 고려해보기 전에 이 두 기술의 차이점을 이해하는 것이 중요하다.

캐시는 일반적으로 데이터 모음으로의 접근을 가속화하기 위해 설계됐다. 여기서 지연 쓰기^{writeback} 캐시는 제외되는데, 데이터의 복제본이 하나가 아니기 때문이다. 또한 일반적으로 캐시로 데이터를 승급하는 데 약간의 오버헤드가 있다. 캐시는 더 짧은 시간에 동작하게 하며, 접근되는 모든 것이 캐시에 올라간다.

티어 또한 데이터 모음 접근을 가속화하기 위해 설계됐지만, 더 긴 시간을 기반으로 해서 전략으로 승급한다. 또한 어떤 데이터가 승급될지 좀 더 선택의 폭이 넓다. 주로 티어로 승급하는 동작은 전체적인 스토리지 성능에 적은 영향을 끼치기 때문이다. 또한 하나의 티어만이 데이터의 유효한 상태를 갖는 것은 티어 기술에서는 꽤 일반적이다. 그렇기 때문에 시스템의 모든 티어가 데이터 손실에 대한 같은 수준의 보호를 필요로 한다.

Ceph 티어 기능 동작 방식

한 번 RADOS 풀이 다른 RADOS 풀 위에 설정되면 Ceph 티어 기능은 기본 방식으로 동작한다. 기본 방식은 객체가 최상위 티어에 존재하지 않는 경우 기반 티어에 반드시 있어야 한다는 것이다. 클라이언트에서 오는 모든 객체 요청은 최상위 티어에 보내진다. OSD에 요청된 객체를 갖고 있지 않으면 티어 모드에 따라 기반 티어로 읽기 및 쓰기 요청을 내려보내proxy거나, 강제로 승급promote한다. 기반 티어는 최상위 티어를 통해 클라이언트로 요청 응답을 보낸다. 이 티어 기능은 클라이언트에는 투명하다. 그리고 특별한 클라이언트 환경설정을 필요로 하지 않는다.

티어 간 객체를 옮기는 티어 내부 동작에는 세 가지가 있다. 승급Promotion은 기반 티어에서 최상위 티어로 객체를 복사한다. 티어가 지연 쓰기 모드로 설정돼 있다면 최상위 티어에서 기반 티어로 객체의 내용을 갱신하기 위해 플러싱Flushing 동작이 사용된다. 마지막으로 최상위 티어 풀이 가득 차면 객체는 퇴거eviction 동작을 통해 퇴거된다.

두 티어 간에 어떤 객체가 이동되는지 결정하기 위해서 Ceph는 HitSet을 사용해서 객체로의 접근을 추적한다. HitSet은 모든 객체 접근의 집합이며, HitSet이 생성된 이후에 객체가 읽기 및 쓰기 요청을 받아 왔는지 결정할 때 참고한다. HitSet은 모든 객체로의 모든 접근을 저장하기(이는 큰 오버헤드를 야기한다)보다는 블룸 필터bloom filter를 사용해서 객체 접근을 통계적으로 추적한다. 블룸 필터는 단지 바이너리 상태만을 저장한다. 이는 객체가 접근 가능한지 아닌지 표기하며, 단일 HitSet에 객체로의 접근 수를 저장하는 개념은 없다. 객체가 다수의 최신 HitSet에 나타나고, 기반 풀에 있다면 승급될 것이다.

마찬가지로 최근 HitSet에 더 이상 나타나지 않는 객체는 최상위 티어에 부하가 더해지는 상황에서 플러싱이나 퇴거의 후보자가 된다. HitSet의 개수, 새 HitSet이 생성되는 빈도, 승급이 발생되기 위해 쓰기 및 읽기 I/O가 나타나야 하는 최근 HitSet의 요구 개수가 설정 가능하다. 최상위 티어의 크기 역시 설정 가능하고, 해당 티어가 존재하는 RADOS 풀의 사용 가능한 용량을 덜어낸다.

Ceph가 생성된 HitSet과 어떻게 상호작용하는지와 승급, 플러시, 퇴거가 발생할 때의 임계치^{threshold}를 설정 및 튜닝하기 위한 옵션이 다양하다. 이에 대해서는 8장 후반부에 더 자세히 살펴본다.

블룸 필터

Ceph에서 사용되는 블룸 필터^{bloom filter}는 각 객체의 접근 상태를 개별로 저장하지 않고, 객체가 HitSet의 구성인지 아닌지 추적하는 효율적인 방법을 제공한다. 이는 본질적으로 확률론적이며, 거짓 양성^{false positives}을 반환할 수는 있어도 절대 거짓 음성^{false negative}을 반환하지는 않는다. 이는 블룸 필터에 질의했을 때 아이템이 없음에도 있다고 보고할 가능성이 있지만, 있음에도 없다고 보고할 가능성은 없다는 것이다.

Ceph의 블룸 필터 사용은 모든 개별 접근을 저장하는 오버헤드 없이 수백만 개의 객체에 대한 접근을 효율적으로 추적할 수 있게 한다. 거짓 양성의 경우 객체가 부적합하게 승급됐다는 것을 의미할 수도 있다. 그러나 이것이 발생하는 가능성 및 이로 인한 작은 영향은 거의 문제가 되지 않는다.

티어 모드

HitSet의 내용을 Ceph가 어떻게 다루는지에 대한 명확한 동작을 정하기 위해 다양한 티어 모드가 있다. 그러나 대부분의 경우 지연 쓰기^{writeback} 모드가 사용될 것이다. 티어에서 사용 가능한 모드는 지연 쓰기, 포워드^{forward}, 읽기 포워드^{read-forward}, 프록시^{proxy}, 읽기 프록시^{read-proxy}가 있다. 다음은 이 모드들에 대한 간략한 소개와 그들이 어떻게 동작하는지 알아본다.

지연 쓰기

지연 쓰기 모드에서는 객체가 얼마나 자주 접근되느냐에 따라 읽기와 쓰기 모두 그 데이터가 최상위 티어로 승급된다. 최상위 티어의 객체는 수정 가능하고, 더티 객체 dirty object는 추후 풀에 플러시된다. 객체가 하위 티어나 하위 풀에서 읽히거나 써져야 한다면 Ceph는 지연시간에 최소한의 영향만을 갖는 그 동작을 시도하거나 직접 프록시proxy한다.

포워드

포워드 모드는 모든 요청을 최상위 티어에서 기반 티어로 승급 없이 전달한다. 이 포워드는 OSD가 클라이언트에게 올바른 OSD로 요청을 재전송하게 한다. 따라서 단순히 프록시하는 것보다 더 지연시간에 영향을 준다.

읽기 포워드

읽기 포워드 모드는 모든 쓰기를 강제로 승급한다. 그리고 이전의 포워드 모드와 같이 기반 풀base pool로의 모든 읽기를 클라이언트에 재전달redirect한다. 이는 최상위 풀을 쓰기 가속화를 위해서만 사용하길 바랄 경우 유용하다. 읽기 집중 SSD 위에 중첩된 쓰기 집중 SSD를 사용하는 것이 그 한 예다.

프록시

포워드 모드와 비슷하지만 승급 없이 모든 읽기 및 쓰기를 프록시한다는 것이 다르다. 요청을 프록시함으로써 OSD 자신은 기반 티어 OSD로부터 데이터를 가져와서 클라이언트에 전달한다. 이는 포워드 사용 시보다 오버헤드가 줄어든다.

읽기 프록시

읽기 포워드 모드와 비슷하지만 읽기를 프록시하고 쓰기 요청은 항상 승급한다. 지연 쓰기와 읽기 프록시 모드만이 엄밀한 테스트를 통과했다는 것을 알아두자. 따라서 다른 모드를 사용할 때는 조심해야 한나. 현새는 다른 모드를 사용함으로써 약간의 이득이 있을 수 있는데, 이는 추후 릴리스에서 사라질 가능성이 크다.

▌ 사용 예

8장 초반에 언급했듯이 티어 구축 기능은 캐시가 아니라 티어라는 것을 염두에 둬야 한다. 이렇게 말하는 이유는 대부분의 캐시를 사용할 수 없는 작업에서 성능 저하가 일반적으로 나타나지 않는 캐시 솔루션과 비교했을 때 승급 동작이 클러스터 성능에 좋지 않은 영향을 주기 때문이다. 이는 승급의 성능 영향이 주로 두 가지 이유에서 기인하기 때문이다. 첫 번째는 승급이 I/O 경로에서 일어나기 때문이다. 승급되는 전체 객체는 기반 티어에서 읽혀지고, I/O가 클라이언트에 반환되기 전에 최상위 티어에 써진다.

두 번째는 이 승급 동작 역시 플러시와 퇴거를 야기할 수 있기 때문이다. 이들은 두 티어 모두에 읽기와 쓰기를 더 많이 야기한다. 두 티어가 3배 복제를 사용한다면 단지 하나의 승급에도 많은 양의 쓰기 부하를 주기 시작할 것이다. 더 안 좋은 시나리오로 승급을 유발하는 단일 4KB 접근이 8MB 읽기 I/O와 24MB 쓰기 I/O를 두 티어 간에 야기할 수 있다. 이렇게 증가된 I/O는 지연시간을 높일 것이다. 따라서 승급은 고비용 연산으로 고려돼야 하며, 이를 최소화하기 위한 튜닝이 진행돼야 한다.

이러한 지식을 기반으로 Ceph 티어 구축은 데이터의 빈번한 입출력이 이뤄지는 부분이 최상위 티어에 잘 맞게 사용돼야 한다. 균일하게 무작위인 작업 부하는 아무런 이점을 보여주지 못할 것이고, 많은 경우 성능 저하를 야기할 것이다. 이는 승급이 가능한 적절한 객체가 없거나 너무 많은 승급이 발생했을 수 있다.

일반적인 가상머신을 위해 스토리지를 제공하는 대부분의 작업이 일반적으로 VM에 의해 적은 부분만 접근되기 때문에 좋은 후보가 될 것이다.

온라인 트랜잭션 처리^{OLTP, online transaction processing} 데이터베이스는 캐시나 티어와 함께 사용되면 보통 향상을 이룬다. 그들의 핫 데이터^{hot data}가 비교적 적고, 그 데이터 형태가 일관되기 때문이다. 그러나 보고^{reporting}나 일괄 처리 데이터베이스는 사전 준비 없이 넓은 범위의 데이터를 자주 요청할 수 있기 때문에 잘 맞지 않는다.

RADOS 블록 장치^{RBD} 작업은 특정 패턴을 갖지 않은 무작위 접근을 포함하거나 피해서는 안 되는 큰 읽기 및 쓰기 스트리밍을 포함하며, 캐시 티어의 추가에서 문제가 발생할 수 있다.

▌ Ceph에서 티어 생성

Ceph 티어 구축 기능을 테스트하기 위해서 두 RADOS 풀이 필요하다. 이 예제를 노트북이나 데스크톱 하드웨어에서 실행한다면 회전 디스크 기반 OSD도 사용할 수 있긴 하지만 읽기와 쓰기 집중이 발생한다면 SSD를 사용하기를 추천한다. 테스트 하드웨어에 여러 종류의 디스크가 있다면 기반 티어는 회전 디스크에 위치하고, 최상위 티어는 SSD에 위치할 수 있다.

다음과 같은 과정을 통해 티어를 생성해보자, 여기에 관련된 명령어는 Ceph tier다.

1. 두 RADOS 풀을 생성한다.

```
ceph osd pool create base 64 64 replicated

ceph osd pool create top 64 64 replicated
```

이 명령어는 다음과 같은 결과를 보여준다.

```
root@mon1:/home/vagrant# ceph osd pool create base 64 64 replicated
pool 'base' created
root@mon1:/home/vagrant# ceph osd pool create top 64 64 replicated
pool 'top' created
```

2. 두 개의 풀로 구성된 티어를 생성한다.

ceph osd tier add baser top

이 명령어는 다음과 같은 결과를 보여준다.

```
root@mon1:/home/vagrant# ceph osd tier add base top
pool 'top' is now (or already was) a tier of 'base'
```

3. 캐시 모드를 설정한다.

ceph osd tier cache-mode top writeback

이 명령어는 다음과 같은 결과를 보여준다.

```
root@mon1:/home/vagrant# ceph osd tier cache-mode top writeback
set cache-mode for pool 'top' to writeback
```

4. 최상위 티어를 생성하고 기반 티어 위에 위치시킨다.

ceph osd tier set-overlay base top

이 명령어는 다음과 같은 결과를 보여준다.

```
root@mon1:/home/vagrant# ceph osd tier set-overlay base top
overlay for 'base' is now (or already was) 'top'
```

5. 이제 티어가 설정됐다. 이 티어 에이전트가 동작하도록 명확하게 하려면 몇 가지 간단한 값을 설정해야 한다. 이것 없이 티어 메커니즘은 잘 동작하지 않을 것이다. 이러한 명령어는 풀에 변수를 설정하는 것임을 알아두자.

```
ceph osd pool set top hit_set_type bloom

ceph osd pool set top hit_set_count 10

ceph osd pool set top hit_set_period 60

ceph osd pool set top target_max_bytes 10000000
```

이 명령어는 다음과 같은 결과를 보여준다.

```
root@mon1:/home/vagrant# ceph osd pool set top hit_set_type bloom
set pool 5 hit_set_type to bloom
root@mon1:/home/vagrant# ceph osd pool set top hit_set_count 10
set pool 5 hit_set_count to 10
root@mon1:/home/vagrant# ceph osd pool set top hit_set_period 60
set pool 5 hit_set_period to 60
root@mon1:/home/vagrant# ceph osd pool set top target_max_bytes 100000000
set pool 5 target_max_bytes to 100000000
```

앞에 언급된 명령어는 단순히 Ceph에게 HitSet을 생성하되 블룸 필터를 사용하라고 지정하는 것이다. 새 HitSet을 매 60초마다 생성해야 하고, 오래된 걸 버리기까지 유지되는 개수는 10개다. 마지막으로 최상위 티어 풀은 100MB 이상 가질 수 없다. 이 한계에 도달하면 I/O 연산은 막힌다. 이러한 설정에 대한 더 자세한 설명은 다음 절에서 볼 수 있다.

6. 다음으로 Ceph가 최상위에서 기반 티어로 객체를 플러시하거나 퇴거하는 방법을 제어하기 위한 다양한 옵션을 설정할 수 있다.

```
ceph osd pool set top cache_target_dirty_ratio 0.4

ceph osd pool set top cache_target_full_ratio 0.8
```

이 명령어는 다음과 같은 결과를 보여준다.

```
root@mon1:/home/vagrant# ceph osd pool set top cache_target_dirty_ratio 0.4
set pool 5 cache_target_dirty_ratio to 0.4
root@mon1:/home/vagrant# ceph osd pool set top cache_target_full_ratio 0.8
set pool 5 cache_target_full_ratio to 0.8
```

이 예는 Ceph에게 최상위 티어가 40% 찼을 때 더티 객체를 최상위 티어에서 기반 티어로 플러시하기로 설정한다. 또한 최상위 티어가 80% 차면 객체가 퇴거돼야 한다.

7. 마지막으로 다음의 두 명령어는 Ceph가 플러시나 퇴거를 고려하기 전에 적어도 60초간은 어떤 객체라도 갖고 있어야 한다는 것을 지정한다.

```
ceph osd pool set top cache_min_flush_age 60
ceph osd pool set top cache_min_evict_age 60
```

이 명령어는 다음과 같은 결과를 보여준다.

```
root@mon1:/home/vagrant# ceph osd pool set top cache_min_flush_age 60
set pool 5 cache_min_flush_age to 60
root@mon1:/home/vagrant# ceph osd pool set top cache_min_evict_age 60
set pool 5 cache_min_evict_age to 60
```

▌ 티어 튜닝

무거운 부하에서도 기본적으로 잘 동작하는 Ceph의 많은 기능들과는 달리 Ceph 티어 구축 기능은 준수한 성능을 얻기 위해서는 다양한 매개변수를 잘 설정해야 한다. 따라서 작업의 I/O 특성에 대해 잘 이해하고 있어야 한다. 티어 구축은 여러분의 데이터 중 빈번하게 접근되는 핫 데이터hot data 비중이 적을 때 잘 동작한다. 균일하게 무작위이거나 순차적인 접근 형태를 포함하는 작업에는 향상을 보여주지 않고, 심지어 어떤 경우에는 성능 저하까지 야기한다.

플러시와 퇴거

먼저 살펴봐야 할 주 튜닝 옵션은 플러시나 퇴거를 해야 할 최상위 티어의 크기 제한 정의다.

다음의 두 가지 환경설정 옵션은 최상위 티어 풀에 저장할 수 있는 데이터의 최대 크기를 설정한다.

`target_max_bytes`

`target_max_objects`

크기는 바이트와 객체 개수 모두로 명시가 가능하며, 실제 풀과 같은 크기일 필요는 없지만 더 클 수는 없다. 크기는 RADOS 풀의 복제 이후에 사용 가능한 용량을 기반으로 한다. 3배 복제 풀의 경우 본래 용량의 1/3이 될 것이다. 풀의 바이트나 객체의 개수가 이 한계에 도달하면 I/O는 멈출 것이다. 그러므로 추후 다른 환경설정 옵션을 설정할 때 이 값에 달하지 않게 고려해야 한다. 이 설정을 값없이 설정하면 플러시나 퇴거는 이뤄지지 않을 것이다. 풀은 최대 한계까지 OSD를 채우고, I/O가 막힐 것이다.

Ceph가 RADOS 풀에서 기저 디스크 용량의 크기를 단순히 사용하지 않고 이 설정을 둔 이유는 크기를 명시함으로써 같은 디스크 모음에 여러 최상위 티어 풀을 둘 수 있기 때문이다.

이미 알아봤듯이 `target_max_bytes`는 풀에 티어된 데이터의 최대 크기를 지정한다. 그리고 이 한계에 도달하면 I/O는 멈춘다. RADOS 풀이 이 한계에 도달하지 않게 하려면 `cache_target_full_ratio`를 설정해 Ceph로 하여금 이 타겟을 위반했을 때 객체를 퇴거시킴으로써 `target_max_bytes`의 비율로 풀을 유지하게 해야 한다. 승급 이나 플러시와는 달리 퇴거는 꽤 저비용 동작이다.

cache_target_full_ratio

이 설정의 값은 0에서 1 사이의 값, 즉 비율로 설정 가능하다. target_max_bytes와 cache_target_full_ratio가 풀에 설정되긴 하지만, 내부적으로 Ceph는 이 값들을 PG 한계를 계산하는 데 사용한다. 이는 어떤 환경에서는 일부 PG들이 다른 것들보다 먼저 계산된 최대 한계에 도달할 수 있고, 때로 예기치 않은 결과를 일으킬 수 있다는 것을 의미한다. 때문에 cache_target_full_ratio를 높게 설정하는 것은 추천되지 않으며, 여유를 좀 두기를 권한다. 0.8이 보통 잘 동작한다.

cache_target_dirty_ratio

cache_target_dirty_high_ratio

이 두 가지 환경설정 옵션은 티어가 지연 쓰기 모드로 설정된 경우 Ceph가 더티 객체를 최상위 티어에서 기반 티어로 플러시할 때를 제어한다. 더티 객체는 최상위 티어에 있는 동안 수정된 객체를 말하며, 기반 티어에 있는 동안 수정된 객체는 더티 객체가 아니다. 플러시는 최상위 티어에서 객체를 기본 객체로 복사한다. 이것은 전체 객체를 쓰기 때문에 기반 티어는 이레이저 코드 풀일 수 있다. 동작은 비동기이며, RADOS 풀에서 I/O를 증가시키지 않는다. 또한 클라이언트 I/O에는 어떤 직접적인 영향도 주지 않는다. 객체는 보통 퇴거되는 속도보다는 느리게 플러시된다. 플러시가 퇴거에 비해 고비용 동작이기 때문에 필요한 경우 많은 수의 객체가 빠르게 퇴거될 수 있다.

이 두 비율 값은 동시에 수행되는 플러시 스레드 값을 제한함으로써 OSD가 허용하는 플러시 속도를 제어한다. 이는 osd_agent_max_ops와 osd_agent_max_high_ops OSD 환경설정 옵션을 통해 제어될 수 있다. 기본 값으로는 2와 4 병렬 스레드로 설정 돼 있다.

이론적으로 더티 객체의 비율은 보통 클러스터 사용에서는 낮은 더티 확률 근처를 유지해야 한다. 클러스터 지연시간에 영향을 최소화하기 위해 낮은 수준의 병행 플러시 스레드로 객체가 플러시돼야 한다는 것을 의미한다. 일반적인 쓰기 부하가 있을 때는 더티 객체의 개수는 아마 늘어날 것이다. 그러나 시간이 지나면서 이 쓰기들은 기반 티어로 플러시될 것이다.

그러나 저속도 플러시 허용 속도를 능가하는 지속적인 쓰기가 일정 기간 계속 되면 더티 객체의 개수가 늘어나기 시작한다. 희망하건데 이러한 높은 쓰기 I/O가 티어를 더티 객체로 가득 채울 때까지 계속되지 않기를 바란다. 이는 점진적으로 낮은 임계치로 줄여나갈 것이다. 그러나 더티 객체의 개수가 계속 늘어서 높은 비율에 도달하면 플러시 병행 스레드도 늘어나서 더티 객체가 더 늘어나는 것을 멈춰주길 기대한다. 한 번 쓰기량이 줄어들면 더티 객체의 개수도 낮은 비율로 다시 줄어들 것이다. 이러한 사건의 흐름은 다음 그래프처럼 묘사될 수 있다.

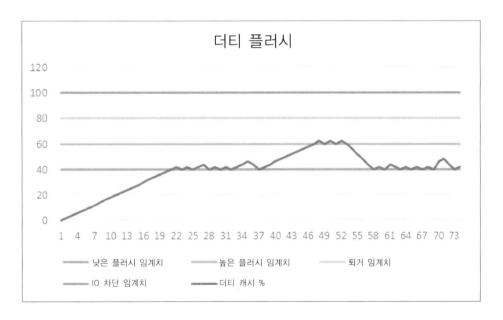

두 더티 비율은 일반적인 쓰기 부하를 높은 비율에 치닫지 않고 흡수할 수 있게, 그 두 값 사이에 충분한 여유가 있어야 한다. 높은 비율은 긴급한 한계로 여겨져야 한다.

적절한 값은 낮은 비율로는 0.4, 높은 비율로는 0.6부터 보면 된다.

osd_agent_max_ops 환경설정은 상황에 따라 적용돼야 한다. 일반적인 운영 상황에서 더티 객체의 개수는 낮은 더티 비율 근처에 있거나 약간 상회한다. 이러한 설정에 추천 값을 주기는 쉽지 않다. 이들은 크기의 비율 및 최상위 티어에서 기본 티어로의 성능에 크게 좌우되기 때문이다. 그러나 osd_agent_max_ops를 1부터 시작해서 필요에 따라 늘려나가고, osd_agent_max_high_ops는 그 두 배의 값으로 주면 될 것이다.

Ceph status 화면에서 고속 플러시가 발생하고 있다는 메시지를 본다면 osd_agent_max_ops를 늘리길 원할 것이다. 최상위 티어가 가득 차서 I/O가 멈추는 상황을 보게 되면 더티 객체로 가득 차는 걸 막기 위해 cache_target_dirty_high_ratio 변수 값을 줄이고, osd_agent_max_high_ops 변수 값을 늘릴 필요가 있다.

승급

살펴봐야 할 다음 튜닝 옵션은 HitSet을 정의하기 위한 것 중 하나며, 승급을 촉발하는 데 필요한 것이다.

---

hitset_count

hitset_period

---

hitset_count 설정은 오래된 HitSet이 제거되기 시작하기 전에 존재할 수 있는 개수를 설정한다. hitset_period 설정은 HitSet이 얼마나 자주 생성돼야 하는지 제어한다. 실험 환경에서 티어를 테스트한다면 HitSet을 생성하게 PG로의 I/O가 발생해야 한다는 것을 알아두자. 유휴 클러스터에서는 어떤 HitSet도 생성되거나 사라지지 않을 것이다.

적절하게 HitSet의 수와 그 생성 빈도를 제어하는 것은 객체가 승급됐을 때 신뢰성 있게 제어하기 위한 주 요소다. HitSet는 단지 객체가 접속됐는지 아닌지에 대한 데이터만을 갖는다는 것을 명심하자. 객체의 접근 횟수를 저장하지 않는다. `hitset_period`가 너무 크면 상대적으로 적게 접근되는 객체도 HitSet에 주로 나타날 것이다. 예를 들어 `hitset_period` 값이 2분이면 1분에 한 번 갱신되는 로그 파일이 위치하는 디스크 블록을 포함하는 RBD 객체는 1초에 100회 가까이 객체에 접근하기 때문에 모두 같은 HitSet에 있을 것이다.

반대로 기간이 너무 짧으면 접근이 빈번한 객체임에도 불구하고 승급을 위한 후보자를 만들기 위해 충분히 HitSet에 보이지 않을 것이다. 그리고 최상위 티어는 온전히 사용되지 않을 것이다. 적절한 HitSet 피리어드^{period}를 찾음으로써 빈번히 접근되는 객체의 적절한 크기가 승급 후보자가 되게끔 하는 I/O에 대한 올바른 시야를 가질 수 있다.

`min_read_recency_for_promote`

`min_write_recency_for_promote`

이 두 가지 설정은 승급돼야 할 객체가 보이는 가장 최근의 HitSet 개수를 정의한다. 가능성이라는 영향 때문에 꽤 빈번히 접근되는 객체 사이의 관계와 위 설정과의 관계는 선형이 아니다. 위 설정이 3이나 4로 설정되면 승급을 위해 가용한 객체의 수는 로그의 형태로 떨어진다. 알아둬야 할 것은 승급 결정이 읽기나 쓰기에 따라 독립적으로 이뤄질 수 있다 하더라도 둘 다 같은 HitSet 데이터를 참조한다. 읽기나 쓰기에 따라 접근을 결정할 방법이 없기 때문이다. 간편한 기능으로 `hitset_count` 설정보다 새로움^{recency} 값을 더 높게 설정하면 절대 승급되지 않을 것이다. `hitset_count` 설정보다 쓰기 새로움$^{write\ recency}$ 값을 더 높게 설정하면 쓰기 I/O에서는 객체가 절대 승급되지 않게 할 수 있다.

▋ 승급 쓰로틀링

먼저 다뤘듯이 승급은 티어에서 매우 고비용 동작이고, 꼭 필요할 때만 행해져야 하게 숙고해야 한다. 이는 대부분 HitSet을 조심스럽게 튜닝하고, 새로움 설정을 함으로써 이뤄진다. 그러나 승급의 영향을 제한하기 위해서 승급의 개수를 특정 속도로 제한하기 위한 추가적인 쓰로틀을 가할 수 있다. 이 제한은 바이트 수로 하거나 초당 객체 개수로 할 수 있으며, 다음과 같이 OSD 환경설정 옵션을 통해 가능하다.

```
osd_tier_promote_max_bytes_sec
```

```
osd_tier_promote_max_objects_sec
```

기본 제한 값은 4MBps이거나 초당 5 객체다. 최신 SSD의 성능에 비교하면 꽤 낮아 보인다. 주목적은 지연 시간에서의 승급의 영향을 최소화하는 것이다. 여러분의 클러스터에 좋은 균형을 찾기 위해 세세한 튜닝이 수행돼야 한다. 이 값은 OSD마다 설정된다는 것을 알아두자. 따라서 전체적인 승급 속도는 전체 OSD를 통한 합계가 될 것이다.

다음의 환경설정 옵션을 통해 플러시되는 객체를 위한 선택 프로세스를 튜닝하는 것이 가능하다.

```
hit_set_grade_search_last_n
```

이는 객체 온도 결정을 하기 위해 얼마나 많은 HitSet이 질의되는지 제어한다. 여기서 객체 온도란 해당 객체가 얼마나 자주 접근되는지를 반영하는 것이다. 콜드 객체는 드물게 접근되고, 핫 객체는 퇴거의 후보자가 되도록 매우 자주 접근되는 것을 말한다. 이를 새로움 설정과 같은 방식으로 설정하기를 추천한다. 다음과 같은 코드를 살펴보자.

```
hit_set_grade_decay_rate
```

이는 `hit_set_grade_search_last_n` 설정과 함께 동작하며, HitSet의 오래된 결과를 쇠퇴하게 한다. 다른 것보다 더 자주 접근되는 객체는 더 핫한[hotter] 비율을 가지며, 자주 접근되는 객체가 부적절하게 플러시되지 않게 한다. 객체가 플러시되거나 퇴거될 때 `min_flush`와 `evict_age` 설정을 통해 객체의 온도를 재작성할 수 있다는 것을 알아두자.

```
cache_min_flush_age
```

```
cache_min_evict_age
```

`cache_min_evict_age`와 `cache_min_flush_age` 설정은 간단히 객체가 플러시나 퇴거가 허용되기 전에 얼마나 오랫동안 수정 불가 상태에 놓이게 되는지를 정의한다. 이는 승급되기에는 충분하지 않은 객체를 티어 간 이동의 순환에서 계속 갇히게 되는 것을 방지하기 위해 사용된다. 이들을 10분에서 30분 사이의 값으로 설정하는 것이 가장 좋다. 이때 플러시나 퇴거돼야 할 객체가 없는 상황이 돼서 최상위 티어가 가득 차지 않게 고려해야 한다.

모니터링 매개변수

Ceph 클러스터 캐시 티어의 성능과 특성을 모니터링하기 위해서 모니터링할 성능 카운터가 여럿 존재한다. 여기서는 9장에서 다루는 관리 소켓을 통한 Ceph 성능 카운터 수집을 이미 할 수 있다고 가정하고 진행한다.

성능 카운터를 살펴볼 때 가장 중요하게 봐야 할 것은 Ceph에서 티어를 한 번 설정하면 모든 클라이언트 요청은 최상위 티어로 간다는 것이다. 따라서 기반 티어 OSD가 다른 풀에서 사용되지 않는다는 것을 가정하면 최상위 티어를 구성하는 OSD상 읽기 및 쓰기 동작 카운터만이 모든 요청을 보여줄 것이다. 기반 티어에 의해 다뤄지는 요청의 개수에 대해 이해하기 위해 이 값을 보여주는 프록시 동작 카운터가 있다. 이 프록시 동작 카운터 역시 최상위 OSD에서 계산된다. 따라서 티어로 구축된 Ceph 클러스터의 처리량^{thoughput}을 모니터링하기 위해서 계산에는 그저 최상위 OSD만 포함되면 된다.

다음은 Ceph에서 티어를 모니터링하기 위해 사용되는 카운터다. 모두 최상위 OSD에서 모니터링할 수 있다.

카운터	설명
op_r	OSD가 다루는 읽기 동작
op_w	OSD가 다루는 쓰기 동작
tier_proxy_read	기반 티어에 프록시되는 읽기 동작
tier_proxy_write	기반 티어에 프록시되는 쓰기 동작
tier_promote	기반 티어에서 최상위 티어로 승급된 개수
tier_try_flush	최상위 티어에서 기본티어로 플러시된 개수
tier_evict	최상위 티어에서 기반 티어로 퇴거된 개수

이레이저 코드 풀 티어 구축

현재의 Ceph는 이레이저 코드 풀에서의 덮어쓰기 동작은 지원하지 않는다. 따라서 RBD 이미지를 저장하기 위해 직접적으로 사용될 수 없다. 그러나 티어를 사용하면 이레이저 코드를 기본 풀로 사용하고 3배 복제 풀을 최상위 티어로 사용한다. 이는 빈번히 접근되는 데이터로 구성된 데이터 모음을 최상위 티어에 두고, 가끔 접근되는 콜드 데이터를 기본 이레이저 코드 티어에 두게 할 수 있다.

이 접근법에 주의가 필요한데, 이론적으로 멋진 아이디어인 것처럼 보이더라도 이러한 환경에서는 기본 이레이저 코드 풀로의 프록시 쓰기가 지원되지 않는다는 점을 잊어서는 안 된다. 기반 티어로의 모든 쓰기 동작은 최상위 티어로 먼저 승급돼야 한다. 적은 비율의 쓰기 동작이 기반 티어를 대상으로 시작한다 하더라도 클러스터의 디스크에 압도적이며 지속적인 승급과 플러시 동작 때문에 성능은 빠르게 떨어질 것이다. 이 방식은 객체의 수가 적거나 드문 쓰기 동작이 행해지는 경우에만 추천된다.

대체적인 캐시 메커니즘

기본 RADOS 티어 구축 기능이 그 유연성에 있어서 상당한 이점을 보여주고, 동일 Ceph 도구 모음을 통한 관리를 허용하기는 하지만, 블록 장치 수준에서의 전통적인 기능인 기타 캐시 기법에 비해 RADOS 티어가 갖는 성능상 한계를 인정할 수밖에 없다.

 Bcache는 리눅스 커널의 블록 장치 캐시다. 이는 SSD를 느린 블록 장치(예를 들면 회전 디스크)의 캐시로 사용 가능하게 한다.

Bcache는 SSD를 사용하는 Ceph의 성능 향상을 위해 가장 인기 있는 수단이다. 캐시하고자 하는 풀을 선택 가능한 RADOS 티어와는 달리 Bcache는 전체 OSD를 캐시한다. 이 캐시 방법은 성능상에 많은 이점을 가져온다. 첫째는 OSD 자체가 SSD 캐싱 덕분에 안정적인 응답 지연시간을 갖는다는 것이다. 파일스토어는 증가된 무작위 I/O 양을 모든 Ceph 요청에 덧붙인다. Ceph 요청이 연속적인 무작위인가 아닌가와 관계없이 말이다. Bcache는 이러한 무작위 I/O를 흡수하고 회전 디스크에서 방대한 순차적 I/O를 수행할 수 있게 한다. 이는 회전 디스크 OSD가 높은 지연시간을 보여주기 시작하는 곳에서 높은 사용률을 보여주는 동안 매우 유용하다. 둘째로 RADOS 티어 구축이 풀에 저장된 객체의 크기(RBD 작업에서는 기본 값이 4MB)로 동작하는 반면에 Bcache는 훨씬 더 작은 블록으로 데이터를 캐시한다. 이는 SSD 공간을 좀 더 잘 사용할 수 있게 하며 승급 오버헤드를 적게 한다.

Bcache에 할당된 SSD 공간은 또한 빈번히 접근되는 데이터를 위한 읽기 캐시로 사용될 수 있다. 이는 쓰기와 더불어 읽기 성능의 향상을 가져온다. Bcache가 이 공간을 읽기 캐시로만 사용하기 때문에 데이터 복제본 하나만을 저장하고, RADOS 티어 풀로 같은 SSD를 사용한 경우에 비교해서 3배 더 많은 읽기 캐시 공간을 갖는다.

그러나 RADOS 티어 풀의 사용이 여전히 매력적으로 보이게 하는 Bcache의 단점이 존재한다. 이미 언급했듯이 Bcache는 전체 OSD를 캐시한다. 어떤 경우에는 다수의 풀이 하나의 OSD에 존재한다. 이러한 바는 바라는 것은 아니다. 또한 한 번 Bcache가 SSD와 HDD로 설정되면 추후 필요시에 캐시의 양을 늘리기가 어렵다. 이는 여러분의 클러스터가 현재 어떤 캐시도 갖고 있지 않은 경우에도 해당된다. 이 경우 Bcache의 적용은 매우 파괴적이다. RADOS 티어를 사용하면 필요할 때 그저 추가적인 SSD나 특별히 설계된 SSD 노드를 최상위 티어에 추가 또는 확장하면 된다.

또 다른 접근은 회전 디스크 OSD를 RAID 컨트롤러와 배터리, 그리고 지연 쓰기 캐시 위에 두는 것이다. RAID 컨트롤러는 Bcache와 비슷한 역할을 수행하며, 파일스토어의 추가 메타데이터와 관련된 많은 무작위 쓰기 I/O를 흡수한다. 결과적으로 지연시간과 순차 쓰기 성능 모두 향상될 것이다. 그러나 읽기 성능은 늘지 않을 것인데, 상대적으로 작은 크기의 RAID 컨트롤러 캐시 때문이다. RAID 컨트롤러를 사용하면 OSD의 저널을 분리된 SSD에 사용하는 대신 직접 디스크에 넣을 수도 있다. 이렇게 하면 저널 쓰기가 RAID 컨트롤러 캐시에 의해 흡수된다. 또한 저널의 무작위 성능이 향상될 것이다. 대부분의 경우 저널은 컨트롤러 캐시에만 있을 것이다. 고려해야 할 사항은 들어오는 쓰기 부하가 컨트롤러 캐시의 용량을 넘어서는 경우 커널의 내용이 디스크에 플러시되기 시작하고, 성능이 떨어질 것이라는 것이다. 최적의 성능을 위해서는 파일스토어 저널을 위해 분리된 SSD나 NVMe가 사용돼야 한다. 적절한 성능과 캐시를 갖는 RAID 컨트롤러와 병행해야 하는 데에 따른 비용 문제를 고려해야 하긴 하지만 말이다.

두 방법 모두 고유의 장점이 있고, 클러스터상 캐시를 구현하기 전에 고려해야 할 점도 있다.

▌ 요약

8장에서는 Ceph RADOS 티어 구축 기능의 이면에 이론에 대해 살펴보고, 작업을 잘 처리하게 하기 위한 환경설정과 튜닝 절차에 대해 설펴봤다. 가장 중요한 것은 작업의 특성을 잘 이해하고, I/O 형태와 분포가 캐시 친화적인지 인지하는 것이다. 8장의 예제를 따라함으로써 티어 풀 구현을 위해 필요한 단계와 환경설정 옵션 적용 방법을 잘 이해했다.

09

Ceph 튜닝

수년간 개발자에 의한 연구와 수정으로 리눅스와 Ceph의 기본 환경설정이 안정적인 수준의 성능을 제공하기는 하지만, Ceph 관리자는 같은 하드웨어에서 더 높은 성능을 쥐어짜내길 원할 수 있다. 운영체제와 Ceph 모두를 튜닝함으로써 이러한 성능 향상을 이뤄낼 수 있다. 1장에서 Ceph 클러스터를 위해 하드웨어를 선택하는 방법을 알아봤다. 이제 어떻게 활용도를 높일 것인지 살펴보자.

9장에서 다루는 내용은 다음과 같다.

- 지연시간과 그 중요성
- 튜닝 시점
- 무조건적인 환경설정 옵션 설정의 위험성

- 벤치마크의 중요성과 무시해도 되는 시점
- 튜닝 결과를 관찰하는 것에 대한 중요성
- 꼭 봐야 할 중요한 튜닝 옵션

튜닝을 통해 얻을 수 있는 것은 모두 병목현상을 줄이는 것이라는 점을 알아두자. 한 부분에서 충분히 병목현상을 줄인다면 그 병목현상은 다른 곳으로 옮겨갈 것이다. 어딘가에는 반드시 병목현상이 있을 것이다. 그리고 결국에는 하드웨어가 가질 수밖에 없는 단순하고 명백한 한계점에 도달할 것이다. 그러므로 목표를 소프트웨어나 운영체제에서 병목현상을 줄여서 하드웨어가 갖는 최대한의 잠재력을 이끌어내는 것으로 잡아야 한다.

▌ 지연시간

벤치마크를 수행할 때 최종적으로는 지연시간의 결과를 측정한다. IOPS, MBps 등의 벤치마크 메트릭이나 더 고수준 애플리케이션 메트릭 등 기타 모든 메트릭은 요청에 대한 지연시간으로부터 파생된다.

IOPS는 초당 I/O 요청의 개수다. 각 요청의 지연시간은 IOPS에 직접적으로 영향을 끼치고, 다음과 같은 방정식으로 나타낼 수 있다.

$$IOP = \frac{1초}{지연시간}(초\ 단위)$$

요청당 평균 2밀리초의 지연시간은 각 요청이 동기화 기반으로 처리된다고 가정하면 대충 500 IOPS를 말한다.

$$1/0.002 = 500$$

MBps는 단순히 IOPS에 I/O 크기를 곱한 것이다.

$$500 \ \text{IOPS} \ \times \ 64 \ \text{KB} \ = \ 32{,}000 \text{KBps}$$

벤치마크를 수행할 때 실제로 이 지연시간의 결과를 측정하는 것이다. 그러므로 행해지는 모든 튜닝은 각 I/O 요청을 위한 종단 간 지연시간을 줄이는 것으로 이뤄져야 한다.

Ceph 클러스터의 다양한 구성 요소와 사용 가능한 여러 튜닝 옵션들을 벤치마크하는 방법으로 넘어가기 전에 전통적인 I/O 요청의 다양한 지연시간 출처에 대해 먼저 이해할 필요가 있다. 각 지연시간 출처를 각각의 분류로 잘게 나누고 나면 각 부분에서 벤치마크를 수행할 수 있을 것이다. 그리고 나면 각 단계에서 나타나는 부정적 튜닝이나 긍정적 튜닝을 신뢰성 있게 추적할 수 있다.

다음 그림은 Ceph 쓰기 요청 예제를 주 지연시간의 원천과 함께 보여준다.

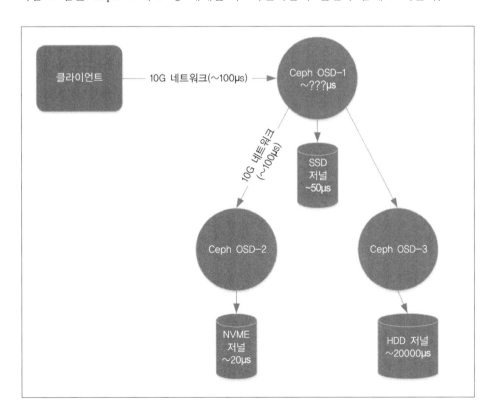

클라이언트를 시작으로 주 OSD로 닿기 위해 평균적으로 100마이크로초가 걸리는 것을 볼 수 있다. 1G 네트워크에서는 이 값은 1 밀리초에 가까이 도달할 것이다. 이 정보는 ping이나 iperf를 사용하면 두 노드 간 라운드트립round-trip 지연 시간을 측정할 수 있다.

이전 방정식에서 확인할 수 있듯이 1G 네트워크에서는 지연시간 출처가 없다 하더라도 그 최대 동기적 쓰기 IOPS의 한계가 1000이라는 것을 알 수 있다.

클라이언트가 그 자체로 지연시간을 발생시킨다 하더라도 다른 부분에 비하면 그 영향이 적다. 따라서 이 그림에는 표시되지 않았다.

다음으로 Ceph 코드를 수행하는 OSD가 요청을 처리함에 따라 지연시간을 발생시킨다. 이것을 정확하게 그려내는 것이 어렵지만, CPU의 속도에 영향을 받는다. 높은 주파수를 갖는 빠른 CPU 코드를 더 빠르게 수행하고 지연시간을 줄일 것이다. 이 책의 앞에서 주 OSD가 복제 세트set 내의 다른 두 OSD에 요청을 보낸다고 했다. 이는 둘 다 동시에 처리되기 때문에 두 배 복제2x replica에서 세 배 복제3x replica로 옮긴다고 하더라도 지연시간의 증가는 적다. 백엔드backend 디스크가 그 부하를 처리할 수 있다는 걸 가정한다면 말이다.

또한 주 OSD와 복제 OSD 사이에 추가적인 네트워크 홉hop이 있어서 이들이 각 요청에 지연시간을 더하기도 한다.

한 번 주 OSD가 요청을 저널에 커밋commit하고 모든 복제 OSD로부터 같은 작업이 완료됐다는 알림이 돌아오면 클라이언트로 알림을 되돌려 보낼 수 있고, 다음 I/O 요청을 받을 수 있다.

저널이 사용하는 매체의 종류에 따라 수용 지연시간이 다양할 수 있다. NVMe SSD는 요청을 10에서 20마이크로초 수준에서 처리할 수 있다. 반면에 SATA/SAS 기반 SSD는 보통 50~100마이크로초 수준에서 처리한다. NVMe 장치는 더 길어진 큐Queue 깊이와 함께라도 더 안정적인 지연시간을 보여준다. 이는 다수의 디스크가 하나의 SSD를 같은 저널로서 사용하는 것을 이상적이게 만들어준다. 하드 드라이브의 경우 I/O 크기 증가에 따라 꽤 일관된 지연시간을 제공함에도 불구하고 10 밀리초 정도로 측정된다.

작고 고성능 작업의 경우 하드 드라이브 지연시간은 전체적인 지연시간에 영향을 주기 때문에 SSD(NVMe가 더 좋다)를 사용해야 한다.

전체적으로 잘 설계되고 튜닝된 Ceph 클러스터에서는 이렇게 종합적인 부분에 대해 고려했을 때 평균 4KB 요청을 처리하는 데 보통 500~750마이크로초 정도 걸린다.

▌ 벤치마크

벤치마크는 튜닝이 어떤 영향을 미치는지 빠르게 확인하고, 클러스터가 가질 수 있는 한계를 결정하는 중요한 도구다. 그러나 벤치마크가 Ceph 클러스터에서 주로 실행되는 작업의 종류에 영향을 받는다는 것이 중요하다. 지연시간에 꽤 민감한 OLTP 데이터베이스를 수행하려 한다면 큰 블록 순차 읽기 및 쓰기를 가속화하기 위한 Ceph 클러스터 튜닝은 의미가 없다. 가능하다면 실생활 작업 부하와 같은 부하를 주기 위해 일상적인 소프트웨어를 사용해서 벤치마크를 수행해야 한다. 다시 한 번 말하지만 OLTP 데이터베이스를 예로 들면 데이터베이스 소프트웨어를 위한 벤치마크가 이미 있는지 살펴보라. 이는 가장 정확한 결과를 줄 것이다.

벤치마크 도구

다음 도구 목록은 벤치마크를 시작하기에 추천되는 도구들을 모아놓은 것이다.

Fio

유연한 I/O 테스트 도구인 fio^{flexible I/O tester}는 광범위한 환경설정 옵션을 통해 다양하고 복잡한 I/O 형태를 시뮬레이션할 수 있다. 로컬 블록 장치와 RBD 모두를 위한 플러그인을 갖고 있다. 즉, 리눅스 RBD 커널 드라이버를 통한 마운트를 통하거나 직접적으로 Ceph 클러스터에서 RBD를 테스트할 수 있다.

Sysbench

Sysbench는 OLTP 애플리케이션을 시뮬레이션하는 MySQL OLTP 테스트 스위트[suite]다.

Ping

이 겸손한 ping 도구를 경시하지 말자. 다양한 네트워크 문제를 분석할 수 있을 뿐 아니라 이것은 라운드트립 시간은 네트워크 연결의 지연시간에 대한 간편한 안내자가 된다.

iPerf

iPerf는 두 서버 간 대역폭을 결정짓기 위해 다양한 네트워크 테스트를 수행할 수 있게 한다.

네트워크 벤치마크

그 한계를 이해하고 잘못된 환경설정이 없음을 명확히 하기 위해 벤치마크를 해야 할 네트워크의 여러 부분이 있다.

표준 이더넷 프레임은 1500바이트다. **점보 프레임**[jumbo frame]은 보통 9000바이트다. 이렇게 늘어난 프레임 크기는 데이터 전송의 오버헤드를 줄인다. 점보 프레임으로 네트워크를 설정했다면 모든 서버와 네트워크 기기들에도 올바르게 설정됐는지 확인하는 것이 첫째다. 점보 프레임이 올바르지 않게 설정됐다면 Ceph는 추적하기가 어려운 이상한 무작위 동작을 표출할 것이다. 그러므로 점보 프레임이 적절하게 설정돼 있고 해당 네트워크상에서 Ceph 배포 전에 잘 동작하는 것을 확인하는 것이 중요하다.

점보 프레임이 잘 동작하는지 확인하기 위해서는 ping 수행 시 단편화하지 않겠다는 옵션을 사용해서 큰 패킷을 보내면 된다.

```
ping -M do -s 8972 <목적지 IP>
```

이 명령어는 점보 프레임을 사용하는 각 요소가 네트워크에 연결돼 있는지 확인하기 위해 모든 노드에 걸쳐 수행돼야 한다. 이것이 실패하면 Ceph 배포 전에 그 문제를 분석해서 찾아라. 추후 네트워크 변경이 이 문제를 또 야기할 수 있기도 하고, Ceph를 통해 점보 프레임 설정 실수를 분석하기는 불가능하기 때문에 이 테스트를 자동화하는 것이 가치가 있을 것이다.

다음으로 행할 사전 테스트는 ping 도구를 이용해서 라운드트립 시간을 측정하는 것이다. 패킷 크기 매개변수와 단편화 금지 플래그를 사용하면 최대 64KB 크기의 패킷에 대한 라운드트립 시간을 테스트할 수 있다.

다음은 10GBase-T 네트워크에 있는 두 호스트 간 읽기 테스트를 보여준다.

- 32B = 85마이크로초
- 4KB = 112마이크로초
- 16KB = 158마이크로초
- 64KB = 248마이크로초

앞에서 보듯이 더 큰 패킷 크기는 라운드트립 시간에 영향을 준다. 이것이 Ceph에서 더 큰 I/O 크기가 IOPS를 줄이는지 보여주는 것이다.

끝으로 만족스러운 성능을 보여주는지 확인하기 위해 두 호스트 간 대역폭을 테스트하자.

iperf -s를 iPerf 서버 역할을 할 서버에서 실행한다.

```
Server listening on TCP port 5001
TCP window size: 85.3 KByte (default)
```

그리고 나서 `ipref -c <iperf 서버 주소>`를 실행한다.

```
Client connecting to 10.1.111.1, TCP port 5001
TCP window size:  325 KByte (default)

[  3] local 10.1.111.5 port 59172 connected with 10.1.111.1 port 5001
[ ID] Interval       Transfer     Bandwidth
[  3]  0.0-10.0 sec  11.1 GBytes  9.51 Gbits/sec
```

이 예에서 보듯이 두 호스트는 10G 네트워크로 연결돼 있고, 거의 이론상 최대의 처리량을 보여준다. 올바른 결과를 볼 수 없다면 호스트 환경설정을 포함해서 네트워크를 분석하라.

디스크 벤치마크

Ceph 클러스터에 포함된 하드디스크와 SSD의 성능을 이해하는 것은 매우 중요하다. 이것이 Ceph 클러스터의 전체적인 성능을 예측할 수 있게 해주기 때문이다. 클러스터의 디스크를 벤치마크하기 위해서는 fio 도구를 사용하면 된다.

 쓰기 모드에서 운영 중이라면 fio를 주의 깊게 사용하라. 블록 장치를 명시하면 fio는 디스크에 이미 존재하는 데이터를 기꺼이 덮어쓸 것이다.

fio는 많은 환경설정 옵션을 갖는 복잡한 도구다. 9장의 목적을 위해서 기본적인 읽기 쓰기 벤치마크 수행에만 집중할 것이다.

1. Ceph OSD 노드에 fio 도구를 설치한다.

```
apt-get install fio
```

이 명령어는 다음과 같은 결과를 보여준다.

```
The following NEW packages will be installed
  fio
0 to upgrade, 1 to newly install, 0 to remove and 121 not to upgrade.
Need to get 368 kB of archives.
After this operation, 1,572 kB of additional disk space will be used.
Get:1 http://gb.archive.ubuntu.com/ubuntu xenial/universe amd64 fio amd64 2.2.10-1ubuntu1 [368 kB]
Fetched 368 kB in 5s (69.7 kB/s)
Selecting previously unselected package fio.
(Reading database ... 579847 files and directories currently installed.)
Preparing to unpack .../fio_2.2.10-1ubuntu1_amd64.deb ...
Unpacking fio (2.2.10-1ubuntu1) ...
Processing triggers for man-db (2.7.5-1) ...
Setting up fio (2.2.10-1ubuntu1) ...
```

2. 이제 새 파일을 열어서 다음과 같은 fio 환경설정을 입력한다.

```
[global]
ioengine=libaio
randrepeat=0
invalidate=0
rw=randwrite
bs=4k
direct=1
time_based=1
runtime=30
numjobs=1
iodepth=1
filename=/test.fio
size=1G
```

이 fio 설정은 단일 스레드의 4KB 임의 쓰기 테스트를 30초 동안 진행한다. 이는 1기
가바이트의 test.fio 파일을 파일 시스템 루트에 생성할 것이다. 블록 장치를 직접 대상
으로 삼고 싶다면 파일명을 블록 장치명으로 변경하면 된다. 그러나 이전에 경고했듯
이 블록장치의 모든 데이터는 덮어써질 것이다.

직접 쓰기 옵션을 사용했기 때문에 페이지 캐시는 I/O 동작을 가속화하지 않을 것이다.

fio 작업을 실행하기 위해 간단하게 `fio` 명령을 이전에 생성한 파일의 파일명과 함께 호출하면 된다.

`fio <파일명>`

이 명령어는 다음과 같은 결과를 보여준다.

```
file1: (g=0): rw=read, bs=4M-4M/4M-4M/4M-4M, ioengine=libaio, iodepth=1
fio-2.2.10
Starting 1 process
Jobs: 1 (f=1): [R(1)] [100.0% done] [100.0MB/0KB/0KB /s] [25/0/0 iops] [eta 00m:00s]
file1: (groupid=0, jobs=1): err= 0: pid=26999: Sun Mar 12 22:20:33 2017
  read : io=9496.0MB, bw=162052KB/s, iops=39, runt= 60005msec
    slat (usec): min=174, max=31852, avg=244.48, stdev=649.33
    clat (msec): min=15, max=338, avg=25.03, stdev=12.58
    lat (msec): min=15, max=338, avg=25.27, stdev=12.61
    clat percentiles (msec):
     |  1.00th=[   22],  5.00th=[   22], 10.00th=[   22], 20.00th=[   23],
     | 30.00th=[   23], 40.00th=[   23], 50.00th=[   24], 60.00th=[   24],
     | 70.00th=[   24], 80.00th=[   24], 90.00th=[   25], 95.00th=[   26],
     | 99.00th=[   80], 99.50th=[  102], 99.90th=[  182], 99.95th=[  223],
     | 99.99th=[  338]
    bw (KB  /s): min=77722, max=183641, per=100.00%, avg=163013.63, stdev=21774.82
    lat (msec) : 20=0.25%, 50=97.60%, 100=1.64%, 250=0.46%, 500=0.04%
  cpu          : usr=0.04%, sys=0.97%, ctx=2382, majf=0, minf=1036
  IO depths    : 1=100.0%, 2=0.0%, 4=0.0%, 8=0.0%, 16=0.0%, 32=0.0%, >=64=0.0%
     submit    : 0=0.0%, 4=100.0%, 8=0.0%, 16=0.0%, 32=0.0%, 64=0.0%, >=64=0.0%
     complete  : 0=0.0%, 4=100.0%, 8=0.0%, 16=0.0%, 32=0.0%, 64=0.0%, >=64=0.0%
     issued    : total=r=2374/w=0/d=0, short=r=0/w=0/d=0, drop=r=0/w=0/d=0
     latency   : target=0, window=0, percentile=100.00%, depth=1

Run status group 0 (all jobs):
   READ: io=9496.0MB, aggrb=162051KB/s, minb=162051KB/s, maxb=162051KB/s, mint=60005msec, maxt=60005msec
```

한 번 작업이 완료되면 fio는 이전의 스크린샷과 비슷한 결과를 생성한다. fio 작업은 평균적으로 39 IOPS와 162MBps로 실행된다. 또한 평균 지연시간은 25밀리초다.

지연시간 백분위를 쪼개놓은 것도 있다. 이는 요청 지연시간의 분포를 이해하는 데 도움이 된다.

RADOS 벤치마크

다음은 RADOS 계층을 벤치마크하는 것이다. 이는 디스크, Ceph 코드 및 추가적으로 복제된 데이터의 복제본의 오버헤드를 포함한 네트워크의 성능 등을 포함하는 복합 정보를 제공한다.

RADOS 커맨드라인 도구는 이미 포함된 벤치마크 명령어다. 기본적으로 16 스레드를 사용하며, 모두 4MB 객체를 쓴다. RADOS 벤치마크를 수행하기 위해서는 다음과 같은 명령어를 실행한다.

```
rados -p rbd bench 10 write
```

이 명령어는 10초 동안 쓰기 벤치마크를 수행한다.

```
Maintaining 16 concurrent writes of 4194304 bytes to objects of size 4194304 for up to 10 seconds or 0 objects
Object prefix: benchmark_data_ms-r1-c1-osd1_25645
  sec Cur ops   started  finished  avg MB/s  cur MB/s last lat(s)  avg lat(s)
    0        0         0         0         0         0          -           0
    1       16       121       105   419.977       420  0.0683843    0.138681
    2       15       254       239   477.947       536   0.139127    0.128909
    3       16       370       354   471.939       460  0.0906016    0.131449
    4       16       491       475   474.937       484  0.0822003    0.132115
    5       16       611       595   475.935       480   0.142927    0.132402
    6       16       731       715   476.602       480   0.110139    0.131169
    7       16       859       843    481.65       512  0.0932729    0.131419
    8       15       984       969   484.435       504   0.214752    0.131099
    9       16      1115      1099    488.38       520   0.131412    0.129911
   10       15      1229      1214   485.536       460    0.13085    0.130238
Total time run:          10.120543
Total writes made:       1230
Write size:              4194304
Object size:             4194304
Bandwidth (MB/sec):      486.14
Stddev Bandwidth:        34.0562
Max bandwidth (MB/sec):  536
Min bandwidth (MB/sec):  420
Average IOPS:            121
Stddev IOPS:             8
Max IOPS:                134
Min IOPS:                105
Average Latency(s):      0.13146
Stddev Latency(s):       0.0673788
Max latency(s):          0.703673
Min latency(s):          0.0400385
Cleaning up (deleting benchmark objects)
Clean up completed and total clean up time :0.701427
```

이전 예제에서 클러스터 쓰기 대역폭이 약 480MBps로 지속될 수 있었다는 것을 봤다. 이 결과에서 지연시간과 더불어 기타 유용한 정보를 준다. 테스트의 말미에 벤치마크에서 사용하기 위해 생성된 객체를 자동으로 지운다. 읽기 벤치마크를 수행하기 위해

RADOS 도구를 사용하고자 한다면 --no-cleanup 옵션을 명시하라, 그러면 해당 객체를 그 자리에 둘 것이다. 그리고 나서 write 대신에 seq를 벤치마크 형태로 명시하고 난 후 벤치마크를 다시 실행한다. 벤치마크용 객체는 추후에 수동으로 제거해야 할 것이다.

RBD 벤치마크

끝으로 우리가 선호하는 fio를 다시 사용해서 RBD의 성능을 테스트할 것이다. 이는 전체적인 소프트웨어와 하드웨어 스택을 테스트할 것이며, 그 결과는 클라이언트가 관측하기를 기대하는 것과 매우 가까울 것이다. fio가 특정 클라이언트 애플리케이션을 에뮬레이션하게 설정함으로써 이러한 애플리케이션의 기대 성능을 위한 정보를 얻을 수 있다.

RBD의 성능을 테스트하기 위해서 fio RBD 엔진을 사용할 것이다. 이는 fio로 하여금 RBD 이미지로 직접 접근을 허용한다. 새로운 fio 설정 파일을 열어 다음과 같이 작성한다.

```
[global]
ioengine=rbd
randrepeat=0
clientname=admin
pool=rbd
rbdname=test
invalidate=0
rw=write
bs=1M
direct=1
time_based=1
runtime=30
numjobs=1
```

```
iodepth=1
```

디스크 벤치마크 설정과는 다르게 `libaio` 엔진의 사용 대신 `rbd` 엔진을 사용했다. `rbd` 엔진을 사용할 때에는 RADOS 풀과 **cephx** 사용자를 명시해야 한다. 끝으로 파일 명이나 블록 장치를 명시하는 대신에 RADOS 풀에 존재하는 RBD 이미지를 명시해야 한다.

그리고 나서 fio 작업을 실행해서 RBD의 성능을 테스트한다.

```
Starting 1 process
rbd engine: RBD version: 0.1.10
Jobs: 1 (f=1): [W(1)] [100.0% done] [0KB/69632KB/0KB /s] [0/68/0 iops] [eta 00m:00s]
rbd_iodepth32: (groupid=0, jobs=1): err= 0: pid=5021: Sun Mar 12 22:29:13 2017
  write: io=2020.0MB, bw=68947KB/s, iops=67, runt= 30001msec
    slat (usec): min=11, max=1741, avg=36.49, stdev=39.93
    clat (msec): min=4, max=612, avg=14.81, stdev=37.84
     lat (msec): min=4, max=612, avg=14.85, stdev=37.84
    clat percentiles (msec):
     |  1.00th=[    5],  5.00th=[    5], 10.00th=[    5], 20.00th=[    5],
     | 30.00th=[    5], 40.00th=[    5], 50.00th=[    5], 60.00th=[    6],
     | 70.00th=[    6], 80.00th=[    9], 90.00th=[   30], 95.00th=[   60],
     | 99.00th=[  186], 99.50th=[  265], 99.90th=[  420], 99.95th=[  437],
     | 99.99th=[  611]
    bw (KB  /s): min= 7231, max=174080, per=100.00%, avg=71772.68, stdev=35752.42
    lat (msec) : 10=82.13%, 20=4.95%, 50=6.73%, 100=3.66%, 250=1.93%
    lat (msec) : 500=0.54%, 750=0.05%
  cpu          : usr=0.29%, sys=0.01%, ctx=2026, majf=0, minf=0
  IO depths    : 1=100.0%, 2=0.0%, 4=0.0%, 8=0.0%, 16=0.0%, 32=0.0%, >=64=0.0%
     submit    : 0=0.0%, 4=100.0%, 8=0.0%, 16=0.0%, 32=0.0%, 64=0.0%, >=64=0.0%
     complete  : 0=0.0%, 4=100.0%, 8=0.0%, 16=0.0%, 32=0.0%, 64=0.0%, >=64=0.0%
     issued    : total=r=0/w=2020/d=0, short=r=0/w=0/d=0, drop=r=0/w=0/d=0
     latency   : target=0, window=0, percentile=100.00%, depth=1

Run status group 0 (all jobs):
  WRITE: io=2020.0MB, aggrb=68947KB/s, minb=68947KB/s, maxb=68947KB/s, mint=30001msec, maxt=30001msec
```

▌ 추천하는 튜닝

Ceph 클러스터를 튜닝하면 하드웨어에서 최고의 효율과 최상의 성능을 얻을 수 있을 것이다. 이 절에서는 추천하는 Ceph 튜닝 옵션에 대해 살펴본다.

CPU

Ceph가 소프트웨어 정의 스토리지이기 때문에 그 성능은 OSD 노드의 CPU 속도에 굉장히 큰 영향을 받는다. 더 빠른 CPU를 사용하면 Ceph 코드를 더 빠르게 실행할 수 있고, 각 I/O 요청을 처리하는 데 더 적은 시간이 소요된다. 그 결과는 I/O당 더 적은 지연시간이다. 즉, 기저 스토리지가 처리가 가능하다면 병목이 되는 CPU를 줄이고 전체적인 성능을 더 높일 것이다. 1장에서 고성능을 얻기 위해 높은 Ghz 프로세서의 사용을 권유했다. 그러나 작업에 더 많이 필요하다면 더 많은 코어를 갖는 CPU에 대한 추가적인 고려도 있어야 한다.

이해를 돕기 위해 CPU 설계의 간략한 역사를 살펴보겠다. 2000년대 초기에 CPU는 단일 코어 설계였다. 이때는 저전력 모드를 많이 지원하지는 못했고, 일정한 주파수로 지속적으로 수행했다. 이들이 더 높은 주파수 및 다중 코어로 옮겨가기 시작하면서 모든 코어가 같은 시간에 최대의 속도로 실행되지 않아도 됐다. CPU 패키지에서의 열 생성량은 매우 좋았다. 현재로 넘어오더라도 이것은 아직 참이다. 아직 4GHz 속도의 20코어를 갖는 CPU는 없다. 이러한 CPU는 사용하기 위해 너무 많은 열을 발생할 수 있기 때문이다.

그러나 CPU를 설계하는 똑똑한 사람들이 해결책을 내놓았다. 각각의 코어가 서로 다른 주파수로 동작하고, 스스로의 전력을 차단해서 깊은 수면 상태에 들어가게 하는 것이다. 이 두 접근 방법은 모두 전력과 CPU의 냉각 요구 사항을 한 자리 수 와트^{watts}까지 낮춘다. 해당 CPU는 훨씬 낮은 클록 속도를 갖지만, 특정 코어가 터보 모드로 들어갈 수 있는 기능이 있기 때문에 더 높은 GHz를 가능케 한다. 활성화된 코어들은 특정 기준 아래에서 열 발생을 지속적으로 증가시키기 때문에 일반적으로 높은 터보 속도 상태를 점진적으로 줄이게 된다. 낮은 스레드의 프로세스가 시작되면 CPU는 몇 개의 코어를 깨우고, 더 나은 단일 스레드 성능을 얻기 위해 더 높은 속도로 가속한다. 인텔 CPU의 경우 서로 다른 주파수 수준은 P 상태^{P-states}, 수면 수준은 C 상태^{C-states}라 부른다.

이는 마치 완벽한 패키지로 들린다. 유휴에 들어간 CPU는 전력을 거의 사용하지 않는다. 필요할 때 고클록 속도를 달성하기 위해 일부 코어를 터보 부스트할 수 있다. 불행히도 항상 그렇듯이 공짜로 얻어낼 수 있는 것은 없다. 지연시간에 민감한 애플리케이션에 좋지 않은 영향을 끼치는 오버헤드가 존재한다. Ceph도 그러한 민감한 애플리케이션 중 하나다.

지연시간에 민감한 애플리케이션에 영향을 주는 이 방법에 대한 문제점에는 주로 두 가지가 있다. 첫째는 수면 상태에서 코어가 깨어나는 데 걸리는 시간이다. 수면이 깊으면 깊을수록 깨어나는 데 좀 더 오랜 시간이 걸린다. 다음은 인텔 E3-1200v5 CPU에서 해당되는 시간을 나열한 것이다. 오래된 CPU는 좀 더 느릴 것이다.

- POLL = 0마이크로초
- C1-SKL = 2마이크로초
- C1E-SKL = 10마이크로초
- C3-SKL = 70마이크로초
- C6-SKL = 85마이크로초
- C7s-SKL = 124마이크로초
- C8-SKL = 200마이크로초

앞에서 보듯이 최악의 경우에 깊은 숙면에서 깨어나기까지 최대 200마이크로초가 걸린다. 단일 Ceph I/O가 여러 노드를 통해 여러 스레드에 거쳐서 CPU를 깨워야 하는 상황을 고려하면 이러한 지연시간은 꽤 올라갈 것이다. P 상태가 코어 속도에 미치는 영향이 C 상태 탈출 지연시간에 비해서는 성능에 영향이 크지 않다고는 하지만, 코어의 속도가 실사용에서 즉시 최대 속도로 올라가는 것은 아니다. 이는 낮은 Active 상태에서 CPU 코어는 낮은 GHz로 동작한다는 것을 의미한다. 이는 리눅스 스케줄러에서 두 번째 문제점을 야기한다.

리눅스는 어떤 코어가 활성화돼 있고, 어떤 C 상태, P 상태 코어가 실행 중인지 인지한다. 이는 각 코어의 동작을 완전하게 제어할 수 있게 한다. 불행히도 리눅스의 스케줄 러는 이러한 정보를 활용하지 않는다. 대신 코어에 따라 공평하게 스레드를 균형 맞추 려 한다. 이는 낮은 활성화 상태일 때 모든 CPU 코어가 가장 낮은 C 상태에서 의미 없는 작업에 시간을 투자할 것이고, 낮은 주파수로 동작할 것이다. 낮은 활성화 상태 에서 이는 작은 I/O의 지연시간에 4~5배 정도의 영향을 끼칠 것이다. 이는 굉장히 큰 영향이다.

리눅스가 전력 인지 스케줄러를 통해 이미 활성화된 코어를 고려하고, 그들을 스케줄 링해 지연시간을 줄이는 데 사용하기 때문에 최적의 접근법은 CPU를 강제로 특정 C 상태로 재우고, 항상 최고의 주파수로 실행을 강제하는 것이다. 이는 전력 소비를 증가시키지만 최신 CPU 모델에서는 이 소비가 좀 줄어들었다. 따라서 작업 부하에 맞춰 CPU의 크기를 정하는 것이 매우 중요하다. 높은 C 상태와 높은 주파수에서 실행 되는 40 코어 서버에서는 전력 소비가 엄청날 것이다.

리눅스를 C1인 C 상태로만 떨어지게 강제하기 위해서는 GRUB 설정에 다음과 같이 추가한다.

```
intel_idle.max_cstate=1
```

일부 리눅스 배포판은 CPU가 최대 주파수로 동작하게 하는 성능 모드를 갖고 있다. 그러나 수동으로 이를 달성하기 위해서는 sysfs를 통해 값을 보내면 된다. 다음과 같은 내용을 /etc/rc.local에 붙이면 부팅 시에 코어를 항상 최대의 주파수로 동작하게 끔 한다.

```
/sys/devices/system/cpu/intel_pstate/min_perf_pct
```

OSD 노드를 재시작하고 나면 이 변경점이 적용될 것이다. 다음과 같은 명령어를 통해 확인할 수 있다.

216

```
sudo cpupower monitor
```

먼저 언급했듯이 변경하기 전에 벤치마크를 수행하고, 변경 후에도 수행해서 변경에 따라 얻는 것에 대해 잘 이해하는 것이 중요하다.

파일스토어

다음은 파일스토어의 성능을 향상시키기 위한 튜닝이다.

VFS cache pressure

이름에서 풍기듯이 파일스토어 객체는 작업을 RADOS 객체의 저장을 통해 표준 리눅스 파일 시스템의 파일로서 저장한다. 대부분의 경우 이는 XFS일 것이다. 각 객체가 파일로서 저장되기 때문에 디스크당 수십만 개 이상의 파일이 존재할 것이다. Ceph 클러스터는 8TB 디스크로 구성돼 있고, RBD 작업을 위해 사용되고, RBD가 표준 4MB 객체로 구성돼 있다고 가정하면 디스크당 거의 2백만 객체가 있을 수 있다.

애플리케이션이 리눅스로 하여금 파일 시스템의 파일에 읽기 또는 쓰기를 요청하면 디스크상 어느 곳에 정확하게 파일이 위치하는지 알아야 된다. 이 위치를 찾아내기 위해서 디렉토리 엔트리 구조와 아이노드^{inode}를 따라야 한다. 이러한 각각의 탐색은 대상이 메모리 캐시에 올라가지 않은 이상은 디스크 접근을 필요로 한다. 읽기 또는 쓰기가 필요한 Ceph 객체가 한동안 접근되지 않아서 캐시되지 않은 경우 낮은 성능을 야기할 것이다. 이러한 단점은 회전 디스크 클러스터에서 아주 두드러질 것이지만, SSD 기반 클러스터에서는 무작위 읽기의 영향으로 반대의 모습을 보일 것이다.

기본적으로 리눅스는 아이노드나 디렉토리 엔트리 캐시보다는 페이지캐시^{pagecache}에 데이터를 캐시하는 것을 선호한다. Ceph에서 많은 경우 이는 여러분이 원하는 바와는 반대이다. 다행히도 페이지캐시보다 디렉토리 엔트리와 아이노드를 선호하게끔 리눅스를 설정하는 방법이 있다. 이는 sysctl 설정을 통해 제어가 가능하다.

---

vm.vfs_cache_pressure

낮은 숫자는 아이노드와 디렉토리 엔트리에 캐시하게끔 한다. 그러나 0으로 설정하지는 말라. 0으로 설정하면 낮은 메모리 상황에 치달아서 좋지 않은 영향을 받게 되더라도 커널이 오래된 엔트리를 플러시하지 않게 한다. 값은 1을 추천한다.

WBThrottle과 nr_requests

파일스토어는 쓰기에 버퍼된 I/O를 사용한다. 이는 파일스토어 저널이 빠른 매체[media]에 있을 경우 여러 이점을 가져다준다. 클라이언트 요청은 그것이 저널에 써짐과 동시에 승인[acknowlege]된다. 그리고 리눅스의 표준 지연 쓰기에 의해 추후 데이터 디스크로 플러시된다. 이는 회전 디스크 OSD로 하여금 적은 부하 상황에서의 쓰기가 발생했을 때 SSD와 비슷한 쓰기 지연시간을 보여준다. 지연 쓰기는 커널에게 I/O 요청을 디스크로 재배치해 그들이 연합하거나 디스크 헤드가 플래터 간 좀 더 최적화된 경로를 갖게 한다. 최종적으로 직접 또는 동기적 I/O에서 가능한 것보다 더 높은 I/O를 짜내게 한다.

그러나 Ceph 클러스터로 기저의 디스크의 능력을 벗어나는 쓰기 부하가 쏟아지면 문제가 발생한다. 이 경우 디스크가 쓰기를 기다리는 대기 I/O의 숫자가 통제 불가능하게 증가한다. 또한 I/O의 큐가 쌓여서 디스크와 Ceph 큐를 포화 상태로 만든다. 읽기 요청이 특히 안 좋은 영향을 받는다. 잠재적으로 수천 개의 쓰기 요청으로 멈추게 되면 디스크에 플러시하는 데 몇 초가 걸린다.

이 문제를 해결하기 위해서 Ceph는 WBThrottle이라 불리고 파일스토어에 구현된 지연 쓰기 쓰로틀 메커니즘을 갖고 있다. 이는 큐를 채우는 지연 쓰기 I/O의 양을 제한하게 설계돼 있다. 따라서 커널에 의해 자연히 촉발되는 것보다 더 먼저 플러시 절차를 시작한다. 불행히도 기본 값으로는 읽기 지연시간에 영향을 줄일 수 있는 동작을 단축하지 못한다. 튜닝을 통해 쓰기 큐 길이를 줄이고, 읽기가 영향을 많이 받지 않게 한다. 그러나 이는 트레이드오프다. 큐를 채우는 쓰기의 최대 개수를 줄이면 요청을 재배치하는 효율을 높이는 커널의 능력을 제한한다. 때문에 사용 예, 작업량, 튜닝이 잘 맞는지에 따라 고려를 해야 한다.

지연 쓰기 큐 깊이를 제어하기 위해 Ceph의 WBThrottle 설정을 사용하는 I/O의 최대 양을 줄이거나 커널에서 블록 계층에서의 최대 요청을 낮추거나 해야 한다. 두 가지 모두 효율적으로 같은 동작을 제어하고, 환경설정 구현 선호에 따라 선택하면 된다.

Ceph의 동작 선호에 따르면 디스크 수준에서 짧은 큐를 갖는 것이 더 효과적이다. 디스크의 큐를 짧게 함으로써 주 큐의 위치가 I/O가 갖는 우선순위를 좀 더 제어할 수 있는 Ceph로 올라온다. 다음의 예를 보라.

```
echo 8 > /sys/block/sda/queue/nr_requests
```

리눅스 4.10 커널 릴리스에서 지연 쓰기 I/O의 우선순위를 낮추는 기능이 추가됐다. 이는 Ceph의 쓰기 궁핍의 영향을 크게 줄여주며, 4.10 커널 사용이 가능하다면 분석 해볼 가치가 있다.

파일스토어 큐 쓰로틀

기본 환경설정에서 디스크가 포화됐을 때 이 디스크 큐는 차오르게 될 것이다. 그러면 파일스토어 큐가 차오르기 시작한다. 이렇게 차오르기 전까지 저널이 I/O를 수용할 수 있는 한 I/O 처리가 가능할 것이다. 파일스토어 큐가 차올라서 WBThrottle이 개입 함과 동시에 I/O는 큐가 해당 임계치 밑으로 내려갈 때까지 멈추게 된다. 이 동작은 거대한 문제를 발생시키며, 낮은 성능을 야기한다. 따라서 기타 클라이언트 요청은 높은 지연시간을 얻게 될 것이다.

디스크가 포화될 때 파일스토의 사용이 치솟는 문제를 줄이기 위해 엄격한 제한에 도달하기 전에 파일스토어 큐를 채우는 동작을 차츰 줄여주는 추가적인 환경설정 옵션이 있다.

filestore_queue_low_threshhold

이는 0.0과 1.0 사이의 백분율로 표시된다. 이 기준 밑에서는 쓰로틀링이 수행되지 않는다.

filestore_queue_high_threshhold

0.0과 1.0 사이의 백분율로 표시된다. 낮은 임계치와 높은 임계치 사이에서는 I/O 지연을 수행하면서 쓰로틀링을 수행한다. 이는 0부터 filestore_queue_high_delay_multiple/filestore_expected_throughput_ops까지 선형으로 증가한다.

높은 임계치로부터 최대한 filestore_queue_max_delay_multiple/filestore_expected_throughtput_ops로 결정되는 비율만큼 쓰로틀링된다.

이 두 쓰로틀링 비율은 적절한 지연을 계산해서 디스크의 기대 성능으로 설정된 값을 사용한다. deploy_multiple 변수를 이용해서 큐가 높은 임계치를 넘어서는 경우 지연을 늘릴 수 있다.

filestore_expected_throughput_ops

OSD가 실행 중인 기저 디스크의 기대 IOPS 성능으로 설정돼야 한다.

filestore_queue_high_delay_multiple

낮은 임계치와 높은 임계치 사이에서 이 값은 적절한 지연 값을 계산하기 위해 사용된다.

filestore_queue_max_delay_multiple

최대 큐 크기 이후에 이 인자는 큐 포화를 멈추기 위해 더 큰 지연을 계산하는 데 사용된다.

PG 분리

그 내용물을 요청받았을 때 성능 저하가 시작되지 않게 파일 시스템은 디렉토리에 저장할 수 있는 파일의 개수에 한계를 갖는다. Ceph가 파일처럼 디스크당 수백만 개의 객체를 저장하기 때문에 파일을 여러 중첩된 디렉토리에 각각 정해진 개수만큼 나눠서 저장한다. 클러스터의 객체 개수가 늘어나면 디렉토리의 파일 개수도 늘어난다. 이러한 디렉토리의 파일 개수가 한계를 넘어서면 Ceph는 그 디렉토리를 더 많은 하위 디렉토리로 분리하고 객체를 옮긴다. 이러한 동작은 실제 발생했을 때 현저한 성능 저하를 나타낸다. 게다가 XFS는 같은 디렉토리에 있는 파일을 디스크상에서도 가깝게 위치시킨다. PG 분리가 발생될 때 성능 저하를 가져오는 XFS 파일 시스템의 단편화도 발생할 수 있다.

기본적으로 Ceph는 320 객체를 갖게 되면 PG를 분리한다. OSD당 추천 PG 개수로 설정된 Ceph 클러스터의 8TB 디스크에서는 PG당 5000개 이상의 객체를 갖는다. 이 PG는 그 수명주기 동안 여러 번 PG 분리를 격게 된다. 결과적으로 더 깊고 복잡한 디렉토리 구조를 갖게 된다.

'VFS cache pressure' 절에서 언급했듯이 dentry 탐색 비용을 줄이기 위해 커널은 이들을 캐시한다. PG 분리의 결과는 캐시를 할 디렉토리 숫자가 늘어났다는 것을 의미한다. 따라서 그들 전체를 캐시할 충분한 메모리가 없을 수 있다. 이는 성능 저하를 야기한다.

이 문제를 위한 일반적인 접근법은 다음과 같은 OSD 환경설정 옵션을 설정해서 각 디렉토리에서 허용하는 파일의 개수를 늘리는 것이다.

`filestore_split_multiple`

또한 다음과 같은 설정을 보라.

`filestore_merge_threshold`

다음과 같은 방정식으로 Ceph가 PG를 분리하기 위한 임계치를 설정할 수 있다.

$$\text{filestore\_split\_multiple} * abs(\text{filestore\_merge\_threshold})*16$$

주의해야 할 사항이 있다. 이 임계치를 늘리는 것이 PG 분리 발생을 줄이고 디렉토리 구조의 복잡도를 낮출 수 있지만, PG 분리 발생 시 더 많은 객체를 나눠야 할 것이다. 더 많은 객체가 분리돼야 함으로써 성능상 더 큰 영향을 미치고, OSD 접근 시간 초과를 야기할 수 있다. 분리 주기와 분리 시간 사이에 트레이드오프가 존재한다. 기본 값은 특히 큰 디스크에서 좀 더 보수적으로 설정돼 있다.

두 배 또는 세 배의 분리 임계치 설정은 큰 고려 없이도 안전하게 이뤄질 수 있을 것이다. 더 큰 값은 실제 제품에 적용하기 전에 I/O 부하가 주어진 상황에서 테스트가 돼야 할 것이다.

스크럽

스크럽^{Scrubbing}은 RADOS에 저장된 객체가 일관된 상태인지 검증하고, 비트 소실 또는 기타 변조로부터 보호하는 Ceph의 방법이다. 스크럽은 설정된 계획에 따라 일반 스크럽과 딥 스크럽이 있다. 일반 스크럽이 동작 중일 때 Ceph는 그 크기와 속성이 일치하는지 확인하기 위해서 특정 PG를 위한 모든 객체를 읽어 복제본과 비교한다. 딥 스크럽 동작은 한 단계 더 들어가서 객체의 실제 데이터 내용을 비교한다. 이는 간단한 표준 스크럽보다 훨씬 더 많은 I/O를 생성한다. 일반 스크럽은 날마다 행해지고, 딥 스크럽은 그 추가적인 I/O 부하 때문에 일주일에 한 번 행해지게 한다.

그 우선순위가 뒤쳐짐에도 불구하고 스크럽은 클라이언트 IO에 영향을 미친다. 따라서 스크럽을 수행해야 할 때를 Ceph에 알리기 위해 수정할 수 있는 OSD 설정이 다양하게 존재한다.

osd_scrub_begin_hour와 osd_scrub_end_hour OSD 환경설정 옵션은 Ceph가 스크럽을 시도하고 계획하는 기간 간격을 결정한다. 기본적으로 24시간을 간격으로 스크럽을 행하게 설정돼 있다. 여러분의 작업이 낮 동안에만 행해진다면 작업이 많이 몰리지 않는 시간에 스크럽을 할 수 있게 Ceph에 스크럽 시작과 끝나는 시간을 지정해주고 싶을 것이다.

현재 이 기간 간격은 최대 스크럽 간격 이외에서 PG가 실패하지 않은 경우에만 해당된다. 실패한다면 시간 간격의 설정과 관계없이 스크럽이 행해진다. 일반 및 딥 스크럽의 기본 최대 간격은 일주일이다.

OP 우선순위

Ceph는 특정 동작을 다른 것에 비해 우선시할 수 있는 기능이 있다. 예를 들어 클라이언트 I/O가 복구, 스크럽, IO 트리밍 스냅샷보다 상위에 있어야 한다는 것이다. 이러한 우선순위는 다음과 같은 환경설정 옵션을 통해 제어된다.

```
osd client op priority
osd recovery op priority
osd scrub priority
osd snap trim priority
```

더 높은 값은 더 높은 우선순위를 말한다. 기본 값은 꽤 잘 동작하고, 바꿔야 할 필요는 그렇게 많지 않다. 그러나 스크럽이나 복구 동작의 우선순위를 클라이언트 I/O에 영향을 제한하게 낮추는 것은 이득을 가져다줄 수 있다. Ceph는 제어가 가능한 I/O 경로에 있는 I/O만 우선순위 제어가 가능하다. 그러므로 앞 절에서 나온 디스크 큐 길이 튜닝이 최대 효과를 얻기 위해 필요할 수 있다.

네트워크

네트워크는 Ceph 클러스터에서 핵심적인 구성 요소다. 그리고 그 성능은 클러스터 전체 성능에 큰 영향을 미친다. 10GB 네트워크는 최소한이라고 생각해야 한다. 1GB 네트워크는 고성능 Ceph 클러스터에서는 요구되는 지연시간을 제공하지 않을 것이다. 처리량을 증가시키고 지연시간을 줄임으로써 네트워크 성능을 향상하는 데 도움이 되는 여러 가지 튜닝이 존재한다.

점보 프레임을 사용하기를 원한다면 가장 먼저 생각해야 할 것은 MTU를 1500 대신에 9000을 사용하는 것이다. 각 I/O 요청은 더 적은 이더넷 프레임을 사용해서 보내질 수 있다. 각 이더넷 프레임이 적은 오버헤드라도 갖고 있기 때문에 최대 이더넷 프레임을 9000으로 늘리는 것은 도움이 된다. 현실에서 이득은 보통 5% 미만이고, 모든 기기가 올바르게 설정돼 있을 때의 단점과 함께 평가돼야 한다.

다음 네트워크 옵션은 sysctl.conf에 설정되며, 네트워크 성능 최적화를 위해 추천된다.

```
# 네트워크 버퍼
net.core.rmem_max = 56623104
net.core.wmem_max = 56623104
net.core.rmem_default = 56623104
net.core.wmem_default = 56623104
net.core.optmem_max = 40960
```

```
net.ipv4.tcp_rmem = 4096 87380 56623104
net.ipv4.tcp_wmem = 4096 65536 56623104

# 연결과 백로그 최적화
net.core.somaxconn = 1024
net.core.netdev_max_backlog = 50000

# TCP 튜닝 옵션
net.ipv4.tcp_max_syn_backlog = 30000
net.ipv4.tcp_max_tw_buckets = 2000000
net.ipv4.tcp_tw_reuse = 1
net.ipv4.tcp_tw_recycle = 1
net.ipv4.tcp_fin_timeout = 10

# 유휴 TCP 연결에서는 느린 시작 사용하지 않음
net.ipv4.tcp_slow_start_after_idle = 0
```

 Ceph 클러스터에 IPv6를 사용한다면 적절한 IPv6 sysctl 옵션을 사용하라.

일반적인 시스템 튜닝

Ceph 성능 요구 사항을 최적화할 수 있게 추천되는 다양한 일반적인 시스템 매개변수가 있다. 다음과 같은 설정을 /etc/sysctl.conf 파일에 추가할 수 있다.

```
# 항상 충분한 여유 메모리가 있음을 정의
vm/min_free_kbytes = 524288

# 허용된 최대 프로세스 개수를 늘림
kernel.pid_max=4194303

# 파일 처리 최대 개수 설정
fs.file-max=26234859
```

커널 RBD

리눅스 커널 RBD 드라이버는 Ceph RBD를 직접 표준 리눅스 블록 장치로 연결하고, 다른 장치처럼 사용할 수 있게 한다. 일반적으로 커널로 연결된 RBD는 최소한의 환경 설정이 필요하다. 그러나 특별한 경우 튜닝이 필요할 수 있다.

먼저 가능한 한 최신의 커널을 사용하기를 추천한다. 새 커널이 더 나은 RBD 지원을 제공하기 때문이다. 또한 특별한 경우 성능 향상도 보여줄 수 있다.

큐 깊이

커널 4.0부터 RBD 드라이버는 blk-mq를 사용한다. 이는 오래된 큐 시스템보다 더 나은 성능을 제공하게 설계됐다. 기본적으로 blk-mq를 사용하는 RBD에서 최대 가능 요청은 128이다. 대부분의 경우 이는 충분하다 못해 넘친다. 그러나 작업 부하가 큰 Ceph 클러스터의 총 능력을 활용해야 한다면 단지 128 요청은 충분하지 않을 것이다. 이 값을 증가시키거나 다음에 설정하기 위해 RBD 연결을 할 때 명시될 수 있는 옵션이 있다.

미리읽기

기본적으로 RBD는 128KB 미리읽기readahead가 설정돼 있다. 작업 부하가 주로 큰 순차 읽기를 포함한다면 이 미리읽기 값을 증가시킴으로써 확연히 성능을 증가시킬 수 있을 것이다. 4.4 커널 이전에는 2MB를 넘는 미리읽기 값은 무시되는 한계가 있다. 대부분의 스토리지 시스템에서 이는 문제가 아니다. 스트라이프stripe 크기가 2MB보다는 작을 것이기 때문이다. 미리읽기가 스트라이프 크기보다 큰 이상 모든 디스크는 포함되고 성능은 향상될 것이다.

기본적으로 Ceph RBD가 4MB 객체를 거쳐서 스트라이프된다. 따라서 RBD는 4MB의 조각 크기를 갖는다. 그리고 스트라이프 크기는 4MB × 클러스터 내 OSD의 개수다.

그러므로 4MB보다 작은 미리읽기 크기로는 대부분의 경우 성능 향상을 위해 미리읽기는 매우 적게 수행될 것이다. 그리고 단일 OSD의 한계를 읽기 성능이 넘기는 어려울 것이다.

커널 4.4와 그 이후에 미리읽기 값을 훨씬 더 높게 설정할 수 있고, 수초 내에 수백 MB의 읽기 성능을 경험할 수 있을 것이다.

PG 분산

엄격한 성능 튜닝 옵션은 아니지만, Ceph 클러스터에 걸친 PG 분산은 클러스터 배포의 초기에 행해져야 하는 핵심적인 작업이다. Ceph는 CRUSH를 이용해서 거의 무작위로 데이터를 위치할 곳을 결정한다. 이는 모든 OSD에 항상 PG 균형을 맞출 수는 없다. 균형이 맞춰지지 않은 Ceph 클러스터 본래 용량의 전체 장점을 취할 수 없을 것이다. 가장 많이 써진 OSD가 그 제한 용량에 빠르게 도달할 것이기 때문이다.

불균형 클러스터는 수많은 요청이 대부분의 PG를 갖고 있는 OSD를 대상으로 할 것임을 의미한다. 이러한 OSD는 클러스터의 인공적인 성능 한계에 도달할 것이다. 특히 클러스터가 회전 디스크 OSD로 구성된 경우에 말이다.

PG를 Ceph 클러스터 전체에 균형을 다시 맞추기 위해서 OSD의 가중치^{weight}를 재설정해야 한다. 따라서 CRUSH가 그곳에 PG 개수를 얼마나 넣을지 정한다. 모든 OSD의 가중치를 기본적으로 최대 허용 값인 1로 설정한다는 것을 알아두자. 때문에 효율이 낮은 OSD의 효율성을 높이기 위해 1 이상으로 설정할 수는 없다.

또한 OSD의 CRUSH 가중치와 가중치 재설정^{reweight} 값 사이의 차이점에 대해 이해해야 한다. 가중치 재설정 값은 CRUSH 알고리즘에서 잘못 배치된 것을 고치기 위해 덮어쓰기로써 사용된다. 가중치 재설정 명령어는 OSD에만 영향을 미치고, 그 요소인 버킷^{bucket}(예를 들어 호스트)의 가중치에는 영향을 미치지 않는다. 이는 OSD가 재시작되면 1.0으로 재설정된다. 이것이 꽤나 끔찍하긴 하지만 클러스터의 어떠한 수정 사항

(PG의 개수를 늘리거나, 추가적인 OSD를 추가하는 등)이라도 모든 가중치 재설정 값을 틀리게 만들 수 있다. 그러므로 OSD 가중치 재설정을 한 번에 동작하는 옵션으로 생각하지 말고 지속적으로 수행해야 하고, 클러스터의 변경마다 적용해야 할 것으로 다뤄야 한다.

OSD 가중치 재설정을 하기 위해 다음과 같은 명령을 수행한다.

```
ceph osd reweight <osd 번호> <가중치 값 0.0-1.0>
```

한 번 실행되면 ceph는 PG를 새로 할당된 OSD로 이동하기 위해 백필링^{backfilling}을 시작할 것이다.

물론 모든 OSD를 검색하고 가중치가 필요한 OSD 찾기를 시도하는 것, 그리고 모두를 위해 이 명령어를 수행하는 것은 매우 긴 절차다. 다행히도 이 절차의 많은 부분을 자동으로 수행하는 Ceph 도구가 있다.

```
ceph osd reweight-by-utilisation <임계치> <최대 변경> <OSD 개수>
```

이 명령은 클러스터의 모든 OSD를 비교할 것이고 임계치 값을 넘는 상위 N OSD의 가중치를 덮어쓸 것이다. 여기서 N은 마지막 매개변수에 의해 통제된다. 또한 둘째 매개변수를 명시함으로써 각 OSD에 적용된 최대 변경을 제한할 수 있다. 0.05나 5% 가 일반적으로 추천되는 값이다.

또한 test-reweight-by-utilization 명령어가 있다. 이는 실행하기 전에 어떤 명령이 실행될 것인지 볼 수 있다.

이 명령이 사용하기에 안전하기는 하지만, 실제로 수행하기 전에 고려돼야 할 사항이 있다.

228

- 서로 다른 OSD에 있는 서로 다른 풀에 대한 개념이 없다. 예를 들어 SSD 티어와 HDD 티어를 갖는 경우 reweight-by-utilization 명령은 여전히 모든 OSD를 관통해 데이터의 균형을 맞추려 할 것이다. SSD 티어가 HDD 티어 만큼 차있지 않으면 이 명령은 기대한 것처럼 동작하지 않을 것이다. OSD 균형 잡기 수행을 하나의 버킷에만 국한하고 싶다면 Cern에서 만든 다른 버전의 이 명령을 확인하라.

- CRUSH가 어떤 PG를 위해 그 위치를 특정 짓지 못하는 시점에도 클러스터의 가중치를 재설정할 수 있다. 복구가 멈추고 하나 이상의 PG가 재매핑 상태 remapped state에 남아 있다면 이러한 일이 생긴다. 단순히 가중치 재설정 값을 늘리거나 초기화하면 이것을 수정할 수 있다.

이 명령의 동작에 대한 확신이 든다면 복제를 통해 이 작업을 계획할 수 있다. 그러고 나면 클러스터는 자동으로 균형 잡힌 상태를 유지할 것이다.

▌ 요약

이제 낮은 지연시간 달성과 최대한의 성능을 뽑아내기 위해 Ceph 클러스터를 튜닝하는 방법에 대한 지식을 갖게 됐다. 벤치마크의 사용을 통해 여러분이 원하는 효과를 확인하기 위한 사전 및 사후 테스트를 수행할 수 있다. 클러스터에 도움이 될 수 있는 기타 환경설정 옵션에 대해 더 잘 이해하기 위해 Ceph 공식 문서를 참고하는 것이 도움이 될 것이다.

10

문제 해결

Ceph는 문제 발생 상황에서 스스로를 잘 관리하고 복구하는 자주적인 시스템이다. 그러나 어떤 경우에 있어서는 사람의 조작이 필요하다. 10장에서는 이러한 오류와 문제 발생 상황을 살펴보고, 문제 해결을 통해 Ceph를 잘 동작하게 만드는 방법을 살펴본다.

10장에서 다루는 내용은 다음과 같다.

- 비일관성 객체를 고치는 방법
- 피어링peering 문제 해결 방법
- near_full과 too_full OSD를 다루는 방법
- Ceph 로깅을 통한 오류 분석 방법

- 낮은 성능 분석 방법
- down 상태의 PG 분석 방법

▌ 비일관성 객체 고치기

이 절에서는 비일관성 객체를 올바르게 고치기 위한 방법을 살펴본다.

1. 비일관성 상황을 재현하기 위해 RBD를 생성하고, 이 위에 파일 시스템을 만든다.

```
vagrant@mon1:~$ sudo rbd create test --size=1G
vagrant@mon1:~$ sudo rbd feature disable test exclusive-lock object-map fast-diff deep-flatten
vagrant@mon1:~$ sudo rbd map test
/dev/rbd0
vagrant@mon1:~$ sudo mkfs.ext4 /dev/rbd0
mke2fs 1.42.13 (17-May-2015)
Discarding device blocks: done
Creating filesystem with 262144 4k blocks and 65536 inodes
Filesystem UUID: a95d7f60-3be3-4c15-bafd-9d37559174db
Superblock backups stored on blocks:
        32768, 98304, 163840, 229376

Allocating group tables: done
Writing inode tables: done
Creating journal (8192 blocks): done
Writing superblocks and filesystem accounting information: done
```

2. 이제 파일 시스템으로 RBD를 포맷^{format}해서 생성된 객체를 확인한다.

```
root@mon1:/home/vagrant# rados -p rbd ls
rbd_data.1e502238e1f29.0000000000000086
rbd_data.1e502238e1f29.0000000000000000
rbd_data.1e502238e1f29.0000000000000083
rbd_data.1e502238e1f29.0000000000000060
rbd_data.1e502238e1f29.0000000000000004
```

3. 무작위로 한 객체를 선택하고 osd map 명령을 사용해서 해당 객체가 저장돼 있는 PG를 찾는다.

```
root@mon1:/home/vagrant# ceph osd map rbd rbd_data.1e502238e1f29.0000000000000086
osdmap e234 pool 'rbd' (0) object 'rbd_data.1e502238e1f29.0000000000000086' -> pg 0.5ee4eb42 (0.2)
> up ([1,0,2], p1) acting_([1,0,2], p1)
```

4. OSD 노드 중 하나에서 이 객체를 찾는다. 위 예제에서는 **OSD1**의 **OSD.0**이다.

```
vagrant@osd1:~$ sudo ls -l /var/lib/ceph/osd/ceph-0/current/0.5_head/
total 4096
-rw-r--r-- 1 ceph ceph        0 Feb  7 22:07 __head_00000005__0
-rw-r--r-- 1 ceph ceph 4194304 Mar 17 21:28 rbd\udata.1e502238e1f29.0000000000000083__head_327C8305__0
```

5. 객체 최상위에 쓰레기 값을 주어 깨뜨린다.

```
root@osd1:/home/vagrant# echo blah > /var/lib/ceph/osd/ceph-0/current/0.5_head/rbd\udata.1e502238e1f29.
0000000000000083__head_327C8305__0
```

6. 이제 Ceph에 깨뜨린 객체를 포함하는 PG상 스크럽scrub을 수행하게 한다.

```
root@mon1:/home/vagrant# ceph pg deep-scrub 0.5
instructing pg 0.5 on osd.2 to deep-scrub
```

7. Ceph 상태를 확인해보면 Ceph가 깨진 객체를 발견했고, 해당 PG를 비일관 상태로 표시했음을 볼 수 있다. 이제부터는 우리가 해당 객체를 수동으로 깨뜨렸다고 생각하지 말고 현실에서 발생했다고 가정하고 다음 절차를 진행해보자.

```
root@mon1:/home/vagrant# ceph -s
    cluster d9f58afd-3e62-4493-ba80-0356290b3d9f
     health HEALTH_ERR
            1 pgs inconsistent
            3 scrub errors
            too many PGs per OSD (320 > max 300)
            all OSDs are running kraken or later but the 'require_kraken_osds' osdmap flag is not set
     monmap e2: 3 mons at {mon1=192.168.0.41:6789/0,mon2=192.168.0.42:6789/0,mon3=192.168.0.43:6789/0}
            election epoch 158, quorum 0,1,2 mon1,mon2,mon3
        mgr active: mon2 standbys: mon3, mon1
     osdmap e234: 3 osds: 3 up, 3 in
            flags sortbitwise,require_jewel_osds
      pgmap v3879: 320 pgs, 4 pools, 37575 kB data, 23 objects
            229 MB used, 26665 MB / 26894 MB avail
                 319 active+clean
                   1 active+clean+inconsistent
```

상태health 보고를 자세히 살펴보면 깨진 객체를 가진 PG를 찾을 수 있다. 이제 그저 Ceph로 하여금 해당 PG를 고치게 하면 된다. 그러나 주 OSD가 깨진 객체를 갖고 있다면 남아있는 좋은 상태의 복제본을 덮어쓸 것이다. 이것은 좋은 상황이 아니다. 그러므로 이러한 일이 발생되지 않게 하려면 수리 명령을 수행하기 전에 OSD가 깨진 객체를 갖고 있는지 확인해야 한다.

```
root@mon1:/home/vagrant# ceph health detail
HEALTH_ERR 1 pgs inconsistent; 3 scrub errors; too many PGs per OSD (320 > max 300); all OSDs are running kr
aken or later but the 'require_kraken_osds' osdmap flag is not set
pg 0.5 is active+clean+inconsistent, acting [2,0,1]
3 scrub errors
```

상태 보고를 보면 객체의 복제본을 갖는 세 OSD를 볼 수 있다. 첫 OSD가 주 OSD다.

8. 주 OSD 노드에 접속하고 주 OSD에 대한 로그 파일을 연다. PG 스크럽으로 어떤 객체가 수정됐는지 나타내는 부분을 로그에서 찾아볼 수 있을 것이다.

9. 이제 각 OSD로 접속해서 PG 구조를 뒤져 보고, 위 로그 파일에서 언급된 객체를 찾아 각 복제본의 md5sum을 계산한다.

```
root@osd1:/var/lib/ceph/osd/ceph-0/current/0.5_head# md5sum rbd\\udata.1e502238e1f29.0000000000000083__head_327C8305__0
\0d599f0ec05c3bda8c3b8a68c32a1b47  rbd\\udata.1e502238e1f29.0000000000000083__head_327C8305__0
```

첫 번째 osd 노드상 객체의 md5sum은 위와 같다.

```
root@osd2:/home/vagrant# cd /var/lib/ceph/osd/ceph-2/current/0.5_head/
root@osd2:/var/lib/ceph/osd/ceph-2/current/0.5_head# md5sum rbd\\udata.1e502238e1f29.0000000000000083__
head_327C8305__0
\b5cfa9d6c8febd618f91ac2843d50a1c  rbd\\udata.1e502238e1f29.0000000000000083__head_327C8305__0
```

두 번째 osd 노드상 객체의 md5sum은 위와 같다.

```
root@osd3:/home/vagrant# cd /var/lib/ceph/osd/ceph-1/current/0.5_head/
root@osd3:/var/lib/ceph/osd/ceph-1/current/0.5_head# md5sum rbd\\udata.1e502238e1f29.0000000000000083__
head_327C8305__0
\b5cfa9d6c8febd618f91ac2843d50a1c  rbd\\udata.1e502238e1f29.0000000000000083__head_327C8305__0
```

세 번째 osd 노드상 객체의 md5sum은 위와 같다.

OSD.0에 있는 객체만 다른 md5sum을 갖는 것을 보라. 깨진 객체가 이것이라는 것을 알 수 있다.

```
OSD.0 = \0d599f0ec05c3bda8c3b8a68c32a1b47
OSD.2 = \b5cfa9d6c8febd618f91ac2843d50a1c
OSD.3 = \b5cfa9d6c8febd618f91ac2843d50a1c
```

우리가 OSD.0상의 객체를 수동으로 깨뜨렸기 때문에 이 사실을 이미 알고 있긴 하지만 모르는 상태에서 이러한 변조가 무작위 원인에 의해 발생됐다고 가정해보자. 이제 우리는 세 복제본의 md5sum을 얻었고, OSD.0에 있는 복사본이 잘못됐다는 것을 알았다. 앞 내용은 2배 복제 방식이 좋지 않다는 것을 증명한다. PG가 비일관성 상태가 되면 어떤 것이 잘못된 것인지 알 수 없기 때문이다. Ceph 활성과 Ceph OSD map 명령어에서 볼 수 있듯이 이 PG를 위한 주 OSD가 2이기 때문에 ceph pg repair 명령어를 잘못된 객체가 남아있는 좋은 복제본을 덮어쓸 걱정을 하지 않고도 안전하게 사용할 수 있다.

```
root@mon1:/home/vagrant# ceph pg repair 0.5
instructing pg 0.5 on osd.2 to repair
```

이제 비일관성 PG가 고쳐졌다는 것을 볼 수 있다.

```
root@mon1:/home/vagrant# ceph -s
    cluster d9f58afd-3e62-4493-ba80-0356290b3d9f
     health HEALTH_WARN
            too many PGs per OSD (320 > max 300)
            all OSDs are running kraken or later but the 'require_kraken_osds' osdmap flag is not
     monmap e2: 3 mons at {mon1=192.168.0.41:6789/0,mon2=192.168.0.42:6789/0,mon3=192.168.0.43:67
            election epoch 158, quorum 0,1,2 mon1,mon2,mon3
        mgr active: mon2 standbys: mon3, mon1
     osdmap e234: 3 osds: 3 up, 3 in
            flags sortbitwise,require_jewel_osds
      pgmap v3900: 320 pgs, 4 pools, 37575 kB data, 23 objects
            229 MB used, 26665 MB / 26894 MB avail
                 320 active+clean
```

깨진 객체가 주 OSD에 있는 경우 다음과 같은 단계를 거쳐야 한다.

1. 주 OSD를 멈춘다.
2. PG 디렉토리에서 객체를 지운다.
3. OSD를 재시작한다.
4. PG를 수리하게 Ceph에 명령한다.

▌ OSD 가득 참

기본적으로 Ceph는 OSD 활용도가 85%에 달하면 경고를 한다. 그리고 95%에 달하면 OSD로의 쓰기 I/O를 멈출 것이다. 따라서 OSD가 100% 완전히 차오르면 OSD는 충돌하고, 온라인^{online}으로 돌아가길 거부할 것이다. 85% 경고 수준 이상의 OSD 역시도 백필링^{backfilling}하기를 거부할 것이다. 따라서 클러스터의 복구는 OSD가 가득 차게 되면 영향을 받을 것이다.

가득 찬 OSD를 위한 문제 해결 단계를 다루기 전에 모니터링 관련 장에서 언급했듯이 OSD가 그 용량의 사용량을 모니터링하는 것을 추천한다. 이는 near_full 경고 임계치에 접근할 때 더 고수준의 경고를 줄 것이다.

여러분이 스스로 위의 거의 가득 찬 경고 상태에 클러스터가 있는 것을 발견한다면 두 가지 주요 옵션을 선택할 수 있다.

1. 더 많은 OSD 추가
2. 데이터 삭제

그러나 현실에서는 두 가지 모두 불가능하거나 시간이 오래 걸릴 수 있다. 또 어떤 경우에는 상황이 더 악화될 수 있다. OSD가 near_full 임계치 근처에 있을 뿐이라면 OSD 활용도에 균형이 맞는지 살펴서 이를 추적할 수 있다. 그리고 균형이 맞지 않으면 PG 균형 맞추기를 실행할 수 있다. 이는 튜닝 관련 장에서 더 자세히 다뤘다. too_full OSD에도 같은 식으로 적용된다. 이를 85% 아래로 내리기 힘들 수는 있더라도 쓰기 동작을 계속되게 할 수는 있다.

OSD가 완전히 찼다면 오프라인^{offline} 상태로 되며 시작되길 거부할 것이다. 이제 추가적인 문제가 있다. OSD가 시작되지 않으면 데이터의 균형을 맞추고 삭제를 하더라도 가득 차고 오프라인인 OSD에는 영향을 못 줄 것이다. 이 상황에서의 유일한 해결책은 디스크 파일 시스템에서 PG를 수동으로 지우고, OSD를 시작하는 것이다.

이를 위해 다음과 같은 과정을 따라야 한다.

1. OSD 프로세스가 시작되지 않았음을 확인한다.
2. 클러스터에 nobackfill을 설정해 OSD가 온라인으로 됐을 때 복구를 수행하지 않게 한다.
3. active, clean, remapped 상태의 PG가 오프라인 OSD에 존재하는지 찾는다.
4. 오프라인 OSD에서 해당 PG를 삭제한다.
5. OSD를 재시작한다.
6. Ceph 클러스터에서 데이터를 삭제하거나 PG의 균형을 다시 맞춘다.
7. nobackfill을 삭제한다.
8. 방금 삭제한 PG를 수리하고 스크럽을 실행한다.

▌ Ceph 로깅

오류를 분석할 때 무슨 일이 일어나고 있는지 더 잘 알기 위해 Ceph 로그 파일을 뒤져보는 것이 좋다. 기본적으로 로깅 수준level은 중요한 사건만 기록하게 설정돼 있다. 문제 해결을 하는 동안에는 그 원인을 파악하기 위해 로깅 수준을 올려야 할 필요가 있다. 로깅 수준을 올리기 위해서는 ceph.conf를 열어 새 로깅 수준을 입력하고 구성 요소를 재시작하거나 Ceph 데몬을 재시작하고 싶지 않다면 새 환경설정 매개변수를 돌고 있는 데몬에 주입할 수 있다. 이러한 매개변수를 주입하기 위해 ceph tell 명령어를 사용하면 된다.

```
ceph tell osd.0 injectargs --debug-osd 0/5
```

이 명령은 osd.0 OSD의 로깅 수준을 0/5로 설정한다. 0은 디스크 로깅 수준이고, 5는 메모리 로깅 수준이다.

로깅 수준 20에서 로그는 엄청나게 많고 빠르게 증가할 것이다. 높은 로깅 수준으로 너무 오랫동안 활성화하지 않길 바란다. 높은 로깅 수준은 성능에도 영향을 줄 수 있다.

▌ 느린 성능

느린 성능은 클러스터가 활동적으로 IO 요청을 처리할 때 기대치보다 낮은 수준의 성능으로 동작하는 것으로 정의된다. 일반적으로 느린 성능은 Ceph 클러스터의 구성 요소가 포화 상태에 달해 병목현상이 발생할 때 야기된다. 이는 클라이언트 요청의 증가 때문이거나 Ceph가 복구를 수행하게끔 하는 구성 요소의 문제점 때문이기도 하다.

원인

Ceph가 느린 성능을 갖게 하는 데는 여러 가지 원인이 있지만, 다음과 같은 것들이 대부분을 차지한다.

클라이언트 작업 부하 증가

때로는 느린 성능이 기저 요소의 문제로 인한 것이 아닐 수 있다. 단지 클라이언트 요청의 증가나 그 형태가 하드웨어가 처리할 수 있는 능력을 넘어서는 것 때문일 수 있다는 것이다. 여러 작업 각각이 모두 동시에 실행되기 때문인지 실행 시간이 오래 걸려서 느려짐 때문인지 알기 위해 클러스터로 들어오는 클라이언트 요청의 개수를 파악한다면 알아내기 쉬울 것이다. 늘어난 작업 부하가 지속적으로 나타난다면 추가적인 하드웨어를 설치하는 것만이 해결책이다.

다운된 OSD

클러스터에서 많은 OSD가 down으로 표기된다면 모든 OSD가 오프라인이기 때문에 OSD를 클러스터에서 out 상태로 만들지 않는 한 복구는 시작되지 않을 것이지만, 그럼에도 불구하고 성능에 영향을 줄 것이다. 따라서 클라이언트 IO를 처리할 수 있는 IOP 숫자는 낮을 것이다. 모니터링 시스템은 이러한 일이 생기면 어떤 동작을 취할 수 있게 알림을 주어야 한다.

복구 및 백필링

OSD가 out이라고 표시되면 영향 받는 PG는 새 OSD에 다시 피어repeer되고, 클러스터 전체에 걸쳐 복구 절차와 데이터 백필링을 시작한다. 이 절차는 Ceph 클러스터의 디스크에 엄청난 부하를 주며, 클라이언트 요청에는 높은 지연시간을 나타낼 것이다. 그 비율과 우선순위를 줄임으로써 백필링의 영향을 줄일 수 있는 몇 가지 튜닝 옵션이 존재한다. 이는 클러스터의 내구성을 줄일 수 있으므로, 문제 있는 디스크에서 더 느려진 복구의 영향과 비교해서 평가돼야 한다.

스크럽

Ceph가 데이터의 비일관성을 찾기 위해 딥 스크럽을 사용할 때 OSD의 모든 객체를 읽어야 한다. 이는 IO에 매우 민감한 작업일 수 있다. 그리고 큰 드라이브에서 그 절차가 더 오래 걸릴 것이다. 스크럽은 데이터 손실을 보호하는 핵심적인 수단이기 때문에 비활성화가 되서는 안 된다. 9장에서 스크럽과 그 우선순위에 대해 설정하는 다양한 튜닝 옵션에 대해 다뤘다. 이러한 설정을 조작함으로써 스크럽에서 생기는 클라이언트 작업으로의 큰 성능 영향을 피할 수 있다.

스냅트리밍

스냅샷snapshot을 삭제할 때 Ceph는 스냅샷 처리 동안에 쓰기 시 복제copy on write로 인해 생성된 모든 객체를 삭제해야 한다. Ceph 10.2.8부터는 향상된 OSD 설정인 osd_snap_trim_sleep이 존재한다. 이는 Ceph로 하여금 각 스냅샷 객체의 트리밍^{trimming} 간 설정된 숫자만큼 기다리게 한다. 이는 기저 객체 스토어가 과부화되지 않게 한다.

 이 설정이 쥬얼 릴리스 이전에서도 사용 가능하긴 하지만, 이 동작은 같지도 않고 사용해서도 안 된다.

하드웨어 또는 드라이버 문제

Ceph 클러스터에 새로 나온 하드웨어를 넣고 데이터의 백필링 균형이 다시 맞춰진 이후 느린 성능을 경험한다면 하드웨어에 관련된 펌웨어^{firmware}나 드라이버 업데이트를 점검하라. 새 드라이버는 새 커널을 요구할 수도 있다. 적은 양의 하드웨어만 문제가 있다면 풀의 min_size 아래로 내려가지 않고도 임시적으로 OSD를 out 상태로 표기할 수 있다. 이 방법이 하드웨어 문제를 없애기 위해 더 나은 방법일 수 있다.

모니터링

8장에서 설정한 모니터링이 매우 유용해지는 순간이다. 이는 현재의 메트릭을 읽어 긴 기간의 흐름을 비교해서 특이 사항이 있는지 볼 수 있게 한다.

먼저 디스크 성능을 보는 걸 추천한다. 대부분의 성능 저하에서는 기저 디스크에서 병목현상이 쉽게 발견된다.

설정된 모니터링이 없거나 성능 메트릭을 수작업으로 자세히 보길 바란다면 이를 위해 사용할 수 있는 여러 가지 도구가 있다.

iostat

iostat는 실행 중 성능의 개요와 OSD 노드에서 돌아가는 모든 디스크 지연시간을 얻는 데 사용할 수 있다. iostat를 다음과 같이 실행한다.

```
iostat -d 1 -x
```

다음과 비슷한 결과를 얻을 것이다. 이는 1초에 한 번 갱신된다.

시간의 경과에 따라 높은 사용량을 많은 디스크에서 보여준다면 디스크가 포화 상태로 가고 있다는 것을 의미한다. r_await 시간을 보는 것도 좋은데, 읽기 요청이 OSD 노드의 디스크에서 기대 성능보다 더 오래 걸리게 되는지 확인하기 위한 것이다. 이미 언급했듯이 높은 디스크 사용량이 느린 성능의 원인이 됨을 찾았고, 문제점이 곧 사라질 것 같지 않다면 추가 디스크만이 유일한 해결책이다.

htop

표준 top 유틸리티와 같이 htop은 호스트의 CPU와 메모리의 현재 소비 상태를 제공해준다. 그러나 이는 좀 더 직관적인 모습을 제공해서 전체적인 시스템 자원 사용을 더 쉽게 판단할 수 있게 한다. 특히 Ceph의 사용에 따라 자원이 빠르게 변동된다면 말이다.

atop

atop 역시 유용한 도구다. CPU, RAM, 디스크, 네트워크 등을 위한 성능 메트릭을 수집하고, 한 화면에 이 모든 정보를 표시한다. 이는 시스템 자원 사용량에 대한 전체적인 상황을 쉽게 볼 수 있다.

진단

느린 성능을 진단하는 데 도움이 되는 데 쓰이는 내부 Ceph 도구가 있다. 느린 성능을 분석하기 위해 가장 유용한 명령어는 현재 수행되고 있는 동작을 덤프[dump]하는 것이다. 이는 다음과 같은 명령을 사용해서 얻을 수 있다.

```
sudo ceph daemon osd.x dump_ops_in_flight
```

이는 명시된 OSD에서의 현재 동작 모두를 덤프한다. 그리고 해당 동작의 각 단계를 시간별로 쪼개놓는다. 다음은 수행 중인 IO의 예다.

```
        "description": "osd_op(client.29342781.1:262455793 17.768b3a6 rb.0.4d983.238e1
f29.000000001988 [set-alloc-hint object_size 4194304 write_size 4194304,write 1318912~1228
8] snapc 0=[] ondisk+write e98614)",
        "initiated_at": "2017-04-21 22:23:11.401997",
        "age": 0.000626,
        "duration": 0.000704,
        "type_data": [
            "waiting for sub ops",
            {
                "client": "client.29342781",
                "tid": 262455793
            },
            [
                {
                    "time": "2017-04-21 22:23:11.401997",
                    "event": "initiated"
                },
                {
                    "time": "2017-04-21 22:23:11.402107",
                    "event": "queued_for_pg"
                },
                {
                    "time": "2017-04-21 22:23:11.402122",
                    "event": "reached_pg"
                },
                {
                    "time": "2017-04-21 22:23:11.402146",
                    "event": "started"
                },
                {
                    "time": "2017-04-21 22:23:11.402177",
                    "event": "waiting for subops from 14,37"
                },
                {
                    "time": "2017-04-21 22:23:11.402368",
                    "event": "commit_queued_for_journal_write"
                },
                {
                    "time": "2017-04-21 22:23:11.402379",
                    "event": "write_thread_in_journal_buffer"
                },
                {
                    "time": "2017-04-21 22:23:11.402585",
                    "event": "journaled_completion_queued"
                },
                {
                    "time": "2017-04-21 22:23:11.402598",
                    "event": "op_commit"
                }
```

이전 예제 IO를 통해서 개별 동작을 위해 기록된 모든 단계를 볼 수 있다. 여기서는 어떤 동작이 성능 문제없이 돌아가고 있다는 것을 알 수 있다. 그러나 낮은 성능이 발생한 경우 두 단계 간 엄청난 지연을 볼 수 있을 것이다. 그리고 이 부분을 분석해서 원인을 찾을 수 있을 것이다.

▌ 극도로 느린 성능 또는 IO 처리 불가

클러스터가 현저히 느리게 동작하면 IO 요청을 처리하기가 매우 힘들 것이다. 그리고 여기에는 기저 요소에 문제가 있거나 환경설정 문제가 있을 수 있다. 이러한 느린 요청은 Ceph status 화면에 얼마나 오랫동안 요청이 차단돼 있었는지에 대한 카운터와 함께 두드러지게 나타날 것이다. 이 경우 확인해야 할 몇 가지를 알아보자.

OSD 플래핑

모니터 노드에서 ceph.log을 확인하고, 어떤 OSD가 업^{up} 및 다운^{down} 상태를 왔다 갔다 하는지 확인해본다. OSD가 클러스터에 합류할 때 PG는 피어링되기 시작한다. 이 피어링 절차 동안 IO는 임시적으로 멈춘다. 따라서 많은 OSD가 플래핑^{flapping}(up과 down 상태가 왔다 갔다 함 – 옮긴이)하면 클라이언트 IO는 심각하게 영향을 받는다. OSD 플래핑 현상이 있다면 다음 단계는 플래핑하는 OSD를 위한 로그를 살펴보고, 그 이유가 무엇인지 단서를 찾아본다. 플래핑하는 OSD는 원인이 여러 가지고, 광범위할 수 있기 때문에 추적하기가 어렵다.

점보 프레임

점보 프레임을 사용한다면 네트워크 변경이 문제의 원인이 되지는 않았는지 확인한다. 점보 프레임이 제대로 동작하지 않는다면 작은 패킷은 OSD나 MON에 성공적으로 이동하겠지만, 큰 패킷은 버려질 것이다. 이 결과로 OSD가 반만 동작하는 것처럼 보이게 한다. 그리고 명백한 원인을 찾기 매우 어려울 것이다. 이상한 점이 눈에 띈다면 ping을 통해 여러분의 네트워크가 점보 프레임을 통해서도 잘 동작하는지 항상 점검하라.

디스크 고장

Ceph가 클러스터의 모든 디스크에 데이터를 분리해 넣기 때문에 완전히 고장 나지는 않았지만 문제가 생기기 시작한 단일 디스크는 클러스터에서 느리거나 멈춘 IO의 원인이 되기 시작할 것이다. 보통 이는 방대한 읽기 오류로부터 부하를 받는 디스크로 인해 발생한다. 그러나 디스크가 완전히 고장 나는 것보다는 덜 심각하다. 일반적으로 디스크는 베드 섹터로 쓰이게 되면 섹터를 재할당한다. 디스크의 SMART 통계를 모니터링하면 이와 같은 현재 상태를 얻을 수 있고, 그에 따라 대처도 할 수 있다.

느린 OSD

때로 OSD가 명백한 이유 없이 매우 느린 속도로 시작될 수 있다. 모니터링 도구를 통해서는 명백한 이유를 찾기 어려운 경우 ceph.log와 자세한 Ceph 상태 출력을 참고하라. 모든 커밋^{commit} 목록 및 모든 OSD의 지연시간을 나열할 수 있는 Ceph **osd perf**를 사용할 수 있다. 또한 이것은 문제가 있는 OSD를 식별하는 데 도움이 될 수 있다. 느린 요청에 나타나는 공통적인 OSD 참조 형태가 보여준다면 해당 OSD가 문제의 원인일 것이다. OSD 재시작이 이 문제를 해결할 수 있을지 모른다. OSD에 여전히 문제가 있다면 그를 Out 상태로 표시하고 OSD를 교체한다.

▌ 다운 상태의 PG 분석

다운 상태에 있는 PG는 모든 클라이언트 요청을 처리할 수 없을 것이다. 또한 해당 PG에 들어있는 객체는 사용 불가할 것이다. 클라이언트가 이러한 객체에 접근하려고 할 때 느린 요청이 클러스터에 쌓이게 될 것이다. PG가 다운 상태인 가장 일반적인 이유는 많은 OSD가 오프라인이기 때문이다. 즉, 활성화된 OSD 중의 어떤 PG에도 유효한 복제본이 없다는 것을 말한다. 그러나 PG가 왜 다운상태인지 알기 위해 다음과 같은 명령어를 실행할 수 있다.

```
ceph pg x.y query
```

이는 방대한 양의 결과를 생성한다. 우리가 원하는 정보는 피어링 상태 정보다. 이 예는 min_size가 1로 설정된 풀의 PG로부터 얻어냈다. 그리고 OSD 0 이 업 상태가 되고 실행 중일 때에만 데이터가 써졌다. 그리고 나서 OSD 0은 멈췄고 OSD 1과 2는 시작됐다.

```
"probing_osds": [
    "1",
    "2"
],
"blocked": "peering is blocked due to down osds",
"down_osds_we_would_probe": [
    0
],
"peering_blocked_by": [
    {
        "osd": 0,
        "current_lost_at": 0,
        "comment": "starting or marking this osd lost may let us proceed"
    }
],
```

여기서 피어링 절차가 차단됐다는 것을 볼 수 있다. Ceph는 해당 PG가 OSD 0에 쓰인 새로운 데이터가 있다는 것을 알고 있기 때문이다. 데이터를 위해 OSD 1과 OSD 2를 관찰했지만 필요한 어떠한 것도 찾지 못했다는 것을 말한다. OSD 0을 뒤져보길 바랐지만 OSD가 다운됐기 때문에 불가능했다. 따라서 starting or marking this osd lost may let us proceed 메시지가 보인다.

▌ 커진 모니터 데이터베이스

Ceph는 leveldb를 사용해서 모든 요구되는 클러스터의 모니터 데이터를 저장한다. 이는 OSD와 클라이언트가 RADOS 클러스터에서 객체 위치를 얻을 수 있게 하는 모니터 맵, OSD 맵, PG 맵 등을 포함한다. 알아둬야 할 한 가지 기능은 클러스터의 상태가

246

HEALTH_OK가 아닌 동안에 모니터는 데이터베이스에서 오래된 클러스터 맵을 버려서는 안 된다는 것이다. 클러스터가 오랫동안 degraded 상태에 있거나 클러스터가 많은 OSD를 갖고 있다면 모니터 데이터베이스는 매우 커지게 될 것이다.

일반적인 운영 상황에서 모니터는 자원 소비에 있어서 매우 가볍다. 때문에 모니터를 위해서 작은 디스크 크기를 사용하는 것이 일반적이다. 오랜 기간 지속되는 degraded 상태의 경우 모니터 데이터베이스가 디스크를 가득 차게 했을 가능성이 있다. 이것이 모든 모니터 노드에 걸쳐 발생하면 전체 클러스터가 멈출 것이다.

이러한 동작을 막기 위해서 LVM을 이용해서 모니터 노드를 배포하는 것이 좋다. 따라서 디스크가 확장돼야 할 필요가 있다면 더 쉽게 이를 이룰 수 있을 것이다. 이러한 상황에 놓이면 클러스터가 HEALTH_OK 상태에 들어갈 때까지 디스크 공간을 추가하는 것이 유일한 해결책이다.

클러스터가 HEALTH_OK 상태에 들어가더라도 모니터 데이터베이스는 여전히 클 것이다. 다음과 같은 명령어를 통해 이들을 줄일 수 있다.

```
sudo ceph tell mon.{id} compact
```

그러나 이 명령어는 클러스터의 상태가 HEALTH_OK일 때에만 동작할 것이다. HEALTH_OK 상태가 되기 전까지는 줄일 수 있는 데이터인 오래된 클러스터 맵을 삭제할 수 없을 것이다.

▌요약

10장에서는 Ceph가 스스로 해결하지 못하는 문제를 다루는 방법을 배웠다. 이제 더 큰 문제로 커질 수 있는 다양한 미처리 상황을 해결하기 위해 필요한 단계에 대해 이해한다. 게다가 Ceph 클러스터가 기대한 만큼의 성능을 보여주지 않았을 때 봐야 할 핵심적인 분야에 대해 올바른 개념을 갖는다. Ceph 관련 문제가 언제 발생하든지 그것을 훨씬 잘 다룰 수 있다는 자신감을 가진다.

11

피해 복구

10장에서 일반적인 Ceph 문제점을 해결하기 위한 방법에 대해 알아봤다. 클러스터의 동작이 영향을 받기는 하지만 전체적으로 정지되거나 데이터를 잃지는 않는 편이다. 11장에서는 Ceph 클러스터가 다운되거나, 응답 불가 상태 등 심각한 문제에 대한 내용을 다룬다. 또한 이러한 데이터 손실로부터 복구하는 다양한 방법을 다룬다. 이러한 방법이 그 자체로 더 심각한 데이터 손실의 원인이 될 수 있기 때문에 최후의 수단으로 시도해야 한다. Ceph 벤더^{vendor}와 지원 계약이 돼 있거나 레드햇과 관계가 있다면 11장에서 나열된 복구 기법을 사용하기 전에 상담을 먼저 받아보기를 권장한다.

11장에서 다루는 내용은 다음과 같다.

- 데이터 손실 피하기
- 고사용성 블록 스토리지 제공을 위한 RBD 미러링 사용
- 어썰트^{assert} 분석
- OSD로부터 모니터 DB 재구축
- 죽은 OSD로부터 PG 추출
- 사라진 객체 또는 비활성 PG로부터 복구
- 죽은 OSD로부터 RBD 재구축

피해란?

피해로부터 복구할 수 있기 위해서는 먼저 이를 이해해야 하고, 인지할 수 있어야 한다. 11장의 목적을 위해 지속적인 다운 시간^{downtime}을 유발하는 무엇이든 그것을 피해라고 가정하고 진행할 것이다. Ceph가 복구를 자연히 할 수 있는 고장이나 짧은 시간 동안에만 존재하는 문제에 대해서는 다루지 않을 것이다. 피해의 또 다른 형태는 Ceph 클러스터의 복구가 가능하지 않는 한 영속적인 데이터 손실을 일으키는 것이다. 데이터 손실은 가장 심각한 사안일 수 있다. 데이터를 대체할 수 없고 사업의 지속이 불가능할 수 있기 때문이다.

데이터 손실 피하기

복구 기법을 다루기 전에 1장에서 설명한 사항을 짚고 넘어가 보자. 피해 복구는 마지막 수단으로서 다뤄져야 한다. 11장에 언급되는 복구 안내는 현실에 맞는 최적의 해결책으로 생각해서는 안 된다.

먼저 동작하고 검증된 백업 데이터를 갖고 있다는 것을 확인하자. 운영 중지가 발생하

게 되면 최악의 경우에도 수백만 배는 더 마음이 편할 것이다. 백업으로부터 복구할 수 있기 때문이다. 이러한 중지가 그들이 맡긴 데이터가 사라졌고 더 안 좋아질 수 있다는 것을 알림으로써 사용자나 고객에게 불편함을 줄 수는 있다. 또한 백업 시스템이 제대로 갖춰져 있다고 해서 맹목적으로 신뢰하지는 말자. 정기적인 복원 테스트는 복원이 필요할 때 의지할 수 있는 수단이 될 것이다.

1장에서 언급한 설계 원리를 따르고 있는지 확인하라. nobarrier 같은 환경설정 옵션은 사용하지 말라. 데이터 보호를 위해 Ceph에 있는 복제 수준을 사용하기를 강력히 권장한다. 데이터 손실의 가능성은 Ceph에 설정된 다중화 설정과 강하게 연관돼 있다. 따라서 심도 있게 계획해야 한다.

▍ 운영 중지나 데이터 손실이 발생하는 원인

운영 중지와 데이터 손실의 발생은 짧은 시간동안 복제 수준을 넘어서는 여러 OSD의 손실로부터 직접 발생할 수 있다. 이러한 OSD가 온라인으로 돌아오지 않는다면 그것이 소프트웨어나 하드웨어 문제 때문이고, Ceph가 OSD 실패 중 객체를 복구할 수 없다면 이러한 객체들은 이제 손실됐다고 본다.

OSD가 깨진 디스크 때문에 문제가 생기면 고비용 디스크 복구 서비스를 활용하지 않는 한 복구가 불가능하지 않을 수도 있다. 그리고 이렇게 복구된 데이터가 일관된 상태에 있다고 보증할 수 없다. 11장에서는 물리적인 디스크 고장으로부터 복구하는 방법을 다루진 않을 것이다. 단지 다수의 디스크 고장으로부터 보호하기 위해 기본 복제 수준 3으로 설정할 것을 제안할 것이다.

OSD가 소프트웨어 버그로 인해 실패하면 그 결과는 상당히 긍정적이다. 그러나 절차는 복잡하고 시간을 소요할 것이다. 물리적으로 문제가 없는 디스크에 있는 OSD가 구동이 불가능하다면 이는 보통 소프트웨어 버그나 어떤 형태의 충돌에 관련이 있다.

소프트웨어 버그는 복구할 수 없는 상태로 OSD를 만드는 처리되지 않은 예외^{uncaught}

exception에 의해 촉발될 수 있다. 충돌은 데이터 일관성 유지를 위해 적절하게 설정되지 않은 하드웨어나 소프트웨어에서 예기치 못한 전력 끊김 이후에 발생할 수 있다. 두 경우 모두 OSD 자체를 살펴보는 것이 마지막 수단일 것이다. 그리고 클러스터가 손실된 OSD로부터 어찌어찌 복구됐다면 손실된 OSD를 삭제하고, 빈 디스크에 OSD를 재구축하는 것이 최선이다.

한 객체의 복사본을 갖는 모든 OSD가 오프라인이면 복구 절차는 잃어버린 OSD에서 객체를 추출하고, 클러스터에 재삽입하려 할 것이다.

▌ RBD 미러링

이미 언급했듯이 백업의 생성은 문제점이 발생했을 때 데이터 손실로 가지 않게 하는 주요 전략이다. 쥬얼^{Jewel} 릴리스부터 Ceph는 RBD 미러링을 제공한다. 이는 RBD를 한 클러스터에서 다른 클러스터로 비동기 미러^{mirror}를 할 수 있게 해 준다. Ceph의 기본 동기 복제와 RBD 미러링의 차이점을 알아두자. 동기 복제로는 피어^{peer} 간 낮은 지연시간이 핵심이다. 비동기 복제의 경우에는 두 Ceph 클러스터를 지연시간이 고려 대상이 아닌 지리적으로 먼 곳에 구축할 수 있다.

분리된 클러스터에 RBD 이미지의 복제본을 갖고 있음으로써 복구 목표 시간^{RTO}와 복구 목표 시점^{RPO} 모두를 현격히 감소시킬 수 있다. RTO는 복구가 시작되는 시점부터 데이터가 사용 가능한 시점까지 걸리는 시간을 말한다. 이는 각 데이터 간 최악의 경우에 대한 측정이며, 예상되는 데이터 손실을 제공한다. 일일 백업은 24시간의 RPO를 갖게 한다. 백업으로부터 복구를 하게 된다면 최대 24시간 내에 써진 데이터가 손실될 수 있을 것이다.

RBD 미러링은 대상 RBD로 데이터가 비동기로 복제된다. 따라서 대부분의 경우 RPO

는 1분 이내일 것이다. 대상 RBD 역시 복제본이고 먼저 복구돼야 할 필요가 있는 백업은 아니기 때문에 RTO는 극히 낮을 것이다. 게다가 대상 RBD가 분리된 Ceph 클러스터에 저장되기 때문에 스냅샷을 통한 추가적인 보호를 제공한다. 이렇게 분리된 클러스터 역시 자신만의 문제에 영향을 받을 수 있다. 이는 RBD 미러링을 데이터 손실 보호를 위한 완벽한 도구로 보이게끔 한다. 그리고 대부분의 경우 매우 유용한 것이 사실이다. RBD 미러링은 적절한 백업 루틴^{routine}을 대체하지는 않는다. RBD로의 내부 작업에 의해 데이터 손실이 발생되는 경우(파일 시스템 충돌이나 사용자 오류) 이러한 변경점은 대상 RBD에 복제될 것이다. 분리되고 격리된 데이터 복제본이 필수적이다.

이제 RBD 미러링이 어떻게 동작하는지 자세히 살펴보자.

저널

RBD 미러링의 주요 구성 요소 중 하나는 저널^{journal}이다. RBD 미러링 저널은 RBD로 향하는 모든 쓰기를 저장한다. 써지고 나면 클라이언트로 응답을 보낸다. 이러한 쓰기는 주 RBD 이미지에 작성된다. 저널 그 자체는 RBD 이미지와 비슷한 접두사가 붙는 RADOS 객체로 저장된다. 별도로 원격 `rbd-mirror` 데몬은 설정된 RBD 미러를 수소문해서 새로 써진 저널 객체를 대상 클러스터로 쓰고, 대상 RBD에도 다시 쓴다.

rbd-mirror 데몬

`rbd-mirror` 데몬은 다른 Ceph 클러스터의 대상 RBD로 저널 내용을 다시 쓰는 것에 책임을 갖는다. 양방향 복제를 원하지 않는다면 `rbd-mirror` 데몬은 대상 클러스터에서만 실행되면 된다. 양방향 복제를 원한다면 두 클러스터 모두에서 실행돼야 한다.

RBD 미러링 설정

RBD 미러링 기능을 사용하기 위해서는 두 개의 Ceph 클러스터가 필요하다. 이전에 사용하던 것과 똑같은 두 클러스터를 배포해도 된다. 그러나 대부분 사람들의 개인용 기기가 실행할 수 있는 능력을 넘어설 수 있다. 그러므로 기존 베이그린드^{vagrant}와 앤서블^{ansible} 설정 파일을 수정해서 두 개의 독립된 Ceph 클러스터를 배포할 것이다. 각각은 하나의 모니터와 하나의 OSD 노드를 가질 것이다.

필요한 Vagrantfile은 2장에서 초기 테스트 클러스터를 배포하기 위해 사용된 것과 매우 비슷하다. 상위의 호스트 부분은 다음과 같을 것이다.

```
nodes = [
  { :hostname => 'ansible', :ip => '192.168.0.40', :box => 'xenial64' },
    { :hostname => 'site1-mon1', :ip => '192.168.0.41', :box => 'xenial64' },
    { :hostname => 'site2-mon1', :ip => '192.168.0.42', :box => 'xenial64' },
    { :hostname => 'site1-osd1', :ip => '192.168.0.51', :box => 'xenial64',
:ram => 1024, :osd => 'yes' },
    { :hostname => 'site2-osd1', :ip => '192.168.0.52', :box => 'xenial64',
:ram => 1024, :osd => 'yes' }
]
```

앤서블 환경설정의 경우 두 앤서블 환경설정 인스턴스를 따로 관리할 것이다. 따라서 각각의 클러스터는 따로 배포될 것이다. 그리고 나서 플레이북^{playbook}을 실행할 때 필요한 것을 명시한 hosts 파일을 인스턴스마다 가질 것이다. 이를 위해 ceph-ansible 파일을 /etc/ansible에 복사하지 않고, 홈 디렉토리에 유지할 것이다.

```
git clone https://github.com/ceph/ceph-ansible.git
cp -a ceph-ansible ~/ceph-ansible2
```

각각 all과 Ceph로 명명된 같은 파일 두 개를 2장에서 생성한 group_vars 디렉토리에 만든다. 이는 ceph-ansible의 복제본이면 된다.

1. hosts 파일을 각 앤서블 디렉토리에 생성하고, 두 호스트를 각각에 넣는다.

```
vagrant@ansible:~/ceph-ansible$ cat hosts
[mons]
site1-mon1

[osds]
site1-osd1

[ceph:children]
mons
osds
```

이 이미지는 첫째 호스트를 위한 것이고 다음과 같은 이미지는 둘째 호스트를 위한 것이다.

```
vagrant@ansible:~/ceph-ansible2$ cat hosts
[mons]
site2-mon1

[osds]
site2-osd1

[ceph:children]
mons
osds
```

2. 각 ceph-ansible 인스턴스의 site.yml 플레이북을 실행해서 두 Ceph 클러스터를 배포한다.

```
ansible-playbook -K -i hosts site.yml
```

3. RBD 미러링을 설정하기 전에 기본 풀의 복제 수준을 1로 설정해야 한다. OSD가 한 개이기 때문이다. 다음과 같은 명령어를 두 클러스터에서 실행한다.

```
vagrant@site1-mon1:~$ sudo ceph osd pool set rbd size 1
set pool 0 size to 1
vagrant@site1-mon1:~$ sudo ceph osd pool set rbd min_size 1
set pool 0 min_size to 1
```

4. 이제 RBD 미러링 데몬을 두 클러스터에 설치한다.

```
sudo apt-get install rbd-mirror
```

5. rbd-mirror 데몬이 두 클러스터 간 통신을 할 수 있게 하기 위해 ceph.conf와
   keyring을 두 클러스터에서 서로 간에 복사한다.

6. ceph.conf를 site1-mon1에서 site2-mon1으로 복사하고 remote.conf로 변경
   한다.

7. ceph.client.admin.keyring을 site1-mon1에서 site2-mon1으로 복사하고
   remote.client.admin.keyring으로 변경한다.

8. 위 두 단계를 반복하되 site2-mon1에서 site1-mon1으로 수행한다.

9. 키링keyring 파일이 ceph:ceph에 소유되게끔 한다.

```
sudo chown ceph:ceph /etc/ceph/remote.client.admin.keyring
```

10. 이제 Ceph에 rbd 풀의 미러링 기능을 활성화하게끔 한다.

```
sudo rbd -cluster ceph mirror pool enable rbd image
```

11. 대상 클러스터에서 반복한다.

```
sudo rbd --cluster remote mirror pool enable rbd image
```

12. 대상 클러스터를 풀 미러링 설정의 피어로 추가한다.

```
sudo rbd --cluster ceph mirror pool peer add rbd client.admin@remote
```

13. 같은 명령어를 두 번째 Ceph 클러스터에서 수행한다.

```
sudo rbd --cluster ceph mirror pool peer add rbd client.admin@remote
```

14. 첫 클러스터로 돌아가서 사용을 위한 테스트 RBD를 생성한다.

```
sudo rbd create mirror_test --size=1G
```

15. RBD 이미지에 저널 기능을 활성화한다.

```
sudo rbd feature enable rbd/mirror_test journaling
```

16. 끝으로 RBD를 위한 미러링을 활성화한다.

```
sudo rbd mirror image enable rbd/mirror_test
```

```
vagrant@site1-mon1:~$ sudo rbd mirror image enable rbd/mirror_test
Mirroring enabled
```

RBD 미러링 작업이 풀pull 방식을 통해 동작한다는 것이 중요하다. rbd-mirror 데몬은 복제하길 원하는 RBD의 클러스터에 실행돼야 한다. 그리고 나서 본래의 클러스터에 접속해서 RBD를 복제한다. 여러분이 각 Ceph 클러스터 모두에 두 방향 복제를 구현하길 원한다면 rbd-mirror 데몬을 두 클러스터에 실행해야 한다. 이제 대상 호스트에 rbd-mirror systemd 서비스를 활성화하고 시작한다.

```
sudo systemctl enable ceph-rbd-mirror@admin
sudo systemctl start ceph-rbd-mirror@admin
```

rbd-mirror 데몬은 주 클러스터에 미러링을 위해 설정된 RBD 이미지를 처리하기 시작한다.

대상 클러스터에서 다음과 같은 명령을 실행하면 예측대로 잘 동작하는지 확인할 수 있다.

```
sudo rbd -cluster remote mirror pool status rbd -verbose
```

이 스크린샷에서 mirror_test RBD가 up+replaying 상태에 있는 것을 볼 수 있다. 즉, 미러링이 진행 중이라는 의미다. entries_behind_master를 통해 현재 최신의 상태라는 것을 알 수 있다.

양쪽 클러스터에서 RBD info 명령어를 실행한 결과가 다르다는 것을 살펴보라. 본래의 클러스터에서 주 상태는 true 값이다. 즉, 어떤 클러스터 RBD가 마스터[master] 상태인지 알려주고, 이는 클라이언트에 의해 사용된다. 여기서는 주 클러스터에만 RBD를 생성했지만, 보조 클러스터에도 복제됐음을 알 수 있다.

본래 클러스터는 다음과 같다.

```
rbd image 'mirror_test':
        size 1024 MB in 256 objects
        order 22 (4096 kB objects)
        block_name_prefix: rbd_data.374b74b0dc51
        format: 2
        features: layering, exclusive-lock, object-map, fast-diff, deep-flatten, journaling
        flags:
        journal: 374b74b0dc51
        mirroring state: enabled
        mirroring global id: a90b307a-98ec-4835-9ea8-fc2f91b4ae37
        mirroring primary: true
```

대상 클러스터는 다음과 같다.

```
rbd image 'mirror_test':
        size 1024 MB in 256 objects
        order 22 (4096 kB objects)
        block_name_prefix: rbd_data.377d2eb141f2
        format: 2
        features: layering, exclusive-lock, object-map, fast-diff, deep-flatten, journaling
        flags:
        journal: 377d2eb141f2
        mirroring state: enabled
        mirroring global id: a90b307a-98ec-4835-9ea8-fc2f91b4ae37
        mirroring primary: false
```

RBD 장애 극복 실행

RBD를 보조 클러스터로 장애 극복^{failover}하기 전에 이를 NBD로 붙이고, 파일 시스템을
생성하고, 파일을 그 위에 위치시킨다. 그렇게 함으로써 미러링이 잘 동작하고 있는지
확인할 수 있다. 리눅스 커널 4.11에서 커널 RBD 드라이버는 RBD 미러링에 필요한
RBD 저널링 기능을 지원하지 않는다. 즉, 커널 RBD 클라이언트를 통해서는 RBD에
연결할 수 없다는 것을 말한다. 이때 rbd-nbd 유틸리티를 사용하면 된다. 이는 사용자
영역에서 리눅스 nbd 장치에 RBD를 연결하기 위해 librbd 드라이버를 사용한다.
Ceph가 느린 성능을 나타내는 원인에는 여러 가지가 있을 수 있지만, 이것이 가능성
이 높은 원인일 수 있다.

```
sudo rbd-nbd map mirror_test
```

```
vagrant@site1-mon1:~$ sudo rbd-nbd map mirror_test
/dev/nbd0
```

```
sudo mkfs.ext4 /dev/nbd0
```

```
vagrant@site1-mon1:~$ sudo mkfs.ext4 /dev/nbd0
mke2fs 1.42.13 (17-May-2015)
Discarding device blocks: done
Creating filesystem with 262144 4k blocks and 65536 inodes
Filesystem UUID: d4ff2036-a10b-4003-8a0a-144b0863b55a
Superblock backups stored on blocks:
        32768, 98304, 163840, 229376

Allocating group tables: done
Writing inode tables: done
Creating journal (8192 blocks): done
Writing superblocks and filesystem accounting information: done
```

```
sudo mount /dev/nbd0 /mnt
echo This is a test | sudo tee /mnt/test.txt
sudo umount /mnt
sudo rbd-nbd unmap /dev/nbd0
```

이제 주 클러스터의 RBD를 내리고[demote] 보조 클러스터에 올린다[promote].

```
sudo rbd --cluster ceph mirror image demote rbd/mirror_test
sudo rbd --cluster remote mirror image promote rbd/mirror_test
```

이제 RBD를 보조 클러스터에 연결하고 마운트[mount]한다. 이제 주 클러스터에서 생성된 텍스트 파일을 읽을 수 있을 것이다.

```
vagrant@site2-mon1:~$ sudo rbd-nbd map mirror_test
/dev/nbd0
vagrant@site2-mon1:~$ sudo mount /dev/nbd0 /mnt
vagrant@site2-mon1:~$ cat /mnt/test.txt
This is a test
```

RBD가 보조 클러스터로 성공적으로 미러링됐고, 파일 시스템 내용은 주 클러스터에서 남긴 것들이라는 것을 확실히 볼 수 있다

주 클러스터가 아닌 곳에 있는 RBD를 연결하고 마운트하고자 한다면 이 동작은 그저 멈출 것이다. Ceph는 마스터가 아닌 곳에서의 RBD 이미지에 대한 IO를 허용하지 않기 때문이다.

▌ RBD 복구

다수의 OSD 실패가 발생하고 `ceph-object-store` 도구로 복구할 수 없다면 클러스터는 RBD 이미지에 접근 불가능한 상태에 들어갈 확률이 높다. 그러나 Ceph 클러스터에서 디스크상 RBD 데이터를 복구할 기회를 여전히 갖고 있다. OSD 데이터 구조를 검색해서 RBD와 관련된 객체 파일을 찾고, 이러한 객체를 디스크 이미지로 결집해 본래의 RBD 이미지를 복원할 수 있는 도구가 있다.

이 절에서는 테스트 Ceph 클러스터로부터 테스트 RBD 이미지를 복구하기 위해 레너트 베이더Lennart Bader가 제작한 도구를 살펴본다. 이 도구는 OSD가 실행 중이거나 사용 중이라는 조건 없이도 Ceph OSD의 내용으로부터 RBD 이미지를 복구할 수 있게 한다. 기저의 파일 시스템 충돌로 인한 OSD 깨짐이라면 RBD 이미지의 내용 역시 깨져 있을 것이다. RBD 복구 도구는 다음과 같은 깃허브github 리파지토리에서 찾을 수 있다.

https://gitlab.lbader.de/kryptur/ceph-recovery

시작하기 전에 Ceph 클러스터에 생성된 유효한 파일 시스템에 작은 테스트용 RBD를 만든다. 2장에서 생성한 테스트 환경의 디스크 크기 때문에 추천되는 테스트 RBD 크기는 1기가바이트다.

여기서는 모니터 노드에서 복구 작업을 수행할 것이지만, 사실은 Ceph OSD 디스크에 접근 가능한 어느 노드에서든 수행할 수 있다. 디스크에 접근하기 위해 데이터 복구를 위해 복구 서버에 충분한 공간이 있는지 확인해야 한다.

이 예에서는 ssh를 통해 원격 디렉토리를 마운트를 할 수 있게 지원하는 sshfs를 통해 원격 OSD 콘텐츠를 마운트할 것이다. 그러나 실제로는 다른 서버에 물리적으로 디스크를 삽입하거나 기타 필요한 어떤 방법이든 사용할 수 있다. 도구는 OSD 데이터 디렉토리를 보기 위해서만 필요하다.

1. 먼저 Ceph 복구 도구를 깃 리파지토리에서 복제한다.

```
git clone https://gitlab.lbader.de/kryptur/ceph-recovery.git
```

```
vagrant@mon1:~$ git clone https://gitlab.lbader.de/kryptur/ceph-recovery.git
Cloning into 'ceph-recovery'...
remote: Counting objects: 18, done.
remote: Compressing objects: 100% (18/18), done.
remote: Total 18 (delta 6), reused 0 (delta 0)
Unpacking objects: 100% (18/18), done.
Checking connectivity... done.
```

2. sshfs가 설치됐는지 확인한다.

```
sudo apt-get install sshfs
```

```
vagrant@mon1:~$ sudo apt-get install sshfs
Reading package lists... Done
Building dependency tree
Reading state information... Done
The following packages were automatically installed and are no longer required:
  libboost-iostreams1.58.0 libboost-program-options1.58.0 libboost-random1.58.0 libboost-regex1.58.0 libboost-system1.58.0
  libboost-thread1.58.0 libcephfs1 libfcgi0ldbl
Use 'sudo apt autoremove' to remove them.
The following NEW packages will be installed:
  sshfs
0 upgraded, 1 newly installed, 0 to remove and 103 not upgraded.
Need to get 41.7 kB of archives.
After this operation, 138 kB of additional disk space will be used.
Get:1 http://us.archive.ubuntu.com/ubuntu xenial/universe amd64 sshfs amd64 2.5-1ubuntu1 [41.7 kB]
Fetched 41.7 kB in 0s (109 kB/s)
Selecting previously unselected package sshfs.
(Reading database ... 40714 files and directories currently installed.)
Preparing to unpack .../sshfs_2.5-1ubuntu1_amd64.deb ...
Unpacking sshfs (2.5-1ubuntu1) ...
Processing triggers for man-db (2.7.5-1) ...
Setting up sshfs (2.5-1ubuntu1) ...
```

3. 클론된 도구 디렉토리로 들어가서 각 OSD를 위한 빈 디렉토리를 생성한다.

```
cd ceph-recovery

sudo mkdir osds

sudo mkdir osds/ceph-0

sudo mkdir osds/ceph-1

sudo mkdir osds/ceph-2
```

이제 각 원격 OSD를 방금 생성한 디렉토리에 마운트한다. 이 OSD 디렉토리가 실제 테스트 클러스터와 일치되게 마운트됐는지 확인한다.

```
sudo sshfs vagrant@osd1:/var/lib/ceph/osd/ceph-0 osds/ceph-0

sudo sshfs vagrant@osd2:/var/lib/ceph/osd/ceph-2 osds/ceph-2

sudo sshfs vagrant@osd3:/var/lib/ceph/osd/ceph-1 osds/ceph-1
```

도구를 이용해서 OSD 디렉토리를 감식하고 사용 가능한 RBD 목록을 모을 수 있다. 이 명령어에는 하나의 매개변수만 필요한데, 마운트된 OSD다. 이 경우 osds라 명명된 디렉토리다. VM 디렉토리에 그 결과가 나열될 것이다.

```
sudo ./collect_files.sh osds
```

```
vagrant@mon1:~/ceph-recovery$ sudo ./collect_files.sh osds
Scanning ceph-0
Scanning ceph-1
Scanning ceph-2
Preparing UDATA files
UDATA files ready
Extracting VM IDs
VM IDs extracted
```

VM 디렉토리 내부를 살펴보면 도구가 테스트 RBD 이미지를 찾은 것을 볼 수 있다. 이제 이미지의 위치를 알았으니 다음으로 해당 OSD에 위치한 여러 객체를 모아보자. 이 명령에는 세 매개변수가 필요하다. 이전 단계에서 찾은 RBD 이미지명, 이미지의 크기, 복구된 이미지 파일의 대상 위치가 그것이다. 이미지의 크기는 바이트로 표기되고 적어도 본래의 이미지 크기 이상 되어야 한다. 더 작은 크기를 넣으면 복구되지 않을 것이다.

```
sudo ./assemble.sh vms/test.id 1073741824 .
```

```
vagrant@mon1:~/ceph-recovery$ sudo ./assemble.sh vms/test.id 1073741824 .
1e502238e1f29
test
file_lists/1e502238e1f29.files
--------------------------------
CEPH RECOVERY
Assemble test with ID 1e502238e1f29

Searching file list
file_lists/1e502238e1f29.files found
--------------------------------
Output Image will be ./test.raw

There are 15 blocks found
The output file will be created as a file of size 1073741824 Bytes
The blocksize is 512
--------------------------------
Creating Image file...
Starting reassembly...
100% [#############################################################################_]
Image written to ./test.raw
```

이제 RBD는 마운트된 OSD 내용으로부터 명시된 이미지 파일로 복구될 것이다. 이미지 크기에 따라서 시간이 소요될 것이며, 진행 막대를 통해 그 진행 상황을 알 수 있을 것이다.

성공하면 fsck를 호출해 파일 시스템이 제대로 복구됐는지 확인할 수 있다. 이 경우 RBD는 ext4로 포맷돼 있으며, 이미지를 확인하는 데 e2fsck 도구를 사용할 수 있다.

```
sudo e2fsck test.raw
```

```
vagrant@mon1:~/ceph-recovery$ sudo e2fsck test.raw
e2fsck 1.42.13 (17-May-2015)
test.raw: clean, 11/65536 files, 12635/262144 blocks
```

이미지 파일은 깨끗하다. 즉, 모든 데이터에 대한 복구가 성공적으로 이뤄졌을 가능성이 높다.

이제 루프백^{loop-back} 장치를 통해 데이터에 접근하기 위해 이미지를 마운트할 수 있다. 명령어가 아무것도 출력하지 않는다면 성공적으로 마운트된 것이다.

```
sudo mount -o loop test.raw /mnt
```

다음 그림에서 이미지가 루프백 장치를 통해 성공적으로 마운트된 것을 볼 수 있다.

```
vagrant@mon1:~/ceph-recovery$ df -h
Filesystem                    Size  Used Avail Use% Mounted on
udev                          225M     0  225M   0% /dev
tmpfs                          49M  5.7M   44M  12% /run
/dev/mapper/vagrant--vg-root   38G  2.6G   34G   8% /
tmpfs                         245M     0  245M   0% /dev/shm
tmpfs                         5.0M     0  5.0M   0% /run/lock
tmpfs                         245M     0  245M   0% /sys/fs/cgroup
/dev/sda1                     472M   57M  391M  13% /boot
vagrant                       238G   95G  144G  40% /vagrant
tmpfs                          49M     0   49M   0% /run/user/1000
/dev/loop0                    976M  1.3M  908M   1% /mnt
```

▌ 사라진 객체와 비활성 PG

이 절에서는 짧은 시간 동안 여러 OSD가 오프라인이 된 경우를 다룬다. 이때 일부 객체는 유효하지 않은 복제본을 갖는다. 여기서 복제본이 남지 않은 객체와 남아는 있지만 다른 것보다 더 최근에 쓰인 복제본을 갖는 객체의 차이점에 대해 알아두면 좋다. 후자는 일반적으로 min_size가 1로 설정된 클러스터에서 보여준다.

기한이 지난 데이터 복제본을 갖는 객체를 어떻게 복구하는지 시연하기 위해 클러스터를 망가뜨리기 위해 다음과 같은 과정을 수행한다.

1. 먼저 min_size를 1로 설정한다. 이 예제의 마지막에 실 환경에서 이를 절대 하지 않기를 바랄 것인지 알 것이다.

```
sudo ceph osd pool set rbd min_size 1
```

```
vagrant@mon1:~/ceph-recovery$ sudo ceph osd pool set rbd min_size 1
set pool 0 min_size to 1
```

2. 나중에 Ceph가 손실됐다고 여기기 위한 테스트 객체를 생성한다.

```
sudo rados -p rbd put lost_object logo.png
sudo ceph osd set norecover
sudo ceph osd set nobackfill
```

위의 두 플래그는 단일 OSD에 쓰기가 발생한 이후에 OSD가 온라인이 될
때 그 변경점은 복구되지 않게 한다. 하나의 옵션만 테스트하기 때문에 실
환경을 시뮬레이션하기 위해서는 이 플래그가 필요하다. 여기서는 어떤 이유
로 인해 유일한 복제본이 오프라인이 되어서 모든 객체가 적절한 시간 내에
모두 복구되지 않는 환경을 시뮬레이션한다.

3. OSD 노드 두 개를 정지시키고 하나만 남겨둔다. min_size를 1로 설정했기
때문에 클러스터에 여전히 데이터 작성을 할 수 있다. Ceph status를 통하면
두 OSD가 다운 상태인 것을 알 수 있다.

```
    cluster d9f58afd-3e62-4493-ba80-0356290b3d9f
    health HEALTH_WARN
            64 pgs degraded
            26 pgs stuck unclean
            64 pgs undersized
            recovery 46/69 objects degraded (66.667%)
            too few PGs per OSD (21 < min 30)
            2/3 in osds are down
            nobackfill,norecover flag(s) set
            all OSDs are running kraken or later but the 'require_kraken_osds' osdmap flag is not set
    monmap e2: 3 mons at {mon1=192.168.0.41:6789/0,mon2=192.168.0.42:6789/0,mon3=192.168.0.43:6789/0}
            election epoch 258, quorum 0,1,2 mon1,mon2,mon3
    mgr active: mon1 standbys: mon2, mon3
    osdmap e398: 3 osds: 1 up, 3 in; 64 remapped pgs
            flags nobackfill,norecover,sortbitwise,require_jewel_osds
    pgmap v5286: 64 pgs, 1 pools, 37579 kB data, 23 objects
            226 MB used, 26668 MB / 26894 MB avail
            46/69 objects degraded (66.667%)
                  64 active+undersized+degraded
```

4. 이제 객체에 다시 쓰기를 시도한다. 이는 남아있는 OSD로 갈 것이다.

```
sudo rados -p rbd put lost_object logo.png
```

5. 남아있는 OSD도 정지시킨다. 오프라인으로 변경되면 기존 두 OSD를 다시 켠다.

```
cluster d9f58afd-3e62-4493-ba80-0356290b3d9f
 health HEALTH_WARN
        64 pgs degraded
        1 pgs recovering
        64 pgs stuck unclean
        64 pgs undersized
        recovery 25/69 objects degraded (36.232%)
        recovery 1/23 unfound (4.348%)
        1/3 in osds are down
        all OSDs are running kraken or later but the 'require_kraken_osds' osdmap flag is not set
 monmap e2: 3 mons at {mon1=192.168.0.41:6789/0,mon2=192.168.0.42:6789/0,mon3=192.168.0.43:6789/0}
        election epoch 258, quorum 0,1,2 mon1,mon2,mon3
    mgr active: mon1 standbys: mon2, mon3
 osdmap e409: 3 osds: 2 up, 3 in; 64 remapped pgs
        flags sortbitwise,require_jewel_osds
  pgmap v5319: 64 pgs, 1 pools, 37579 kB data, 23 objects
        220 MB used, 26674 MB / 26894 MB avail
        25/69 objects degraded (36.232%)
        1/23 unfound (4.348%)
             63 active+undersized+degraded
              1 active+recovering+undersized+degraded
```

Ceph는 복구 절차가 시작되기 전에 찾을 수 없는 객체가 있음을 이미 알고 있다. 이는 피어링^{peering} 단계 동안에 수정된 객체를 갖는 PG가 그 유일하고 유용한 복제본이 이미 오프라인인 osd.0에 있다는 것을 알게 된다.

6. nobackfill과 norecover 플래그를 삭제한다. 그리고 클러스터로 하여금 복구를 실행하게 한다. 복구가 진행되고 나면 degraded 상태에 있는 PG 한 개가 있을 것이다. 또한 찾을 수 없는 객체 경고는 여전히 존재할 것이다. 이는 Ceph가 여러분의 데이터를 충돌로부터 보호하는 것이기 때문에 좋은 것이다. 데이터베이스를 포함하고 있는 4MB RBD 조각이 갑자기 제 위치로 돌아왔다는 것을 상상해보라.

이 테스트 객체를 읽고 쓴다면 요청이 정지될 것이라는 알 수 있다. 이 역시 데이터를 보호하기 위한 동작이다. 이 문제를 해결하기 위해서는 세 가지 방법이 있다. 첫 번째

이면서 가장 이상적인 방법은 이 객체의 유용한 복제본을 온라인으로 만드는 것이다. 이는 osd.0을 온라인으로 만들거나, 정상적인 OSD에 이 객체를 내보내거나 가져오기 위한 objectstore 도구를 사용해서 이뤄질 수 있다. 그러나 이 절의 목적을 위해서 이 방법이 불가능하다고 가정하자. 나머지 두 방법을 살펴보기 전에 이면에 무엇이 있는지 더 분석해보자.

ceph health detail을 실행해서 어떤 PG가 문제를 갖고 있는지 살펴보자.

```
vagrant@mon1:~$ sudo ceph health detail
HEALTH_WARN 1 pgs degraded; 1 pgs stuck unclean; recovery 2/46 objects degraded (4.348%); recovery 1/
 are running kraken or later but the 'require_kraken_osds' osdmap flag is not set
pg 0.31 is stuck unclean for 1370.786568, current state active+degraded, last acting [2,1]
pg 0.31 is active+degraded, acting [2,1], 1 unfound
recovery 2/46 objects degraded (4.348%)
recovery 1/23 unfound (4.348%)
```

이 경우 degraded 상태에 놓인 것은 pg 0.31이다. 이것이 찾을 수 없는 객체를 갖는다. pg를 질의해보자.

---

ceph pg 0.31 query

```
"recovery_state": [
    {
        "name": "Started\/Primary\/Active",
        "enter_time": "2017-03-28 21:17:56.412097",
        "might_have_unfound": [
            {
                "osd": "0",
                "status": "osd is down"
            },
            {
                "osd": "1",
                "status": "already probed"
```

복구 단계를 보라, Ceph가 객체를 찾기 위해 "osd":"0"을 탐색했다는 것을 알 수 있다. 그러나 그것은 다운 상태다. 객체를 찾기 위해 "osd":"1"도 탐색했지만, 어떤 이유에서든 사용되지 않았다. 우리는 이 원인이 기한이 지난 복제본으로 인한 것임을 알 수 있다.

잃어버린 객체에 대해 좀 더 자세히 살펴보자.

```
sudo ceph pg 0.31 list_missing
```

```
vagrant@mon1:~$ sudo ceph pg 0.31 list_missing
{
    "offset": {
        "oid": "",
        "key": "",
        "snapid": 0,
        "hash": 0,
        "max": 0,
        "pool": -9223372036854775808,
        "namespace": ""
    },
    "num_missing": 1,
    "num_unfound": 1,
    "objects": [
        {
            "oid": {
                "oid": "lost_object",
                "key": "",
                "snapid": -2,
                "hash": 1434772465,
                "max": 0,
                "pool": 0,
                "namespace": ""
            },
            "need": "398'6",
            "have": "383'5",
            "locations": []
        }
    ],
    "more": false
```

위 나열된 목록에서 그 이유가 나타난다. epoch 383'5를 보면 유효한 복제본이 398'6에 위치한다. 이것이 바로 min_size=1이 좋지 않은 이유다. 단지 하나의 유효한 복제본만 갖게 되는 경우가 생길 수 있다. 이것이 디스크 고장에 의해 발생됐다면 더 큰 문제를 가질 것이다.

이로부터 복구하기 위해서는 두 가지 선택권이 있다. 오래된 복제본을 간단하게 사용할 수도 있고, 그냥 지워도 된다. 해당 객체가 새로운 것이고 남아있는 OSD에 오래된 복제본이 존재한다면 객체도 삭제될 것이다.

객체를 삭제하려면 다음을 수행한다.

```
ceph pg 0.31 mark_unfound_lost delete
```

오래된 복제본으로부터 되돌리기 위해서 다음을 수행한다.

```
ceph pg 0.31 mark_unfound_lost revert
```

여기까지가 찾을 수 없는 객체로부터 복구하는 방법이다.

▌완전한 모니터 고장으로부터 복구

가능성은 낮지만 모니터^{monitor}를 전부 잃어버린 상황이라 해도, 전부 사라진 것은 아니다. ceph-objectstore 도구를 이용하면 OSD 내용에서 모니터 데이터베이스를 재구축할 수 있다.

재연을 위해서 위와 같은 상황이 발생했고 세 개의 모니터가 모두 망가져서 Ceph 클러스터가 접근 불가 상태에 놓여있다고 가정하자. 이 클러스터를 복구하기 위해 두 모니터 노드를 정지시키고, 남은 하나는 문제가 있는 상태로 동작하게 둔다. 이제 모니터 데이터베이스를 재구축하고, 깨진 복제본을 재작성하고, Ceph 클러스터를 온라인으로 돌려놓기 위해 모니터를 재시작할 것이다.

objectstore 도구는 모니터 데이터베이스의 재구축을 위해 모든 클러스터 내의 OSD에 접근 가능해야 한다. 이 예에서는 ssh를 통해 OSD 데이터에 접근하게 하는 스크립트를 사용한다. OSD 데이터에는 모든 사용자가 접근 불가하므로 OSD 호스트로의 접근은 루트 사용자를 이용한다. 기본적으로 대부분의 리눅스 배포판은 원격에서 암호 기반의 루트 로그인을 허용하지 않는다. 따라서 여러분의 공개 ssh 키를 일부 원격 OSD 노드의 루트 사용자에게 복사해야 한다.

다음 스크립트는 hosts 변수에 지정된 각 OSD 노드에 접근해서 모니터 데이터베이스를 구축하는 데 필요한 데이터를 추출한다.

```
#!/bin/bash
hosts="osd1 osd2 osd3"
ms=/tmp/mon-store/
mkdir $ms
# OSD로부터 클러스터 맵 수집
for host in $hosts; do
    echo $host
    rsync -avz $ms root@$host:$ms
    rm -rf $ms
    ssh root@$host <<EOF
        for osd in /var/lib/ceph/osd/ceph-*; do
            ceph-objectstore-tool --data-path \$osd --op update-mon-db --mon-
store-path $ms
        done
EOF
    rsync -avz root@$host:$ms $ms
done
```

이는 /tmp/mon-store 디렉토리에 다음과 같은 내용을 생성한다.

```
vagrant@mon1:~$ ls /tmp/mon-store/
kv_backend  store.db
```

keyring을 통해 새로운 권한을 할당해야 한다.

```
sudo ceph-authtool /etc/ceph/ceph.client.admin.keyring --create-keyring
--gen-key -n client.admin --cap mon 'allow *' --cap osd 'allow *' --cap mds
'allow *'
```

```
vagrant@mon1:~$ sudo ceph-authtool /etc/ceph/ceph.client.admin.keyring --create-keyring --gen-key -n client.admin --cap mon 'allow *' --cap
osd 'allow *' --cap mds 'allow *'
creating /etc/ceph/ceph.client.admin.keyring
```

```
sudo ceph-authtool /etc/ceph/ceph.client.admin.keyring --gen-key -n mon.
--cap mon 'allow *'
```

```
sudo cat /etc/ceph/ceph.client.admin.keyring
```

```
vagrant@mon1:~$ sudo cat /etc/ceph/ceph.client.admin.keyring
[mon.]
        key = AQBODeBYfJFeIRAALr11DmvSO16983LxfCsDpA==
        caps mon = "allow *"
[client.admin]
        key = AQAzDeBYbuP+IRAA4mi1ZnbZW41v4F8taiRPHg==
        caps mds = "allow *"
        caps mon = "allow *"
        caps osd = "allow *"
```

이제 데이터베이스가 재구축됐다. 이것을 모니터 디렉토리로 복사할 수 있다. 그러나 이를 행하기 전에 기존 데이터베이스의 백업을 만든다.

```
sudo mv /var/lib/ceph/mon/ceph-mon1/store.db /var/lib/ceph/mon/ceph-mon1/store.bak
```

이제 재구축된 버전을 복사한다.

```
sudo mv /tmp/mon-store/store.db /var/lib/ceph/mon/ceph-mon1/store.db
sudo chown -R ceph:ceph /var/lib/ceph/mon/ceph-mon1
```

지금 모니터를 시작하려 한다면 probing 상태에 갇힐 것이다. 다른 모니터의 탐색을 시도하기 때문이다. 이는 Ceph가 스플릿 브레인split-brain을 피하기 위한 방법이지만, 이 경우에는 강제로 쿼럼quorum을 형성하고 온라인 상태로 변경하자. 이를 위해 monmap을 수정하고, 다른 모니터를 지우고, 모니터 데이터베이스에 집어넣어야 한다.

```
sudo ceph-mon -i mon1 -extract-monmap /tmp/monmap
```

monmap의 내용을 확인한다.

```
sudo monmaptool /tmp/monmap -print
```

```
vagrant@mon1:~$ sudo monmaptool /tmp/monmap --print
monmaptool: monmap file /tmp/monmap
epoch 0
fsid d9f58afd-3e62-4493-ba80-0356290b3d9f
last_changed 2017-03-29 21:14:32.762117
created 2017-03-29 21:14:32.762117
0: 192.168.0.41:6789/0 mon.noname-a
1: 192.168.0.42:6789/0 mon.noname-b
2: 192.168.0.43:6789/0 mon.noname-c
```

여기 세 개의 mons가 있는 것을 볼 수 있다. 그중 두 개를 삭제한다.

```
sudo monmaptool /tmp/monmap -rm noname-b
```

```
sudo monmaptool /tmp/monmap -rm noname-c
```

이제 잘 지워졌는지 확인한다.

```
sudo monmaptool /tmp/monmap -print
```

```
vagrant@mon1:~$ sudo monmaptool /tmp/monmap --print
monmaptool: monmap file /tmp/monmap
epoch 0
fsid d9f58afd-3e62-4493-ba80-0356290b3d9f
last_changed 2017-03-29 21:14:32.762117
created 2017-03-29 21:14:32.762117
0: 192.168.0.41:6789/0 mon.noname-a
```

```
sudo ceph-mon -i mon1 -inject-monmap /tmp/monmap
```

OSD 전체를 재시작한다. 이들은 클러스터에 재합류할 것이다. 그리고 나서 클러스터
상태 질의를 성공적으로 수행할 수 있을 것이며, 데이터가 존재하는지 볼 수 있을
것이다.

```
vagrant@mon1:~$ sudo ceph -s
    cluster d9f58afd-3e62-4493-ba80-0356290b3d9f
     health HEALTH_WARN
            all OSDs are running kraken or later but the 'require_kraken_osds' osdmap flag is not set
     monmap e2: 1 mons at {mon1=192.168.0.41:6789/0}
            election epoch 3, quorum 0 mon1
        mgr no daemons active
     osdmap e460: 3 osds: 3 up, 3 in
            flags sortbitwise,require_jewel_osds
      pgmap v90: 64 pgs, 1 pools, 37579 kB data, 23 objects
            174 MB used, 26720 MB / 26894 MB avail
                  64 active+clean
recovery io 199 kB/s, 0 objects/s
vagrant@mon1:~$ sudo rbd ls
test
```

▍Ceph 객체 스토어 도구 사용

여러분이 이제까지 잘 따라왔다면 복제본 세 개를 가지고 클러스터를 운영하고 있을 것이다. 또한 위험한 환경설정 옵션은 사용하지 않았을 것이다. 이 상태에서도 대부분의 경우 Ceph는 어떤 고장으로부터든 복구할 수 있을 것이다.

그러나 다수의 OSD가 오프라인이 되는 상황에서는 많은 PG 또는 객체가 사용 불가능할 것이다. Ceph가 이들을 잘 복구하게 하기 위해 위와 같은 OSD를 클러스터로 다시 돌려놓을 수 없다면 해당 OSD의 데이터는 손실된다. 그러나 해당 OSD를 읽을 수 있을 가능성이 있고, objectstore 도구를 사용해서 PG의 내용을 복구할 수 있다. 이는 고장 난 OSD에서 PG를 내보내고 해당 PG를 클러스터로 돌려놓음으로써 가능하다. objectstore 도구를 사용하려면 OSD의 내부 메타데이터가 여전히 일관적인 상태에 있어야 한다. 따라서 완전한 복구는 보장되지는 않는다.

objectstore 도구의 사용을 시연하기 위해 세 개의 테스트 클러스터 OSD 중 두 개를 정지시키고 잃어버린 PG를 클러스터로 복구해보자. 실제 상황에서는 고장 난 OSD의 모든 PG가 사라지는 상황은 없겠지만, 시연의 목적을 위해 여기서는 그렇게 해보자. 필요한 작업은 다음과 같다.

1. 먼저 풀의 크기를 2로 설정해서 OSD 서비스를 멈췄을 때 PG의 모든 복제본을 잃게끔 한다.

```
vagrant@mon1:~$ sudo ceph osd pool set rbd size 2
set pool 0 size to 2
```

2. 이제 OSD 서비스 중 두 개를 정지한다. Ceph status 화면에서 PG들이 오프라인 상태로 들어간 것을 볼 수 있다.

```
vagrant@mon1:~$ sudo ceph -s
    cluster d9f58afd-3e62-4493-ba80-0356290b3d9f
     health HEALTH_ERR
            27 pgs are stuck inactive for more than 300 seconds
            64 pgs degraded
            23 pgs stale
            27 pgs stuck inactive
            27 pgs stuck unclean
            64 pgs undersized
            recovery 18/36 objects degraded (50.000%)
            too few PGs per OSD (21 < min 30)
            2/3 in osds are down
     monmap e2: 3 mons at {mon1=192.168.0.41:6789/0,mon2=192.168.0.42:6789/0,mon3=192.168.0.43:6789/0}
            election epoch 10, quorum 0,1,2 mon1,mon2,mon3
        mgr active: mon2 standbys: mon3, mon1
     osdmap e22: 3 osds: 1 up, 3 in; 41 remapped pgs
            flags sortbitwise,require_jewel_osds,require_kraken_osds
      pgmap v105: 64 pgs, 1 pools, 37572 kB data, 18 objects
            233 MB used, 26661 MB / 26894 MB avail
            18/36 objects degraded (50.000%)
                   41 undersized+degraded+peered
                   23 stale+undersized+degraded+peered
```

3. Ceph `health detail`을 실행하면 해당 PG들이 degraded 상태로 들어감을 알 수 있다.

```
pg 0.21 is stale+undersized+degraded+peered, acting [2]
pg 0.22 is stale+undersized+degraded+peered, acting [2]
pg 0.23 is stale+undersized+degraded+peered, acting [2]
pg 0.24 is undersized+degraded+peered, acting [0]
pg 0.25 is undersized+degraded+peered, acting [0]
pg 0.26 is undersized+degraded+peered, acting [0]
pg 0.27 is undersized+degraded+peered, acting [0]
pg 0.28 is undersized+degraded+peered, acting [0]
pg 0.29 is undersized+degraded+peered, acting [0]
pg 0.2a is stale+undersized+degraded+peered, acting [2]
pg 0.2b is stale+undersized+degraded+peered, acting [2]
pg 0.2c is undersized+degraded+peered, acting [0]
pg 0.2d is stale+undersized+degraded+peered, acting [2]
```

문제 있는 PG들이 더 이상 생존한 복제본을 갖고 있지 않고, acting이라고 표기된 OSD들이 정지된 것이라는 것을 알 수 있다.

문제 있는 PG를 거르기 위해 grep을 사용하면 이 결과 목록을 통해서 어떤 PG를 복구해야 할지 정하는 데 사용할 수 있다. OSD가 클러스터로부터 잘 제거됐다면 PG가 stale 상태에서 incomplete 상태로 바뀔 것이다.

4. OSD를 점검해 PG가 존재하는지 확인하라.

```
vagrant@osd3:~$ sudo ls -l /var/lib/ceph/osd/ceph-2/current/0.2d_head
total 0
-rw-r--r-- 1 ceph ceph 0 Apr  2 20:13 __head_0000002D__0
```

5. 이제 `objectstore` 도구를 이용해서 `pg`를 파일로 내보낼 것이다. 테스트 클러스터에 있는 데이터의 양이 적기 때문에 OS 디스크로 데이터를 내보낼 수 있다. 실제 상황에서는 서버에 추가 스토리지를 연결하는 것을 고려해야 될 수도 있다. USB 디스크도 좋은 선택이다. 복구 절차에 이용하기에는 서버 간 이동이 매우 간단하기 때문이다.

```
sudo ceph-objectstore-tool --op export --pgid 0.2a --data-path
/var/lib/ceph/osd/ceph-2 --file 0.2a_export
```

```
vagrant@osd3:~$ sudo ceph-objectstore-tool --op export --pgid 0.2a --data-path /var/lib/ceph/osd/ceph-2 --file 0.2a_export
Exporting 0.2a
Read #0:54d415a2:::rbd_data.fa68238e1f29.0000000000000060:head#
Export successful
```

이 도구를 실행하는 중에 어썰트[assert]를 본다면 `--skip-journal-replay` 플래그를 사용해볼 수 있다. 이는 OSD로 저널을 다시 행하는 것을 건너 띄는 플래그다. 저널에 많은 데이터가 있다면 손실될 것이다. 그러나 이는 불가능해 보였던 사라진 여러 PG를 복구하는 것을 허용한다. 사라진 모든 PG를 내보낼 때까지 반복한다.

6. 이제 잃어버린 PG를 동작 중인 OSD에 보낼 수 있다. 기존 OSD에 이 PG들을 들여보낼 수 있긴 하지만, 새 OSD에 넣는 것이 훨씬 안전하다. 이 방법은 데이터 손실에 대한 리스크를 갖지 않는다. 시연을 위해서 고장난 OSD가 사용한 디스크에 디렉토리 기반 OSD를 생성할 것이다. 실제 상황에서는 기존 OSD를 사용하기보다는 분리된 디스크를 사용한 OSD에 데이터를 넣기를 강력히 권장한다. 이렇게 함으로써 Ceph 클러스터 데이터에 대한 추가 리스크를 지지 않을 수 있다.

또한 들어가야 할 PG가 모두 같은 임시 OSD에 들어갈 필요는 없다. Ceph가 객체를 발견하자마자 클러스터의 올바른 위치에 이를 복구할 것이다.

7. OSD를 위한 새로운 빈 폴더를 생성한다.

```
sudo mkdir /var/lib/ceph/osd/ceph-2/tmposd/
```

8. ceph-disk를 사용해서 Ceph 디렉토리를 준비시킨다.

```
sudo ceph-disk prepare /var/lib/ceph/osd/ceph-2/tmposd/
```

9. 폴더의 권한을 ceph 사용자와 그룹으로 바꾼다.

```
sudo chown -R ceph:ceph /var/lib/ceph/osd/ceph-2/tmposd/
```

10. OSD를 활성화해서 온라인으로 만든다.

```
sudo ceph-disk activate /var/lib/ceph/osd/ceph-2/tmposd/
```

11. OSD의 가중치를 재설정해서 객체가 백필backfill되는 대상이 되지 않게 한다.

```
sudo ceph osd crush reweight osd.3 0
```

12. 이제 임시 OSD 위치와 이전에 내보내기 한 PG 파일을 명시하면서 PG 넣기를 진행할 수 있다.

```
sudo ceph-objectstore-tool --op import --data-path
/var/lib/ceph/osd/ceph-3 --file 0.2a_export
```

```
vagrant@osd3:~$ sudo ceph-objectstore-tool --op import --data-path /var/lib/ceph/osd/ceph-3 --file 0.2a_export
Importing pgid 0.2a
Write #0:54d415a2:::rbd_data.fa68238e1f29.0000000000000060:head#
Import successful
```

13. 이 과정을 이전에 내보낸 모든 PG에 반복한다. 완료하면 파일 권한을 재설정하고 새로운 임시 OSD를 재시작한다.

```
sudo chown -R ceph:ceph /var/lib/ceph/osd/ceph-2/tmposd/
sudo systemctl start ceph-osd@3
```

14. Ceph status 출력을 확인하고 나면 PG가 이제 active 상태이지만 degraded 상태라는 것을 볼 수 있다. 테스트 클러스터와 같은 상황에서는 객체가 복사본을 적절하게 복구하는 데 충분치 않은 OSD를 갖고 있다. 클러스터에 더 많은 OSD가 있다면 객체는 클러스터에 백필될 것이고, 온전한 복제본을 갖고 완전히 복구될 것이다.

```
vagrant@mon1:~$ sudo ceph -s
    cluster d9f58afd-3e62-4493-ba80-0356290b3d9f
     health HEALTH_WARN
            clock skew detected on mon.mon2
            41 pgs degraded
            64 pgs stuck unclean
            41 pgs undersized
            recovery 13/36 objects degraded (36.111%)
            recovery 5/36 objects misplaced (13.889%)
            Monitor clock skew detected
     monmap e2: 3 mons at {mon1=192.168.0.41:6789/0,mon2=192.168.0.42:6789/0,mon3=192.168.0.43:6789/0}
            election epoch 10, quorum 0,1,2 mon1,mon2,mon3
        mgr active: mon2 standbys: mon3, mon1
     osdmap e48: 4 osds: 2 up, 2 in; 23 remapped pgs
            flags sortbitwise,require_jewel_osds,require_kraken_osds
      pgmap v182: 64 pgs, 1 pools, 37572 kB data, 18 objects
            1184 MB used, 16744 MB / 17929 MB avail
            13/36 objects degraded (36.111%)
            5/36 objects misplaced (13.889%)
                  41 active+undersized+degraded
                  23 active+remapped
```

▌ 어썰트 분석

어썰트^{assert}는 Ceph에서 코드의 실행에 있어서 운영 환경이 적절한지에 대해 확실히 보장해준다. 어썰트는 Ceph 코드 전체에 걸쳐 흩어져 있으며, 코드가 멈추지 않았을 때 더 심각한 문제가 발생할 가능성이 있는 조건을 검사하기 위해 설계됐다.

Ceph 코드에서 어썰트가 발생하면 일부 데이터들은 예상치 못한 값을 가질 것이다. 이러한 값이 바로 특정 형태의 충돌이나 처리 불가한 버그의 원인이 된다.

OSD에서 어썰트가 발생하고 더 이상 시작되기를 거부하면 보통은 OSD를 삭제하고 재생성하는 것을 권장한다. 그러고 나면 Ceph는 모든 객체를 다시 백필할 것이다. 고장을 재현할 수 있다면 Ceph의 버그 추적기^{tracker}에 버그를 보고하는 것도 좋은 방법이다.

11장에서 여러 번 언급했듯이 OSD는 저장된 데이터나 Ceph 코드 같은 하드웨어 고장이나 소프트웨어 문제 모두로 인해 장애가 발생할 수 있다. 소프트웨어 문제는 다수의 OSD가 한 번에 영향을 받을 확률이 크다. OSD가 정전 때문에 고장이 발생한다면 하나 이상의 OSD가 영향을 받을 가능성이 높다. 이런 경우 어썰트와 함께 여러 OSD에 문제가 발생하고 클러스터에서 하나 이상의 PG가 오프라인으로 될 것인데, 단순히 OSD를 재생성하는 것으로 해결되지 않을 것이다. 해당 오프라인 OSD가 세 개의 PG 복제본 모두를 포함하고 있다면 OSD의 재생성은 어떤 형태로든 복구가 불가능할 것이고, 영구적인 데이터 손실을 가져올 것이다.

먼저 PG 내보내기 및 가져오기 같은 복구 방법을 시도하기 전에 어썰트 분석이 이뤄져야 한다. 여러분의 기술 수준과 기타 복구 절차를 시작하기 전에 허용 가능한 운영 중지 시간의 기간에 따라 어썰트 분석은 좋은 결과를 내지 못할 수도 있다. 어썰트와 해당 어썰트에 관계된 Ceph 코드의 분석을 통해 어썰트의 원인을 찾을 수 있을 것이다. 이를 통해 OSD 어썰트를 피할 수 있는 수정 사항을 Ceph 코드에 구현할 수 있다면 이런 내용에 관해 커뮤니티의 도움을 얻기를 주저하지 마라.

일부 경우에 OSD 충돌은 `objectstore` 도구가 OSD에서 데이터를 읽으려고 할 때 어썰트가 발생하는 등 더 심각할 수 있다. 이는 11장에서 언급한 복구 방법을 사용하지 못하게 하며, 어썰트 이면에 존재하는 문제를 해결하는 것을 유일한 선택지로 만든다. 이러한 문제에도 불구하고 OSD는 심각한 문제에 봉착할 수 있고, 복구는 불가능할 것이다.

어썰트의 예

다음은 Ceph 사용자 메일링 리스트에서 가져온 어썰트다.

```
2017-03-02 22:41:32.338290 7f8bfd6d7700 -1 osd/ReplicatedPG.cc: In function
'void ReplicatedPG::hit_set_trim(ReplicatedPG::RepGather*, unsigned int)'
thread 7f8bfd6d7700 time 2017-03-02 22:41:32.335020

osd/ReplicatedPG.cc: 10514: FAILED assert(obc)

ceph version 0.94.7 (d56bdf93ced6b80b07397d57e3fa68fe68304432)
 1: (ceph::__ceph_assert_fail(char const*, char const*, int, char
const*)+0x85) [0xbddac5]
 2: (ReplicatedPG::hit_set_trim(ReplicatedPG::RepGather*, unsigned
int)+0x75f) [0x87e48f]
 3: (ReplicatedPG::hit_set_persist()+0xedb) [0x87f4ab]
 4: (ReplicatedPG::do_op(std::tr1::shared_ptr<OpRequest>&)+0xe3a)
[0x8a0d1a]
 5: (ReplicatedPG::do_request(std::tr1::shared_ptr<OpRequest>&,
ThreadPool::TPHandle&)+0x68a) [0x83be4a]
 6: (OSD::dequeue_op(boost::intrusive_ptr<PG>,
std::tr1::shared_ptr<OpRequest>, ThreadPool::TPHandle&)+0x405) [0x69a5c5]
 7: (OSD::ShardedOpWQ::_process(unsigned int,
ceph::heartbeat_handle_d*)+0x333) [0x69ab33]
 8: (ShardedThreadPool::shardedthreadpool_worker(unsigned int)+0x86f)
[0xbcd1cf]
 9: (ShardedThreadPool::WorkThreadSharded::entry()+0x10) [0xbcf300]
10: (()+0x7dc5) [0x7f8c1c209dc5]
11: (clone()+0x6d) [0x7f8c1aceaced]
```

이 어썰트의 최상위에는 어느 함수에서 어썰트가 발생했는지 해당 어썰트를 찾을 수
있는 파일과 줄 번호를 찾을 수 있다. 이 예에서 hit_set_trim 함수가 이 어썰트의
명백한 원인이다. ReplicatePG.cc 파일의 10514번 줄을 살펴보면 무슨 일이 발생했는
지 이해할 수 있다. Ceph 릴리스(0.94.7)의 버전도 확인하라. 깃허브에서 같은 버전의

줄 번호를 살펴봐야 하기 때문이다.

코드를 살펴보면 get_object_context 함수 호출의 반환 값이 바로 assert 함수로 전해졌다는 것을 알 수 있다. 이 값이 0이라면 트림^{trim}돼야 할 hitset을 포함하는 객체를 가리키는 곳을 찾지 못할 것이다. 그러고 나서 OSD는 어썰트를 발생할 것이다. 이 정보를 통해 객체가 왜 사라졌는지, 어떻게 복구할 것인지 등을 위한 분석을 행할 수 있다. 또는 assert 구문을 주석으로 만들면 OSD가 함수를 계속되게 할 수 있다. 이 예에서 OSD가 진행을 계속하게 하는 것이 문제를 일으키지는 않을 것이다. 무엇이 어썰트를 발생시켰는지 100% 이해할 수 없고, 여러분이 만든 변경으로 인해 어떠한 잠재적 영향이 주어질지 알 수 없다면 계속하기 전에 도움을 청하라.

▌ 요약

11장에서는 Ceph가 완전히 고장 났을 때 피해 복구를 하는 방법을 알아봤다. Ceph가 PG 자체를 복구할 수 없는 상황에서 고장 난 OSD에서 PG를 수동으로 재구축하는 방법을 알 것이다. OSD로의 접근은 가능하지만 모든 모니터 노드를 잃었을 때 모니터 데이터베이스를 재구축할 수 있다. 여러분이 복구하지 못하는 완전한 클러스터 고장의 상황에서 OSD에 남아있는 원시 데이터로부터 RBD를 재생성하는 방법도 봤다. 마지막으로 별도의 두 Ceph 클러스터를 설정하고 RBD 미러링을 그 사이에 구축해서 피해 복구 옵션을 제공할 수도 있다. 이는 완전한 Ceph 클러스터 고장이 발생할 경우 극복할 수 있다.

| 찾아보기 |

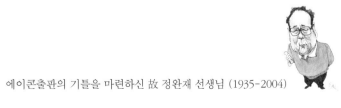
에이콘출판의 기틀을 마련하신 故 정완재 선생님 (1935-2004)

Ceph 마스터하기

스토리지 시스템 환골탈태

발 행 | 2018년 1월 2일

지은이 | 닉 피스크
옮긴이 | 김 세 영 · 정 윤 선

펴낸이 | 권 성 준
편집장 | 황 영 주
편 집 | 조 유 나
디자인 | 박 주 란

에이콘출판주식회사
서울특별시 양천구 국회대로 287 (목동)
전화 02-2653-7600, 팩스 02-2653-0433
www.acornpub.co.kr / editor@acornpub.co.kr

한국어판 ⓒ 에이콘출판주식회사, 2018, Printed in Korea.
ISBN 979-11-6175-101-6
ISBN 978-89-6077-210-6 (세트)
http://www.acornpub.co.kr/book/master-ceph

이 도서의 국립중앙도서관 출판시도서목록(CIP)은 서지정보유통지원시스템 홈페이지(http://seoji.nl.go.kr)와
국가자료공동목록시스템(http://www.nl.go.kr/kolisnet)에서 이용하실 수 있습니다.(CIP제어번호: CIP2017034632)

책값은 뒤표지에 있습니다.